21世纪经济管理新形态教材·会计学系列

财务报表分析

（第二版）

章颖薇 徐章容 ◎ 主 编
汤 岩 陈 旻 ◎ 副主编

清华大学出版社
北京

内 容 简 介

本书以最新的相关法规和会计准则、制度为准绳,立足于财务报表分析的战略视角,围绕资产负债表、利润表、现金流量表三张主表,结合各类比率指标,运用比较分析法、趋势分析法等分析方法,对企业过去经营过程中的利弊得失、企业当前的财务状况,以及企业未来的发展前景进行分析和研判。在理论结合实际方面,本书以上市公司最新的年度财务报告作为分析对象,具有极强的针对性和实用性,特别适合经济管理相关专业的本科生学习选用,适当兼顾研究生和财务工作人员课外学习之用。

本书封面贴有清华大学出版社防伪标签,无标签者不得销售。
版权所有,侵权必究。举报: 010-62782989, beiqinquan@tup.tsinghua.edu.cn

图书在版编目(CIP)数据

财务报表分析/章颖薇,徐章容主编. —2 版. —北京: 清华大学出版社,2022.7
21 世纪经济管理新形态教材. 会计学系列
ISBN 978-7-302-61175-2

Ⅰ.①财… Ⅱ.①章… ②徐 Ⅲ.①会计报表-会计分析-高等学校-教材 Ⅳ.①F231.5

中国版本图书馆 CIP 数据核字(2022)第 110414 号

责任编辑: 陆浥晨
封面设计: 李召霞
责任校对: 宋玉莲
责任印制: 朱雨萌

出版发行: 清华大学出版社
网　　址: http://www.tup.com.cn, http://www.wqbook.com
地　　址: 北京清华大学学研大厦 A 座　　邮　编: 100084
社 总 机: 010-83470000　　邮　购: 010-62786544
投稿与读者服务: 010-62776969, c-service@tup.tsinghua.edu.cn
质 量 反 馈: 010-62772015, zhiliang@tup.tsinghua.edu.cn
课 件 下 载: http://www.tup.com.cn, 010-83470332

印 装 者: 艺通印刷(天津)有限公司
经　　销: 全国新华书店
开　　本: 185mm×260mm　　印　张: 13.75　　字　数: 305 千字
版　　次: 2017 年 9 月第 1 版　　2022 年 7 月第 2 版　　印　次: 2022 年 7 月第 1 次印刷
定　　价: 49.00 元

产品编号: 092329-01

第二版前言

时光荏苒，距《财务报表分析》出版已近五年。其间，与本书相关的大量法律、规章、准则发生了变化。为了更好地帮助读者对企业财务报表进行阅读与分析，全面了解企业财务状况、经营成果和现金流量，客观评价企业资产质量、资本结构质量、利润质量以及现金流量质量，我们对本书做了全面的修订，以最新的相关法规和会计准则、制度为准绳，通过财务报表数据分析企业过去运营过程中的利弊得失、评价企业当前财务状况、研判企业未来发展前景。在理论结合实际方面，本书将财务报表分析最常用的方法应用于上市公司最新的年度财务报告分析中，具有极强的针对性和实用性，特别适合经济管理相关专业的本科生学习选用，适当兼顾研究生和财务工作人员课外学习之用。

在篇章结构方面，第二版虽然没有大的调整，但在内容上补充完善了利润表的一般分析和信息披露制度的阐述，立足于财务报表分析的战略视角，围绕资产负债表、利润表、现金流量表三张主表，结合各类比率指标，运用比较分析法、趋势分析法等分析方法，对上市公司的最新年报进行资产、利润的结构和质量的分析，对企业财务状况开展综合分析评价以及对企业可持续增长性进行分析。每章开篇都设有学习目标、内容导读和引导案例，每章中配合相关内容设有知识链接，每章后设有复习思考题、本章小结和旨在拓展知识的阅读资料。

本书共 10 章，由集美大学章颖薇教授、徐章容讲师担任主编，负责全书内容框架的设计以及最后的修改和总纂，陈旻教授和汤岩副教授担任副主编。各章编写分工如下：第一章、第四章、第五章、第六章由章颖薇教授编写，第二章、第七章、第八章由徐章容讲师编写，第三章、第十章由汤岩副教授编写，第九章由陈旻教授编写。同时，感谢集美大学财经学院的几位会计学硕士研究生，分别是沈丹丹、林润竹、薛粟艺，她们在此次改版修订过程中帮忙查找了部分文献和资料。

在本书的编写过程中，清华大学出版社给予了极大的支持与协助，我们深表感激。由于编者的学识和编写时间有限，书中难免存在错误和疏漏之处，恳请广大读者批评指正。

编　者

2022 年 3 月 30 日于集美大学

目 录

第一章　财务报表分析概述 1
　　第一节　财务报表的信息基础 2
　　第二节　上市公司信息披露制度 8
　　第三节　企业财务报告 10
　　本章小结 21
　　复习思考题 21

第二章　财务报表分析的战略视角 23
　　第一节　财务报表分析的目标和要求 25
　　第二节　财务报表的制约因素 27
　　第三节　财务报表分析的战略视角 32
　　第四节　审计报告的重要意义 36
　　本章小结 38
　　复习思考题 39

第三章　财务报表分析的方法 40
　　第一节　财务报表分析的一般方法 42
　　第二节　比率分析法 45
　　第三节　因素分析法 49
　　本章小结 52
　　复习思考题 52

第四章　财务报表的一般分析 53
　　第一节　资产负债表的一般分析 54
　　第二节　利润表的一般分析 79
　　本章小结 85
　　复习思考题 85

第五章　流动性与偿债能力分析 87
　　第一节　资产的流动性与短期偿债能力的分析 88
　　第二节　长期偿债能力的分析 95
　　第三节　影响企业偿债能力的因素 101

本章小结 ··· 105
复习思考题 ··· 106

第六章　资本结构和资产结构的分析 ··· 107

第一节　资本结构的分析 ·· 108
第二节　资产结构的分析 ·· 117
第三节　资本结构和资产结构关系的分析 ·· 125
本章小结 ··· 129
复习思考题 ··· 129

第七章　盈利能力与质量的分析 ··· 130

第一节　盈利能力的分析 ·· 132
第二节　资产运营能力的分析 ·· 141
第三节　盈利质量的分析 ·· 144
本章小结 ··· 154
复习思考题 ··· 154

第八章　现金流量结构与质量的分析 ·· 155

第一节　现金流量与企业生命周期 ·· 156
第二节　现金流量结构的分析 ·· 158
第三节　现金流量质量的分析 ·· 162
本章小结 ··· 170
复习思考题 ··· 170

第九章　财务报表综合分析 ·· 172

第一节　财务报表综合分析概述 ··· 173
第二节　财务报表综合分析方法 ··· 177
第三节　财务报表综合分析的局限及改进 ··· 190
本章小结 ··· 195
复习思考题 ··· 196

第十章　企业可持续发展能力分析 ··· 197

第一节　企业可持续发展能力概述 ·· 198
第二节　企业可持续发展能力分析 ·· 200
本章小结 ··· 210
复习思考题 ··· 210

参考文献 ·· 211

第一章

财务报表分析概述

【学习目标】

本章主要介绍财务报表的信息基础、上市公司信息披露制度,以及基本财务报告。通过本章的学习,应了解财务报表信息的由来、财务报表分析的重要性、企业内部及外部利益关系人对财务会计信息的需求及其特点,理解上市公司信息披露制度的要求,掌握基本财务报表及报表附注的性质和对财务报告使用者的重要作用。

【关键概念】

财务报表分析(financial statement analysis)　　财务报表(financial statement)
金融市场(financial market)　　利益相关者(stakeholder)
信息披露制度(information disclosure system)
财务报表附注(notes to financial statement)

公开披露——三棵树向恒大的讨债"心"招

2021年5月25日,三棵树涂料股份有限公司收到《中国证监会行政许可项目审查一次反馈意见通知书》的公告,需就其"拟非公开发行股票募集资金37亿元"回复证监会的反馈意见。通知书显示,中国证监会对公司提交的《三棵树涂料股份有限公司上市公司非公开发行股票核准》行政许可申请材料进行了审查,现需要公司就有关问题做出书面说明和解释,并在30天内向中国证监会行政许可受理部门提交书面回复意见,其中一项需做出说明解释的问题为"公司应收票据逾期的坏账准备计提情况"。

三棵树收到反馈意见后,积极会同相关中介机构对反馈意见所列的相关问题进行了认真核查及讨论,根据反馈意见要求对反馈意见回复进行公开披露,并按时于2021年6月16日在指定信息披露媒体发布《关于三棵树涂料股份有限公司2021年度非公开发行股票申请文件反馈意见的回复报告》。公司已将上述反馈意见书面回复材料报送中国证监会审核。

尽管藏在134页的海量公告信息中,本着真实透明的原则,恒大"逾期未兑付"的一条信息还是被有心人翻出来了。在"公司针对应收票据逾期的坏账准备计提情况"板块,三棵树称,2021年第一季度,因个别大型地产商资金周转困难,公司应收票据出现逾期情形,截至2021年3月末,公司应收票据逾期金额共计5363.72万元。其中,提到中国恒大逾期票据金额5137.06万元,截至2021年5月31日偿还金额225.12万元,中国恒大逾期的票据占其总逾期票据金额的95.77%。

在三棵树的"小心机"下,公告一经披露,恒大便立即做出回应,表示于6月7日已在官网发布声明,对未兑付原因进行了说明。恒大集团称,针对个别项目公司存在极少量商票未及时兑付的情况,集团高度重视并安排兑付。同时,恒大集团还表示,目前恒大集团生产经营一切正常,成立25年来从未出现借款利息晚付、本金逾期归还的情况。

在市场参与者的共同见证下,三棵树似乎无意间给了大家展示了一种全新高效的讨债方式。其实不管是恒大还是三棵树,上市公司对于证监会要求的信息回应都是积极而迅速的,公开透明的市场环境有赖于上市公司对市场规则的遵守,从另一方面来看,打造有效规范市场秩序,提升上市公司的信息披露与公司治理质量,为投资者创造一个公开透明、竞争有序和健康发展的市场环境,也需要证监会及各相关方的努力。

(资料来源:https://baijiahao.baidu.com/s?id=1703949424233660622&wfr=)

第一节 财务报表的信息基础

一、财务报表的信息由来

在市场经济条件下,企业的兴旺发达或衰败没落固然受诸多因素的影响,但其中最为关键的问题之一是企业财务。财务问题之于企业生存和发展,就如同神经网络系统和血液循环系统之于人的生命。就企业而言,企业的神经网络系统就是以财务会计信息为核心的信息系统,企业的血液循环系统就是以现金流为核心的资金运营系统。以资金的筹集、运用及收益分配等为对象的管理活动,是现代企业理财学研究的范畴。客观地认识、充分地挖掘与科学地运用财务会计信息为财务决策提供依据则是财务报表分析的核心。

(一)金融市场的发展与完善

金融市场是资金供应者和需求者双方进行交易活动的场所,交易的手段是各类金融工具,如股票、债券和储蓄存单等。在经济运行过程中,资金供求双方运用各种金融工具调节资金的余缺。随着金融市场的飞速发展,市场规模不断扩大,市场参与的主体日趋广泛,包括企业、个人、政府和其他营利性组织与非营利性组织等,逐渐发育完善的金融市场体系为市场参与者提供了流动性、安全性和盈利性保障。

随着技术的进步和生产规模的扩大,企业需要通过融资的方式提高市场竞争优势。在当前的市场环境下,单纯依靠内源融资已很难满足企业的资金需求,外源融资已逐渐成为企业获得资金的重要方式。企业外源融资是指企业通过一定方式向企业之外的其他经济主体筹集资金,主要包括银行贷款和发行股票、债券。

外源融资可分为以下两类。一类是直接融资,即资金供求双方直接进行资金融通的活动,资金需求者可以直接通过金融市场向社会上有资金盈余的机构和个人筹资;另一类是间接融资，即通过银行进行的资金融通活动，资金需求者可以采取向银行等金融中介机构申请贷款的方式筹资。由于直接融资，特别是股票融资无须还本付息，投资者承担着较大的风险，因此要求资金需求企业必须通过对外披露会计信息来表现良好的经营业绩和投资价值。在间接融资方式下，各类金融机构为规避风险，在经营中必然设立严格的信用评级体系，资金需求企业需要提供准确完整的财务资料以满足银行的贷款条件和要求。

可见，企业把外部财务信息在市场中公开披露出来，能够让投资者和银行获取到需要的会计信息。金融市场是联系企业与外部投资者的纽带，随着金融市场的发展与完善，财务报表分析也更具重要性。

（二）现代企业制度的建立与运行

现代企业制度的建立源于企业组织形式的发展。按出资主体的不同或企业组织形式出现的进程，企业组织形式可以分为独资企业、合伙制企业和公司制企业。独资企业也称为业主制企业，是指由某一自然人（业主）独自出资创办并经营的企业组织。合伙制企业是指由两个或两个以上的合伙人共同出资创办、共同经营、共负盈亏的企业，按其合伙业主对企业债务所负责任的不同，可分为一般合伙制和有限合伙制两种。

公司制是企业组织发展到一定阶段的高层次的组织形式，标志着现代企业制度的形成。公司具体可分为有限责任公司、无限责任公司、股份有限公司等多种类型。公司依法设立，依法享有民事权利，承担民事责任。股东作为出资者，依其所投资额的大小享有收益权、重大决策表决权，并以其出资为限对公司责任承担有限责任。相对于其他企业组织形式，公司制企业的特点包括：公司开办需要提供有关公司基本情况和公司治理的相关文件；公司筹资渠道多元化，包括股东共同出资、通过资本市场发行股票、债券、权证等有价证券筹资；公司产权表现为股份，投资者持有的公司股份可以自由地在证券市场随时转让；公司所有权与经营权分离，实施完善的公司治理；公司具有无限的存续期，股东仅以其出资额为限对公司债务负有限责任等。

相对于独资企业、合伙企业，公司制企业（特别是上市公司）最大的特点或所拥有的得天独厚的优势在于：出资者（股东）所持有股份的自由方便转让和对公司债务的有限责任，公司筹资的方便性及所筹自有资本的无限期使用。正是这些其他企业组织形式不具备的优势，使公司制企业获得了旺盛的生命力，并成为企业组织形式中的高层次、重要和典型的组织形式。

根据《中华人民共和国公司法》（2018年10月26日修订）的相关规定，公司是指依照本法在中国境内设立的有限责任公司和股份有限公司。公司是企业法人，有独立的法人财产，享有法人财产权。公司以其全部财产对公司的债务承担责任。

有限责任公司的股东以其认缴的出资额为限对公司承担责任。设立有限责任公司，应当具备下列条件：①股东符合法定人数；②有符合公司章程规定的全体股东认缴的出资额；③股东共同制定公司章程；④有公司名称，建立符合有限责任公司要求的组织机构；⑤有公司住所。有限责任公司由50个以下股东出资设立。有限责任公司的注册资本为在公司登记机关登记的全体股东认缴的出资额。法律、行政法规以及国务院决定对有限责任公司注册资本实缴、注册资本最低限额另有规定的，从其规定。有限责任公司的股东之间可以相互转让其全部或者部分股权。股东向股东以外的人转让股权，应当经其他股东过半数同意。

股份有限公司的股东以其认购的股份为限对公司承担责任。设立股份有限公司，应当具备下列条件：①发起人符合法定人数；②有符合公司章程规定的全体发起人认购的股本总额或者募集的实收股本总额；③股份发行、筹办事项符合法律规定；④发起人制订公司章程，采用募集方式设立的经创立大会通过；⑤有公司名称，建立符合股份有限公司要求的组织机构；⑥有公司住所。股份有限公司的设立，可以采取发起设立或者募集设立的方式。发起设立，是指由发起人认购公司应发行的全部股份而设立公司。募集设立，是指由发起人认购公司应发行股份的一部分，其余股份向社会公开募集或者向特定对象募集而设立公司。股份有限公司的资本划分为股份，每一股的金额相等。股票是公司签发的证明股东所持股份的凭证。股东持有的股份可以依法转让。上市公司的股票，依照有关法律、行政法规及证券交易所交易规则上市交易。上市公司必须依照法律、行政法规的规定，公开其财务状况、经营情况及重大诉讼，在每会计年度内半年公布一次财务会计报告。

（三）代理问题、利益冲突及其协调

现代企业的所有权与经营权的分离，产生了委托代理关系。美国学者詹森和威廉·麦克林在20世纪70年代合著的论文中系统地阐述了委托代理理论。根据该理论，现代企业的代理关系是一种契约关系，包括资源的提供者（股东、债权人，即委托人）与资源使用者（经营管理层，即代理人）之间的以资源的筹集与运用为核心的代理关系和公司内部由上至下（上一层经营管理者既是代理人又是下一层经营管理者的委托人）以财产经营管理责任为核心的代理关系，其本质是经济利益关系。委托人与代理人由于各自所处的地位不同，思考问题的角度不同，利益目标不同，便产生了代理问题。其核心是：经营管理层是否将股东财富最大化或企业价值最大化目标作为自己进行管理行为的准则，管理者能在多大程度上站在股东的角度考虑问题；股东如何能激励、约束和监督管理者按股东意愿行事。

股东、债权人和经营管理者之间的关系构成了企业最重要的财务关系。股东财富最大化是股东的目标，而经营管理者自己的目标与此未必一致，债权人将其资金借给企业也不是为了"股东财富最大化"。因此，代理问题的存在，客观上必然产生股东、债权人及经营管理者三方面的利益冲突。股东与经营管理者的利益冲突的核心在于：经营管理者努力付出产生的收益归全体股东所有，而其成本和风险全部由自己来承担。或者说是经营管理者希冀在提高股东财富的同时，增加享受成本；股东则希望以最小的享受成本获得最大的股东财富。股东与债权人的利益冲突则表现为，股东财富最大化是股东的目标，这不仅与债权人目标无关，甚至会因为股东的意志通过经营管理者的实施而在一定程度上损害债权人的利益。

协调解决有关各方利益冲突的有效途径，是由各方利益关系人共同订立相关契约。相关契约的订立，均需要以企业公开、规范的财务信息的披露为基础。

二、财务报表分析的主体

任何企业都无法在市场经济环境中独立生存，其生产经营活动与经济社会的方方面面有着千丝万缕的联系。基于这种联系，与企业存在经济利害关系的各方面利益关系人（利益相关者）组成一个庞大的利益集团。利益相关者既包括自然人也包括法人，既包括政府部门也包括社会公众。各类利益相关者都十分关注企业的财务状况，而对企业财务状况的了解、认识、分析及评价均来自于企业财务报表所披露的公开财务会计信息。因此，企业利益相关者无一例外都是企业财务报表的直接使用者。财务会计信息需求者按与企业的关系，可以分为内部和外部两类。

（一）企业内部财务会计信息需求者

1. 公司董事会

董事会是股东大会这一公司的最高权力机关的业务执行机关。作为公司的最高决策机构，董事会决定公司的生产经营计划和投资方案，制定公司年度财务预算和决算方案，制定利润分配方案，聘任或解聘公司总经理、副总经理、财务部门负责人，决定奖惩事项等重要活动。这些都离不开财务报表所提供的全面反映企业生产经营成果、财务状况和现金流量的重要信息。

2. 公司监事会

监事会与董事会并立，是股东大会领导下执行监督职能的常设机构。作为公司的最高监察机构，监事会独立地对公司的经营管理进行全面的监督，包括调查和审查公司的业务状况，检查各种财务情况等，同样需要财务报表所提供的重要财务会计信息。

3. 公司经营管理者

在现代制度下，公司经理作为企业经营管理者接受企业出资人（所有者）的委托，负责企业的日常的生产经营管理活动，通过卓有成效的资产经营和资本运营活动，为实现股东财富最大化或企业价值最大化服务。公司经营管理者为了实现经营目标，出色地完成受托责任，就需要对企业的生产经营成果、财务状况和现金流量等予以全面关注。公司经营管理者需要利用的信息，不仅包括公开披露的财务会计信息，还包括不对外公开的内部管理会计的信息。

4. 企业雇员

企业雇员相对于企业经营管理者而言，是一个较庞大的群体。他们分布于公司的不同岗位，履行不同的职责，个体素质千差万别，与企业共存亡。企业雇员同样是财务报表提供的财务会计信息的需求者。由他们所处的地位决定，企业的具体经营决策与他们无直接关系，他们更多关心的是工作岗位及工薪福利待遇的稳定性。雇员往往从企业财务报表提供的有关公司盈利状况、偿债能力和现金流量等方面对企业的财务状况和发展能力做出分析、判断，为是否离职等相关决策提供依据。

（二）企业外部财务会计信息需求者

1. 企业投资人

企业投资人是一个广泛的群体。根据企业组织形式的不同，包括企业业主、合伙人和股东；根据是否已经实际投资企业，分为现有的投资者和潜在的投资者。不论是哪一类投资人，他们都是企业财务会计信息的首要关注者和需求者。区别在于他们从各自所处的地位出发，对企业财务状况的关注点有所不同。

在非公司制企业，企业业主或合伙人在进行是否对一个企业进行投资或继续投资的决策时，首先考虑的问题是目标企业的生存与发展能力情况。决定企业生存与发展能力的主要是企业核心产品的市场前景、风险状况及获利能力等。这类企业投资人所需的相关财务会计信息较容易自企业直接获得。

在公司制企业，特别是上市公司，股东所持股份数额的多寡不同，对企业的实际控制和影响力不同，因而对企业财务状况的关注点也有所差异。对企业决策拥有控制地位和重大影响的股东，更多地着眼于如 CFO 的职业能力、资产结构的安排、资本结构的调整、股利政策的选择、现金流等对企业长期发展具有战略性的财务问题。其他股东由其投资目的（主要在于获取投资的资本利得）所决定，更关心所持有股票的市场价格表现及其主要影响因素，如企业近期的经营获利能力、每股收益、现金股利水平等方面。现代企业制度的两权分离特征，使绝大多数股东不能直接参与企业生产经营管理活动。股东在地域上又分散于不同的地区或国家，他们只能通过对财务报表公开披露的财务会计信息的分析研究，了解企业的生产经营成果、财务状况和现金流量等方面，为相关决策提供依据。

在企业投资人中，还有一类特殊群体——基金经理。大力培育和不断完善机构投资者是发展和完善金融市场的客观需要，基金经理作为众多基金投资者的代表，进行股票投资的唯一目的就是获得投资收益。因此，基金经理同样关注目标企业的财务状况，同样需要利用财务报表披露的公开信息做出投资决策。

2. 企业债权人

企业债权人和企业投资者一样，都是企业外部的利益相关者。企业债权人根据企业借款期限的不同，可以分为长期债权人和短期债权人，两者对反映企业财务状况的财务信息的关注点有差异。短期债权人主要关心企业的短期偿债能力等近期财务状况而不是长期的财务状况；长期债权人则相反，更关注决定企业长期偿债能力的长期财务状况。因此，不论长期债权人还是短期债权人，都需要利用企业财务报表披露的公开财务信息来对企业以偿债能力为核心的财务状况进行分析评价，特别是在客观上存在着大股东通过经营者间接损害债权人利益情况下，债权人（特别是长期债权人）更需要对企业财务报表进行更加深入、细致的分析研究。

3. 政府管理部门

政府部门对于企业财务会计信息的需求，主要源于相关政府部门履行部门管理职责的需要，如工商行政管理部门、财政部门及税务部门等。除此以外，有关政府部门，如国有资产管理委员会，根据国务院授权，依照《中华人民共和国公司法》等法律和行政法规，履行出资人职责，指导推进国有企业改革和重组、推进国有企业的现代企业制度建设、完善公司治理结构等。

4. 相关立法与监管机构

基于建立和完善现代企业制度的客观要求，国家相关立法机关和政府相关监管机构履行有关公司立法和证券市场监管职责时，同样需要企业公开披露的财务会计信息。但是，立法与监管机构对于企业财务会计信息的需求，与投资者相比本质的区别。前者对企业公开财务信息的需要，主要通过对企业财务信息的分析，从中找出具有典型性和普遍意义的问题，为完善有关法规提供可靠依据，并无部门利益可言。后者对企业公开财务信息的需要，是通过对具体企业财务信息的分析来满足自身利益最大化的需要。

5. 其他外部利益相关者

来自于企业外部的财务会计信息需求者，除了上述的投资者、债权人等主要的利益相关者外，还有企业的供应商、客户、竞争对手、潜在的利益相关者和社会公众等。商品或劳务供应商在向企业提供了相应的商品或劳务后即成为企业债权人，他们在向企业提供相应的商品或劳务的前后，需要依据企业公开的财务会计信息对企业的偿债能力和信用水平等进行分析和评价。竞争对手为了在市场竞争中做到知己知彼，就必须要对目标企业包括财务状况在内的各方面做深入的了解和分析。潜在的利益相关者，同样需要通过对目标企业财务报表所披露的财务会计信息的分析研究来掌握企业的生产经营成果、财务状况和现金流量等，为进一步的决策提供依据。

知识链接 1-1

独立董事的作用

独立董事又称作外部董事（outside director）、独立非执行董事（non-executive director），根据证监会的《关于在上市公司建立独立董事制度的指导意见》，上市公司独立董事是指不在上市公司担任除董事外的其他职务，并与其所受聘的上市公司及其主要股东不存在可能妨碍其进行独立客观判断关系的董事。

独立董事最早出现在美国。1940 年美国颁布的《投资公司法》中明确规定，投资公司的董事会中，至少要有 40%成员独立于投资公司、投资顾问和承销商。投资公司设立独立董事的目的，主要是为了克服投资公司董事被控股股东及管理层所控制从而背离全体股东和公司整体利益的弊端。

独立董事既不代表出资人，也不代表公司管理层，独立于公司的管理、经营活动和那些有可能影响他们做出独立判断的事务之外，不与公司有任何影响其客观、独立地做出判断的关系。独立董事要在公司战略、运作、资源、经营标准以及一些重大问题上做出自己独立的判断，利用其专业知识在股东大会提出专业性分析意见，他们同样需要公司财务报表所提供的重要财务会计信息。

第二节 上市公司信息披露制度

一、信息披露制度的概念

信息披露制度起源于英国,发展于美国。1844 年,《英国合资公司法》首次确立了"公开原则"(disclosure regulation)。英国有关信息公开的制度为美国制定证券交易法规所接受和发展,并使之成为当今世界上有关信息披露立法最成熟、完善的国家之一。

信息披露制度,也称信息公开制度,是上市公司为保障投资者利益和接受社会公众的监督而依照法律规定必须公开或公布其有关信息和资料的制度,分为发行市场信息披露制度和流通市场信息披露制度。前者是指以申领填报"有价证券申报书"的形式向投资者公开证券发行者的经营情况和财务情况,后者是指以填报"有价证券报告书"的形式公布上市公司经营情况及某些重大事项。信息披露制度既包括上市公司上市前有关重要信息的披露制度,也包括上市后的持续的重要事项信息公开制度。

随着经济社会的发展和现代企业制度的建立,以上市公司为典型代表的公司制企业不断增多。由于信息不对称的客观存在,外部利益相关者的财务决策对上市公司披露财务会计信息的依赖性越来越强,对披露信息的数量和质量要求也越来越高。然而,上市公司作为财务会计信息的提供者所提供的财务报表,体现着公司管理层的意志,权责发生制会计和会计政策选择事实上也为管理者操纵财务报表提供了可能。为了证券市场的健康有序和保护投资者的利益,世界各国无不将上市公司的信息披露纳入法律法规的范畴加以强制约束,使上市公司信息披露法制化、制度化。

二、上市公司信息披露制度的重要作用

证券市场的理论和实践表明,证券市场的有效性是建立在信息公开披露制度基础上的。因此,建立健全上市公司信息披露制度,对于完善公司治理结构、提高证券市场效率、解决信息不对称问题、维护投资者合法权益,具有十分重大的意义。

(一)完善公司治理结构

建立健全上市公司信息披露制度,有利于上市公司不断完善公司治理结构,促进公司的健康运行和良性发展。企业一旦发展成为上市公司,就必须依照国家有关上市公司的法律法规运作,其中包括必须按信息披露制度规定,公正、及时、完整地披露有效的信息。披露信息的刚性要求,必然倒逼上市公司竭尽全力树立良好的市场形象,不断提高管理水平。

(二)提高证券市场效率

证券市场的效率和公平与上市公司的会计信息披露有着密切的关系。上市公司的会计信息披露越充分,相应证券的价格越能充分反映各种信息,证券交易越能有效分配资源,证券市场发行价格与交易价格就越合理。上市公司的会计信息披露越公开,证券市

场的现实和潜在参与者越能共享信息，证券市场竞争越公平。不同的投资者或证券市场参与者可以公平地获取利益相关企业的重要财务信息，能增强其对证券市场的信任和信心，有利于促进证券市场的健康发展。此外，上市公司会计信息的充分披露也有利于相关部门进行证券监督，提高证券市场的运行效率。

（三）解决信息不对称问题

会计信息的披露是外部投资者及其他利益相关者了解企业经营状况的重要渠道。基于信息不对称理论，各类人员对有关信息的了解是有差异的。掌握信息比较充分的人员，往往处于比较有利的地位，而信息贫乏的人员，则处于比较不利的地位。比如，企业内部人员往往比外部投资者或者债权人更了解公司运营状况。信息不对称存在的最终后果是特定时间段内公司股票价格的定价偏差。因此，企业积极主动披露风险信息，有助于投资者及其他利益相关者了解公司运营存在的风险，便于投资者和债权人及时调整投资决策，从而更好地解决信息不对称问题，提高股票的流动性，降低资本成本。

（四）维护投资者合法权益

投资者是资本市场的重要参与者。上市公司公开透明、有效的信息披露，既是维护市场公平、激发市场活力和稳定公司市值的重要手段，更是对中小投资者知情权的有效保障。对投资者而言，信息披露是其了解上市公司整体经营情况的窗口，信息披露维护了投资者的知情权，便于投资者做出投资决策和价值判断。因此，上市公司应在保证信息披露真实性、准确性、及时性、完整性、公平性"五性"的基础上，始终坚持将信息披露作为维护投资者权益的基石，持续提升信息披露质量，致力于披露投资者愿读、爱读、读之有味的公告，力求信息披露"形神兼备"。

三、上市公司信息披露制度的主要内容

近些年来，随着我国证券市场的不断发展和上市公司的规模的不断扩大，上市公司信息披露制度也在不断发展和完善。目前已经形成了以《中华人民共和国公司法》《中华人民共和国证券法》和《股票发行与交易暂行条例》等国家法律和条例为主体，以《公开发行股票公司信息披露的内容与格式准则》等国家证券监管部门发布的一系列信息披露的规则为内容的信息披露制度体系。

证监会发布的《上市公司信息披露管理办法》（2021年3月18日）明确规定，"信息披露义务人应当及时依法履行信息披露义务，披露的信息应当真实、准确、完整，简明清晰、通俗易懂，不得有虚假记载、误导性陈述或者重大遗漏。信息披露义务人披露的信息应当同时向所有投资者披露，不得提前向任何单位和个人泄露。但是法律、行政法规另有规定的除外"。"信息披露文件包括定期报告、临时报告、招股说明书、募集说明书、上市公告书、收购报告书等"。

（1）定期报告

定期报告是指上市公司根据有关法规于规定时间编制并公布的反映公司业绩的报告。上市公司应当披露的定期报告包括年度报告和中期报告。年度报告是公司会计年度

经营状况的全面总结。中期报告是公司一定期间经营状况的总结，中期报告分为半年度报告、季度报告以及月度报告。凡是对投资者做出价值判断和投资决策有重大影响的信息，均应当披露。年度报告中的财务会计报告应当经符合《中华人民共和国证券法》规定的会计师事务所审计。

（2）临时报告

当发生可能对上市公司证券及其衍生品种交易价格产生较大影响的重大事件，投资者尚未得知时，上市公司应当立即披露，说明事件的起因、目前的状态和可能产生的影响。临时报告包括的内容和形式较为广泛。比较常见的临时报告有股东大会决议、董事会决议、监事会决议。其他重大事项也会由一些中介机构同时发布信息，如回访报告、持续监督报告、评估报告和审计报告、律师报告等。

（3）招股说明书

股份有限公司的招股说明书是社会公众了解发行人和公司的情况的说明，披露公司股份发行的相关事宜，指导社会公众购买公司发行的股份的规范性文件。公司首次公开发行股票时，必须制作招股说明书。招股说明书中对会计信息的披露包括对财务风险的提示、资金的投向、主要的财务分析、股利分配政策、股本、债项、主要固定资产、经营业绩、重大事项等。

（4）募集说明书

募集说明书是指企业为了筹集资金，依据《中华人民共和国企业法》《中华人民共和国证券法》《企业债券发行试点办法》《公开发行证券的企业信息披露内容与格式准则第23号——公开发行企业债券募集说明书》及其他现行法律、法规的规范，以及证监会对本期债券的核准，并结合发行人的实际状况编制的债券募集说明书，主要内容包括债券发行依据、发行的有关机构、发行概要、承销方式、发行人财务状况、募集资金用途等。

（5）上市公告书

上市公告书是发行人在股票发行上市前，向公众公告与发行上市有关的事项的信息披露文件，会计信息包括公司设立、关联企业及关联交易、股本结构及大股东持股情况、公司财务会计资料等。上市公告书应当概括招股书的基本内容以及公司近期重要的资料。

（6）收购报告书

收购报告书全文文本封面应标有"××上市公司收购报告书"字样，并应载明以下内容：上市公司的名称、股票上市地点、股票简称、股票代码、收购人的姓名或名称、住所、通信地址、联系电话、收购报告书签署日期。

第三节 企业财务报告

一、财务报告及其组成内容

财务会计报告是指企业对外提供的反映企业某一特定日期的财务状况和某一会计期间的经营成果、现金流量等会计信息的文件。财务会计报告包括会计报表及其附注和其他应当在财务会计报告中披露的相关信息和资料。会计报表至少应当包括资产负债表、利润表、现金流量表等报表。

国际或者某区域会计准则通常都对财务报告制定有专门的独立准则。"财务报告"从国际范围来看是一个比较通用的术语,在我国的会计基本准则及实务中,"财务会计报告"即"财务报告"。

二、基本财务报表

(一)资产负债表

资产负债表是反映企业在某一特定日期(如年末、季末、月末等)全部资产、负债和所有者权益等财务状况情况的报表,一般采用账户式结构编制,左边为资产,右边为负债和所有者权益。表 1-1 为三棵树涂料股份有限公司(603737)的资产负债表(三棵树涂料股份有限公司的资产负债表、利润表、所有者权益变动表和现金流量表资料均来源于同花顺财经网站三棵树涂料股份有限公司年报)。

表 1-1 三棵树涂料股份有限公司资产负债表
2020 年 12 月 31 日

编制单位:三棵树涂料股份有限公司　　　　　　　　　　　　　　　　单位:人民币元

资产	期末余额	年初余额	负债和股东权益	期末余额	年初余额
流动资产:			流动负债:		
货币资金	1 324 293 833.46	628 110 027.66	短期借款	1 236 567 086.43	800 490 729.57
结算备付金			向中央银行借款		
拆出资金			拆入资金		
交易性金融资产		90 000 000.00	交易性金融负债		
衍生金融资产			衍生金融负债		
应收票据	691 266 390.50	415 737 472.44	应付票据	978 249 960.21	418 247 699.00
应收账款	2 774 247 470.26	1 508 941 758.79	应付账款	2 570 715 893.04	1 495 351 032.19
应收款项融资	15 072 250.00	7 183 125.00	预收款项		60 922 530.85
预付款项	86 904 136.28	33 624 031.44	合同负债	88 107 497.67	
应收保费			卖出回购金融资产款		
应收分保账款			吸收存款及同业存放		
应收分保合同准备金			代理买卖证券款		
其他应收款	161 812 013.59	70 609 675.82	代理承销证券款		
其中:应收利息		2 780 821.92	应付职工薪酬	378 242 322.77	194 459 286.74
应收股利			应交税费	102 273 957.88	82 451 781.80
买入返售金融资产			其他应付款	227 856 266.00	283 637 237.70
存货	491 542 597.79	504 445 285.09	其中:应付利息	1 860 361.98	1 303 463.11
合同资产	470 757 625.91		应付股利		
持有待售资产			应付手续费及佣金		

续表

资产	期末余额	年初余额	负债和股东权益	期末余额	年初余额
一年内到期的非流动资产			应付分保账款		
其他流动资产	205 163 904.61	277 623 620.14	持有待售负债		
流动资产合计	6 221 060 222.40	3 536 274 996.38	一年内到期的非流动负债	135 887 898.44	96 000 000.00
非流动资产：			其他流动负债	89 832 350.20	8 232 460.01
发放贷款和垫款			流动负债合计	5 807 733 232.64	3 529 792 757.86
债权投资			非流动负债：		
其他债权投资			保险合同准备金		
长期应收款			长期借款	395 370 000.00	216 210 000.00
长期股权投资			应付债券		
其他权益工具投资	168 000 000.00	168 000 000.00	其中：优先股		
其他非流动金融资产			永续债		
投资性房地产			租赁负债		
固定资产	1 331 825 011.25	1 098 157 052.88	长期应付款	101 197 310.68	
在建工程	775 589 217.71	374 416 086.32	长期应付职工薪酬		
生产性生物资产			预计负债		
油气资产			递延收益	133 115 189.37	88 681 212.17
使用权资产			递延所得税负债	3 753 979.60	4 162 400.72
无形资产	356 012 274.27	324 286 495.04	其他非流动负债		
开发支出			非流动负债合计	633 436 479.65	309 053 612.89
商誉	26 450 885.48	26 450 885.48	负债合计	6 441 169 712.29	3 838 846 370.75
长期待摊费用	11 711 238.09	2 946 998.35	所有者权益：		
递延所得税资产	107 628 672.27	67 729 501.35	实收资本	268 904 692.00	186 380 481.00
其他非流动资产	95 875 033.39	77 034 075.26	其他权益工具		
非流动资产合计	2 873 092 332.46	2 139 021 094.68	其中：优先股		
资产总计	9 094 152 554.86	5 675 296 091.06	永续债		
			资本公积	664 606 674.46	372 546 726.49
			减：库存股	223 194.33	30 018 090.51
			其他综合收益		
			专项储备		
			盈余公积	118 351 969.53	93 190 240.50
			一般风险储备		
			未分配利润	1 456 516 910.26	1 102 815 076.08
			归属于母公司所有者权益合计	2 508 157 051.92	1 724 914 433.56

续表

资产	期末余额	年初余额	负债和股东权益	期末余额	年初余额
			少数股东权益	144 825 790.65	111 535 286.77
			所有者权益合计	2 652 982 842.57	1 836 449 720.31
			负债和所有者权益总计	9 094 152 554.86	5 675 296 091.06

（二）利润表

利润表也称损益表，是反映企业在一定期间的经营成果及分配情况的报表。利润表的项目主要是收入、费用和利润三类。利润表的结构主要有单步式和多步式两种，我国采用多步式利润表。表1-2为三棵树涂料股份有限公司（603737）的利润表。

表1-2 三棵树涂料股份有限公司利润表（2020年度）

编制单位：三棵树涂料股份有限公司　　　　　　　　　　　　　　　　单位：人民币元

项　　目	本期金额	上期金额
一、营业总收入	8 200 228 400.23	5 972 263 435.78
其中：营业收入	8 200 228 400.23	5 972 263 435.78
利息收入		
已赚保费		
手续费及佣金收入		
二、营业总成本	7 552 768 977.04	5 440 472 939.49
其中：营业成本	5 425 750 914.15	3 652 993 984.79
税金及附加	69 594 755.24	52 244 659.46
销售费用	1 380 365 261.81	1 276 077 026.20
管理费用	432 269 577.28	321 175 954.62
研发费用	207 034 432.9	130 326 643.11
财务费用	37 754 035.65	7 654 671.31
加：其他收益	81 172 104.45	52 798 921.89
投资收益（损失以"-"号填列）	193 437.40	1 542 139.74
其中：对联营企业和合营企业的投资收益		
以摊余成本计量的金融资产终止确认收益		
汇兑收益（损失以"-"号填列）		
净敞口套期收益（损失以"-"号填列）		
公允价值变动收益（损失以"-"号填列）		
信用减值损失（损失以"-"号填列）	-97 562 777.24	-64 351 138.13
资产减值损失（损失以"-"号填列）	-20 345 712.31	-1 779 843.02
资产处置收益（损失以"-"号填列）	-1 305 906.58	22 328.88

续表

项　目	本期金额	上期金额
三、营业利润（亏损以"-"号填列）	609 610 568.91	520 022 905.65
加：营业外收入	1 637 869.29	1 249 018.67
减：营业外支出	27 853 161.55	18 977 570.15
四、利润总额（亏损总额以"-"号填列）	583 395 276.65	502 294 354.17
减：所得税费用	48 332 068.02	78 310 513.71
五、净利润（净亏损以"-"号填列）	535 063 208.63	423 983 840.46
（一）按经营持续性分类		
1. 持续经营净利润（净亏损以"-"号填列）	535 063 208.63	423 983 840.46
2. 终止经营净利润（净亏损以"-"号填列）		
（二）按所有权归属分类		
1. 归属于母公司股东的净利润（净亏损以"-"号填列）	501 772 704.73	406 143 739.38
2. 少数股东损益（净亏损以"-"号填列）	33 290 503.90	17 840 101.08
六、其他综合收益的税后净额		
七、综合收益总额	535 063 208.63	423 983 840.46
（一）归属于母公司所有者的综合收益总额	501 772 704.73	406 143 739.38
（二）归属于少数股东的综合收益总额	33 290 503.90	17 840 101.08
八、每股收益		
（一）基本每股收益（元/股）	1.91	1.56
（二）稀释每股收益（元/股）	1.91	1.56

（三）现金流量表

现金流量表是以现金为基础编制的财务状况变动表，用以反映企业在一定期间内现金流入流出情况的信息。现金流量表主要包括经营活动的现金流量、投资活动现金流量、筹资活动现金流量和汇率变动对现金的影响额四部分。

表 1-3 为三棵树涂料股份有限公司（603737）的现金流量表。

表 1-3　三棵树涂料股份有限公司现金流量表（2020 年度）

编制单位：三棵树涂料股份有限公司　　　　　　　　　　　　　　　　单位：人民币元

项　目	期末余额	年初余额
一、经营活动产生的现金流量		
销售商品、提供劳务收到的现金	7 766 476 059.82	5 858 016 870.34
客户存款和同业存放款项净增加额		
向中央银行借款净增加额		
向其他金融机构拆入资金净增加额		
收到原保险合同保费取得的现金		

续表

项　　目	期末余额	年初余额
收到再保业务现金净额		
保户储金及投资款净增加额		
收取利息、手续费及佣金的现金		
拆入资金净增加额		
回购业务资金净增加额		
代理买卖证券收到的现金净额		
收到的税费返还		6 192.50
收到其他与经营活动有关的现金	401 338 474.58	171 841 746.67
经营活动现金流入小计	8 167 814 534.40	6 029 864 809.51
购买商品、接受劳务支付的现金	4 662 797 850.14	3 459 171 653.13
客户贷款及垫款净增加额		
存放中央银行和同业款项净增加额		
支付原保险合同赔付款项的现金		
拆出资金净增加额		
支付利息、手续费及佣金的现金		
支付保单红利的现金		
支付给职工及为职工支付的现金	1 209 906 711.23	831 336 258.73
支付的各项税费	539 105 305.80	457 339 365.90
支付其他与经营活动有关的现金	1 298 650 899.37	882 124 976.51
经营活动现金流出小计	7 710 460 766.54	5 629 972 254.27
经营活动产生的现金流量净额	457 353 767.86	399 892 555.24
二、投资活动产生的现金流量		
收回投资收到的现金	150 050 000.00	364 100 000.00
取得投资收益收到的现金	193 437.40	1 542 139.74
处置固定资产、无形资产和其他长期资产收到的现金净额	380 842.80	572 684.38
处置子公司及其他营业单位收到的现金净额		
收到其他与投资活动有关的现金		
投资活动现金流入小计	150 624 280.20	366 214 824.12
购建固定资产、无形资产和其他长期资产支付的现金	850 085 709.78	689 202 129.06
投资支付的现金	60 050 000.00	261 000 000.00
质押贷款净增加额		
取得子公司及其他营业单位支付的现金净额	41 299 800.00	91 240 333.87
支付其他与投资活动有关的现金		
投资活动现金流出小计	951 435 509.78	1 041 442 462.93
投资活动产生的现金流量净额	−800 811 229.58	−675 227 638.81

续表

项　　目	期末余额	年初余额
三、筹资活动产生的现金流量		
吸收投资收到的现金	394 322 433.19	66 710 000.00
其中：子公司吸收少数股东投资收到的现金		
取得借款收到的现金	2 002 760 000.00	1 284 139 714.16
收到其他与筹资活动有关的现金	2 395 868 271.40	
筹资活动现金流入小计	4 792 950 704.59	1 350 849 714.16
偿还债务支付的现金	1 425 170 729.57	553 438 984.59
分配股利、利润或偿付利息支付的现金	197 944 385.50	106 407 503.29
其中：子公司支付给少数股东的股利、利润		
支付其他与筹资活动有关的现金	2 291 312 077.49	68 728 585.00
筹资活动现金流出小计	3 914 427 192.56	728 575 072.88
筹资活动产生的现金流量净额	878 523 512.03	622 274 641.28
四、汇率变动对现金及现金等价物的影响	-6 721.22	17 875.03
五、现金及现金等价物净增加额	535 059 329.09	346 957 432.74
加：期初现金及现金等价物余额	545 910 152.68	198 952 719.94
六、期末现金及现金等价物余额	1 080 969 481.77	545 910 152.68

现金流量表有三项补充资料需要披露。补充资料（一），其内容包括将净利润调节为经营活动的现金流量、不涉及现金的重大投资和筹资活动、现金和现金等价物净变动情况，其格式见表 1-4。补充资料（二），为披露的取得和处置子公司及其他营业单位的有关信息，其格式见表 1-5。补充资料（三），为披露的现金和现金等价物的详细信息，其格式见表 1-6。

表 1-4　现金流量表补充资料（一）

项　　目	本期金额	上期金额
1. 将净利润调节为经营活动现金流量		
净利润		
加：资产减值准备		
固定资产折旧、油气资产折耗、生产性物资折旧		
无形资产摊销		
长期待摊费用摊销		
处置固定资产、无形资产和其他长期资产的损失（收益以"-"号填列）		
固定资产报废损失（收益以"-"号填列）		
公允价值变动损失（收益以"-"号填列）		
财务费用（收益以"-"号填列）		
投资损失（收益以"-"号填列）		
递延所得税资产减少（增加以"-"号填列）		

续表

项目	本期金额	上期金额
递延所得税负债增加（减少以"-"号填列）		
存货的减少（增加以"-"号填列）		
经营性应收项目的减少（增加以"-"号填列）		
经营性应付项目的增加（减少以"-"号填列）		
其他		
经营活动产生现金流量净额		
2. 不涉及现金收支的重大投资和筹资活动		
债务转为资本		
一年内到期的可转换公司债券		
融资租入固定资产		
3. 现金及现金等价物净变动情况		
现金的期末余额		
减：现金的期初余额		
加：现金等价物的期末余额		
减：现金等价物的期初余额		
现金及现金等价物的净增加额		

表 1-5　现金流量表补充资料（二）

项目	金额
一、取得子公司及其他营业单位的有关信息	
1. 取得子公司及其他营业单位的价格	
2. 取得子公司及其他营业单位支付的现金和现金等价物	
减：子公司及其他营业单位持有的现金和现金等价物	
3. 取得子公司及其他营业单位支付的现金净额	
4. 取得子公司的净资产	
流动资产	
非流动资产	
流动负债	
非流动负债	
二、处置子公司及其他营业单位的有关信息	
1. 处置子公司及其他营业单位的价格	
2. 处置子公司及其他营业单位支付的现金和现金等价物	
减：子公司及其他营业单位持有的现金和现金等价物	
3. 处置子公司及其他营业单位支付的现金净额	
4. 处置子公司的净资产	
流动资产	
非流动资产	
流动负债	
非流动负债	

表 1-6　现金流量表补充资料（三）

项　　目	本期金额	上期金额	本期比上期增（减）额
一、现金			
其中：库存现金			
可随时用于支付的银行存款			
可随时用于支付的其他货币资金			
二、现金等价物			
其中：三个月内到期的债券投资			
三、期末现金及现金等价物余额			
其中：母公司或集团内子公司使用受限制的现金和现金等价物			

（四）股东权益变动表

股东权益变动表，即所有者权益变动表，是全面反映公司本期（年度或中期）内至截至期末所有者权益变动情况的报表。表 1-7 为三棵树涂料股份有限公司（603737）的所有者权益变动表。

（五）附表

附表一般是用来对资产负债表等基本财务报表的某些重大项目予以注释和补充披露的信息。上市公司重要的附表主要包括：①交易性金融资产；②分别按类别和按金额应收账款、其他应收款；③长期股权投资；④营业收入、营业成本的明细；⑤投资收益的明细情况；⑥存货分项与存货跌价准备增减变动情况；⑦对合营企业和联营企业投资；⑧投资房地产；⑨固定资产；⑩在建工程与在建工程减值准备；⑪长期待摊费用；⑫递延所得税资产；⑬资产减值准备；⑭应付职工薪酬；⑮应交税费；⑯股本；⑰资本公积；⑱盈余公积；⑲未分配利润；⑳资产减值损失；㉑基本每股收益和稀释每股收益的计算过程；㉒分部报告。其格式不再一一列示。

三、财务报表附注

（一）财务报表附注的性质和作用

财务报表附注是对企业财务报表有关项目等所做的解释和说明，与财务报表一并构成企业财务报告。财务报表附注对于财务报表使用者具有以下重要作用。

①资产负债表等各项财务报表均是以数字语言和表格形式出现的，其所反映的财务状况都是一定日期或时点上的高度浓缩、概括的最终结果。财务报表附注则提供了表内数字以外的对某些财务报表使用者至关重要的详细信息，如或有事项、关联方关系等。

②会计处理方法具有可选择性，同一企业的会计事项以不同的处理方法处理将会得出不同的结果，将给财务报表的使用者理解财务报表带来困惑，会计估计变更的影响同样如此。财务报表附注中对此的说明将有利于财务报表使用者正确理解财务报表所披露的信息。

表 1-7　所有者权益变动表（2020 年度）

编制单位：三棵树涂料股份有限公司　　　　　　　　　　　　　　　　　　　　　　　　　　　　　　　　单位：人民币元

项目	归属于母公司所有者权益									少数股东权益	所有者权益合计
	实收资本（或股本）	其他权益工具 优先股 永续债 其他	资本公积	减：库存股	其他综合收益	专项储备	盈余公积	一般风险准备	未分配利润	其他	小计		
一、上年末余额	186 380 481.00		372 546 726.49	30 018 090.51			93 190 240.50		1 102 815 076.08		1 724 914 433.56	111 535 286.75	1 836 449 720.31
加：会计政策变更													
前期差错更正													
同一控制下企业合并													
其他													
二、本年期初余额	186 380 481.00		372 546 726.49	30 018 090.51			93 190 240.50		1 102 815 076.08		1 724 914 433.56	111 535 286.75	1 836 449 720.31
三、本期增减变动金额（减少以"-"号填列）	82 524 211.00		292 059 947.97	29 794 896.18			25 161 729.03		353 701 834.18		783 242 618.36	33 290 503.90	816 533 122.26
（一）综合收益总额									501 772 704.73		501 772 704.73	33 290 503.90	535 063 208.63
（二）所有者投入和减少资本	8 033 822.00		366 550 336.97	29 794 896.18							404 379 055.15		404 379 055.15
1. 所有者投入的普通股	8 188 331.00		386 150 887.13								394 339 218.13		394 339 218.13
2. 其他权益工具持有者投入的资本													
3. 股份支付计入所有者权益的金额	154 509.00		19 600 550.16	297 941 896.18							10 039 837.02		100 398 37.02
4. 其他													
（三）利润分配								25 161 729.03		-148 070 870.55		122 909 141		122 909 141.52
1. 提取盈余公积								25 161 729.03		-25 161 729.03				
2. 提取一般风险准备													
3. 对所有者（或股东）的分配										-122 909 141.52		122 903 141.52		122 909 141.52
4. 其他													

续表

项目	实收资本（或股本）	其他权益工具			资本公积	减：库存股	其他综合收益	专项储备	盈余公积	一般风险准备	未分配利润	其他	小计	少数股东权益	所有者权益合计
		优先股	永续债	其他											
							归属于母公司所有者权益								
（四）所有者权益内部结转	74 490 389.00				74 490 389.00										
1. 资本公积转增资本（或股本）	74 490 389.00				74 490 389.00										
2. 盈余公积转增资本（或股本）															
3. 盈余公积补亏损															
4. 设定受益计划变动额结转留存收益															
5. 其他综合收益结转留存收益															
6. 其他															
（五）专项储备								2 809 510.81					2 809 510.8		2 809 510.81
1. 本期提取								2 803 510.80					2 803 510.80		2 809 510.81
2. 本期使用															
（六）其他															
四、本期期末余额	268 904 692.00				664 606 674.46	223 194.33			118 351 969.5		1 456 516 910.26		2 508 157 051.92	144 825 790	2 652 982 842.57

③会计政策具有可选择性，企业可能出于更加公允地反映企业财务状况的目的而改变财务报表中的某些项目的会计政策，同一企业的会计事项基于不同会计政策的处理也将会得出不同的结果，甚至使不同期间的财务信息失去可比性。财务报表附注中对有关会计政策选择的说明将有利于财务报表使用者全面把握财务报表所披露的信息。

（二）财务报表附注的内容

财务报表附注的内容主要包括以下几项。

①企业的基本情况，包括企业名称、历史沿革、注册地、股本结构等企业的基本信息。

②主要会计政策、会计估计和前期差错，包括会计报表编制基础、企业合并的会计处理方法、合并财务报表的编制方法、金融工具（金融资产的计量、减值等）、存货及其发出的计价和跌价准备等。

③非常项目，即不属于企业常规性生产经营活动的偶然性项目的财务金额，如长期资产的处置、临时性的政府补贴等。

④税项。

⑤企业合并及合并财务报表，合并财务报表的注释。

⑥关联方关系及其交易。

⑦或有事项，包括承兑汇票贴现与转让、对外提供重大担保的金额与期限、企业所涉诉讼事项等。

⑧承诺事项。

⑨其他重大事项。

本 章 小 结

财务问题对于企业，如同神经网络系统和血液循环系统之于人的生命。神经网络系统就是企业的以财务会计信息为核心的信息系统。客观地认识、充分地挖掘与科学地运用财务会计信息为财务决策提供依据，则是财务报表分析的核心。企业利益集团的各组成部分，都从自己的利益出发，关注企业财务报表所披露的财务信息。财务信息的披露，需要建立在规范的制度基础之上。财务报告是信息披露制度中定期报告的重要组成部分，包括资产负债表、利润表、现金流量表、股东权益变动表，以及相关的附表和附注。财务报表使用者必须熟知各种财务报表及报表附注的性质和作用。

复习思考题

1. 不同的利益相关者对财务报表的关注点有何不同？
2. 怎样理解现代企业制度对企业财务信息供求关系的影响？
3. 怎样理解金融市场对企业财务信息供求关系的影响？
4. 资产负债表、利润表和现金流量表分别向报表使用者传递了哪些信息？

5. 财务报表使用者为什么要加强对财务报表附注的阅读分析？
6. 试根据"引导案例"，说明上市公司公开披露信息的重要性。

第二章

财务报表分析的战略视角

【学习目标】

财务报表分析不能就报表论报表，必须具备财务报表分析的基本视野，并基于战略视角来分析财务报表。本章主要介绍与财务报表分析的视野相关的几个重要方面。通过对本章的学习应认识到为了使分析结论对决策有用，财务报表分析必须要"跳出报表、看报表"的重要性，理解财务报表所提供的财务信息的背后实际上受诸多因素的制约，给财务报表带来了一定的局限性。掌握识别行业特征和企业战略的基本方法，善于解读注册会计师的审计报告。

【关键概念】

会计主体假设（accounting entity assumption）
会计分期（accounting period postulate）
持续经营假设（going concern hypothesis）
货币计量假设（monetary measurement assumption）
权责发生制原则（accrual basis）
会计准则（accounting standards）　　　行业分析（industry analysis）
企业战略（enterprise strategy）　　　　审计报告（audit report）

不断进取的福耀玻璃，还有多大成长空间

2021年3月30日，福耀玻璃工业集团股份有限公司（以下简称福耀玻璃）发布年报。2020年度福耀玻璃实现营收199.1亿元，同比下降5.7%；归母净利润为26亿元，同比下降10.3%；扣非净利润为23亿元，同比下降17.8%。这份在过去肯定会导致福耀玻璃股价下跌的业绩报告，却在近两年新冠肺炎疫情导致行业大幅衰退的背景下，已算亮眼。

自2018年开始，国内汽车市场遇冷，销量出现下滑，当年汽车销量总计2808万辆，同比下降2.76%。到了2019年，本以为会出现复苏的汽车市场进一步恶化，产销分别完成2572.1万辆和2576.9万辆，分比下滑7.5%和8.2%。福耀玻璃2019年业绩受到严重影响，净利润28.98亿元同比下降29.66%，扣除非经常性投资收益的净利润同比下降8.23%。

2020年新冠肺炎疫情暴发，经营重资产工业用产品的福耀玻璃首当其冲，国内工厂停工，海外订单推迟，巨大的资本投入和资产维护费用，需要消耗庞大的现金流，而产品滞销让福耀资金只出不进。前途一片渺茫，悲观情绪蔓延。

面对一系列困境，福耀玻璃并没有被打倒，稳健经营，并最终盼到了曙光。随着国内疫情得到逐步控制，复工复产，加上政府一系列刺激汽车行业发展的政策出台，福耀玻璃2020年保持了盈利，各项经营指标仍远超同行，股票也迎来了大涨，市值突破了1000亿元。人们不禁要问，不断进取的福耀玻璃，还有多大成长空间？这要从汽车玻璃行业的特征与福耀玻璃的竞争优势及其经营战略谈起。

汽车玻璃行业的主要特征是重资产、技术高，且周期性强，有一定的行业壁垒。

高额启动资金。汽车玻璃行业的启动资金大，国内一条汽车玻璃生产线通常需要投入2亿元，配套的浮法玻璃生产线一条费用高达3亿元。在欧洲和美国新建生产线所需投资更高，在欧洲新建年产100万套的汽车玻璃生产线需要投入4000万～6000万欧元，在美国则需要7000万美元。

较长的认证周期。汽车玻璃的制造技术要求高，质量要求严苛，产品的认证周期较长，一般造车公司与其配套客户所签订的框架合同的期限，通常涵盖新车型的整个生命周期，一般介于5～10年之间，主机厂对供应商进入配套体系的审核非常严格。

较低的收益率。汽车玻璃行业的收益率实在有限，福耀玻璃目前是整个行业收益率最高的企业，在高负债的杠杆助推下，福耀平常年份的净资产收益率也只在18%左右，净利率也只维持在15%～20%之间，而2019年另一汽车玻璃龙头旭硝子，净资产收益率和净利率仅为3.9%和1.3%。加上每年必要的资本投入，就更让一些新进入者望而生畏。

因此，汽车玻璃行业新的竞争对手很难进入，基本都是老牌企业的互相厮杀。福耀玻璃的竞争优势源于"专注"。由于福耀玻璃的业务非常聚焦，所以在经营上更加专注，公司一直努力通过降低成本、提升产品质量来增强其在行业中的竞争优势。

首先是公司的垂直一体化战略。多年来福耀玻璃一直执行垂直一体化战略，通过对上下游的不断拓展，提升效率降低成本。从上游来，因为浮法玻璃是汽车玻璃重要原材料，在成本中占比约30%。2019年公司浮法玻璃自供率已达80%～90%。浮法玻璃的自供，大大降低了采购成本。除了原材料，在生产设备上福耀玻璃也能自制。公司旗下子公司福清机械制造公司专注于汽车玻璃生产设备研发、制造与服务，可为公司定制一系列专属设备，节约成本，提高生产效率，目前该部门为福耀提供了80%以上的自制优质设备，成为公司坚强的后盾。从下游来看，福耀玻璃通过收购三峰饰件、福州磨具，并收购SAM，全力构建汽车玻璃配套产品。

其次是高额资本投入。鉴于汽车玻璃行业典型的重资产特征，想要提升利润就只能持续地扩张，这需要大量的资本投入。虽然前期的资本投入巨大，但一旦形成垄断，就会带来长期稳定的利润回报。福耀玻璃2018年资本支出与营业收入的比值为17.8%，高于旭硝子的13.0%、板硝子的4.6%和圣戈班的4.0%，公司近年来处于市场扩张阶段，经营净现金流、净利润与资本开支基本相当，说明福耀玻璃正在通过大量的资本投入维持竞争力、挤压竞争对手，从而获得最终的胜利。

再次是高额的研发投入。近年来汽车玻璃产品迎来消费升级趋势，全景天窗玻璃、抬头显示玻璃、防红外线玻璃、防紫外线玻璃、低辐射镀膜玻璃、夹丝加热玻璃、半钢化夹层玻璃、天线玻璃等高附加值产品渗透率不断提升，要求汽车玻璃厂商具备强大的研发创新能力以应对市场变化，因此需要保持较高的研发投入予以保障。公司2014年的研发费用为5.2亿元，2019年增长到了8.13亿元，2014—2019年复合增速为24.2%。研发费用在营收中占比也一直保持在4%以上，高额的研发投入，使公司走在了技术的最前沿。

最后是成本管理意识。福耀玻璃的管理层，通过不断的学习和引进高效的成本管理方法，在经营中努力降低成本。每年公司都要与主要供应商反复进行价格谈判，以达到严控成本的目的。福耀某原材料供应商负责人曾表示："关于产品的价格问题，每一年跟曹先生的福耀集团都有一个针锋相对的谈判，平均要谈至少六七……谈到小数点后面第二位。"

我们可以通过财务指标来印证福耀的竞争优势。2019年福耀毛利率为37.5%，较此前几年42%的水平有所下滑，但仍远高于其他竞争对手。2019年福耀ROE为14.1%，也高于旭硝子3.9%、板硝子10.3%和圣戈班7.1%。利润率上反映得更明显，2014—2018年福耀营业利润率都在19%以上。综上所述，长期来看福耀玻璃的发展没有遇到明显瓶颈，公司不但坐拥最具潜力的中国汽车市场，而且专注于海外汽车玻璃市场的扩张。在美国市场占有率的提高、铝饰条业务的推进，以及未来对欧洲市场的开拓，都将成为福耀的增长点，推动福耀玻璃再创辉煌。

（资料来源：https://zhuanlan.zhihu.com/p/342196198，知乎专栏，李沐）

现有的财务报表分析体系是在传统工业经济条件下发展起来的，主要着眼于计算财务数据，就企业财务报表分析财务报表。但是，当前企业所处的经营环境及其所选择和实施的战略已经成为影响财务报表的重要因素，仅仅利用财务数据对企业的财务状况和经营成果做出分析、评价和判断已经不能综合反映企业的情况，应基于战略视角对财务报表进行分析。为此，首先明晰财务报表分析的目标和要求，了解财务报表的制约因素，其次基于战略视角分析财务报表，最后知悉阅读、理解审计报告，对财务报表分析至关重要。

第一节 财务报表分析的目标和要求

一、财务报表分析的目标

财务报表分析不同于企业经济活动分析等分析活动，是企业利益相关者利用一定的手段和方法，以企业的各项基本活动为对象，以财务报表为主要信息源，通过对企业财务报表提供的数据进行比较、归纳、演绎、分析和综合，认识企业活动的特点，评价业绩，发现问题，为相关决策提供可靠依据的目的。

不同的利益相关者对于财务报表的分析呈"各取所需"之势，但财务报表分析的过程无一例外，都是以阅读财务报表为起点，以做出为决策服务的某种专业判断（包括评价和找出问题）为终点。财务报表分析目标都可以概括为以下几点。

①了解过去：认识和把握企业生产经营活动的历史规律。
②评价现在：对企业生产经营活动及其目前管理状态及存在的问题等做出评估。
③预计未来：对企业未来的发展变化趋势做出预计和推测。

二、财务报表分析的要求

（一）知晓财务报表的局限性

财务报表分析的信息来源主要是以基本财务报表为核心内容的财务报告。因此，除了分析所采用的纯技术和方法的原因以外，对财务报表本身是否有全面、清楚、客观的认识，在一定程度上影响财务报表分析目标的实现。进行财务报表分析，利用财务报表提供的信息进行财务比率分析，揭示和判断企业生产经营成果、财务状况、现金流量的现状和变动趋势等固然是必要的，也是财务报表分析的主要内容。这些分析都必须建立在对财务报表局限性有充分认识的基础之上，即财务报表分析首先必须知晓财务报表的局限性。

财务报表分析中所讲的财务报表的局限性，主要是指由于多方面因素的共同作用，使企业财务报表本身客观上存在着不利于甚至误导财务报表使用者的现象。造成财务报表局限性的因素主要有以下几条。

（1）企业管理层的意图

企业管理层完全可以利用会计法规、准则和制度，为达到一定目的，以合乎法规的方式处理相关会计事项，并据此编制财务报表。财务报表使用者了解这一点，就不会对企业提供的财务报表做出幼稚的反应。

（2）财务会计理论基础

财务会计概念框架的主要内容对于财务会计核算与报告是必不可少的理论基石，但以此为基础进行会计核算并最终形成的财务报表，对于财务报表使用者则带来一系列复杂的问题，不利于财务报表使用者对企业财务状况做出客观的判断。企业即使完全彻底地做到了"遵守准则、不做假账"，财务报表也无法做到完全真实、客观地反映企业的财务状况。财务报表使用者认识到这一点，就不会过度信赖企业提供的财务报表反映的财务信息的真实性、客观性。

（3）企业财务会计人员的业务素质

财务会计人员是企业内部财务报表编制工作的直接执行者，即使没有企业管理层基于某种意图的授意，财务会计人员的业务素质也直接影响财务报表的质量。

（4）财务报表的时效性

财务报表对外披露的财务信息对于财务报表使用者的有用性在很大程度上取决于它的及时性，及时性是会计信息重要质量特征之一。在年度终了后几个月才对外提供的企业年度财务报告所披露的财务信息，对于财务报表使用者的时效性已经大打折扣。

（二）表外信息不容忽略

若将资产负债表等基本财务报表披露的财务信息称为表内信息，则包括财务报表附注等在内的各种信息可称为表外信息。基本财务报表所反映的是企业过去已经发生了的经济事项，是以货币形式反映的是经过浓缩和高度概括的数据性信息，而企业决策所需要的大量深入的具体的信息和非货币计量的信息往往更重要，并且只能从表外信息获得。因此，表外信息对于财务报表使用者具有非常重要的意义。

财务报表附注作为财务会计报告体系的重要组成部分，是为帮助理解企业财务报表的内容而对有关项目主要以文字形式进行注释。随着经济环境的复杂化以及利益相关者对企业相关信息要求的提高，财务报表附注在整个报告体系中的地位日益突出。

除了财务报表附注以外，财务报表使用者还应根据分析的需要，对企业发布的临时性报告，如重大事项的公告、国家有关宏观政策的变化等信息给予充分的关注。

（三）财务报表分析需以行业分析为基础

财务报表分析的内容主要包括长期及短期偿债能力分析、获利能力分析、资产运用效率分析及企业可持续发展能力分析等。这些分析通常都是借助于相关财务比率的分析来进行的。为了真正达到财务报表分析的具体目标，财务报表分析者必须要学会跳出财务报表分析财务报表，即要从目标企业所处的行业特征出发来审视财务报表。那种就报表论报表、埋头于繁杂的财务比率分析的财务报表分析是徒劳无益的。

（四）关注审计报告

审计报告是注册会计师根据审计准则的规定，在实施独立审计的基础上，对被审计单位财务报表发表审计意见的书面文件。注册会计师接受上市公司委托，以其独立的第三方地位实施专业的审计。因此，审计报告与财务报表的可信性密切相关，财务报表使用者要善于利用注册会计师出具的审计意见。关注审计报告将对财务报表使用者提高财务报表分析的效率和质量大有裨益。

第二节 财务报表的制约因素

一、法律法规体系

企业财务报表，特别是上市公司的财务报表，是各利益相关者分析研究公司财务状况所需财务会计信息的核心来源。因此，企业财务报表披露信息的质量是所有财务报表使用者都十分关心的问题。纵观财务报表发展演进的历史，大体上都经历了由不规范到比较规范，由以惯例支撑到由法律法规保障的过程。作为承载财务会计信息的财务报表，首先受到有关法律法规的制约。换言之，有关法律法规的任何修订与变更，都会影响到财务报表所提供的财务信息。在我国，目前制约企业财务报表的法律法规体系主要有以下四个层次。

（一）国家法律——《中华人民共和国会计法》和《中华人民共和国公司法》

《中华人民共和国会计法》（2017修正）是会计工作的根本大法，是制定其他会计法律法规、会计规章制度的依据，也是指导我国会计工作的最高准则，是会计法律规范体系中层次最高、最具有法律效力的法律规范。2018年10月26日第四次修正的《中华人民共和国公司法》第一百六十四条规定"公司应当在每一会计年度终了时编制财务会计报告，并依法经会计师事务所审计。财务会计报告应当依照法律行政法规和国务院财政部门的规定制作"。

（二）行政法规——《企业财务会计报告条例》

2001年1月1日起实施《企业财务会计报告条例》是由国务院根据《中华人民共和国会计法》制定、颁布的旨在规范企业财务会计报告，保证财务会计报告的真实、完整的一部关于企业财务报告的专门的行政法规。《企业财务会计报告条例》共六章四十六条，对企业财务报告的性质作用、构成、编制、提供及法律责任等做了具体的规定。

（三）部门规章——企业会计准则体系

中华人民共和国国财政部作为国务院主管全国会计工作的行政部门，对会计工作制定的规范性文件即属于会计部门规章。目前，由财政部会计准则委员会主导制定、发布的企业会计准则体系分为三个层次：会计基本准则、具体会计准则和会计准则应用指南。

会计基本准则，是进行会计核算工作必须遵循的基本规范。财政部经国务院批准，1992年12月31日发布了《企业会计准则——基本准则》，2006年2月对该准则进行了修订，自2007年1月1日起实施。

具体会计准则，是以基本会计准则为依据，对会计各要素确认、计量的基本原则和对会计处理及其程序所做出的基本规定。2006年2月，财政部在发布《企业会计准则——基本准则》的同时，发布了存货、长期股权投资、投资性房地产、固定资产等38项具体准则。2014年1月至7月，财政部陆续发布新增或修订的八项企业会计准则，其中新增三项，即公允价值计量、合营安排和在其他主体中权益的披露；修订五项，即长期股权投资、职工薪酬、合并财务报表、金融工具列报、财务报表列报。2017年，财政部陆续发布新增或修订的八项企业会计准则，其中新增一项，即持有待售的非流动资产、处置组和终止经营，修订七项，即金融工具确认和计量、金融资产转移、套期会计、金融工具列报、收入、政府补助。财政部2018年发布修订的租赁会计准则，2019年发布修订的非货币性资产交换、债务重组两项会计准则，2020年出台了保险合同会计准则。

《企业会计准则——应用指南》，是对存货等38项具体会计准则的基本规定所做出的具体解释和对会计的如何确认与计量、记录和财务报表的编制作了具体规定。执行《企业会计准则——应用指南》的企业不再执行《企业会计制度》《金融企业会计制度》。

（四）地方性法规

地方性法规是指地方各级人大或政府颁布的地方性会计法规或规章。

二、会计假设

现代企业制度条件下，各利益相关者对于目标企业财务状况的分析、研究，主要依据企业财务报表所提供的财务会计信息。财务报表除了受到有关法律法规的制约以外，会计假设也在一定程度上限制了财务会计信息。对于会计的确认、计量和报告是重要前提的会计假设，给财务报表使用者带来了诸多不利。财务报表使用者只要认识到这一点，就会对财务报表披露信息的质量有更加客观、清醒的认识。

知识链接 2-1

全国第一部针对会计人员的地方性法规

2009年9月30日厦门市第十三届人民代表大会常务委员会第十八次会议通过，于2009年11月26日福建省第十一届人民代表大会常务委员会第十二次会议批准，《厦门市会计人员条例》（以下简称《条例》）自2010年3月1日起施行。

《条例》包括总则、从业资格与执业、职责履行与保障、自律与继续教育、监督管理、法律责任及附则共七章三十八条。《条例》规定，代理记账业务将由代理记账机构统一承接。代理记账人员不得以个人名义私自招揽、承接代理记账业务。行政事业单位的会计人员不得对外兼职从事会计工作；与单位建立全日制用工关系的会计人员，对外兼职从事会计工作的，应当经本单位书面同意。受聘于单位的会计人员，对外兼职从事非全日制会计工作，应当与兼职单位订立劳动合同或者到代理记账机构执业。

（一）会计主体

会计主体的假设是指会计是为特定的主体服务的，即在空间上界定了会计核算与财务报告的范围。在会计实践上，企业根本无法提供更多的即便是与企业相关的外部信息。《企业会计准则——基本准则》第五条表述为："企业应当对其本身发生的交易或者事项进行会计确认、计量和报告。"由此，企业的财务报表只能反映特定主体的生产经营成果、财务状况和现金流量。财务报表使用者决策需要的与目标企业相关的其他信息则无法从企业财务报表中获得，只能另辟他径。

（二）会计分期

会计分期的假设是指会计核算和财务报告需按人为划分的期间来进行，即在时间上界定了会计核算与财务报告的范围。在会计实践上，企业根本不可能等到企业终止时再报告企业存续期间经营活动的全部信息。《企业会计准则——基本准则》第七条表述为："企业应当划分会计期间，分期结算账目和编制财务会计报告。"受此影响，财务报表提供的最多是很有限的近两个会计期间的信息。财务报表使用者往往需要了解更多时期的信息。

（三）持续经营

持续经营的假设是指会计核算和财务报告均建立在企业在可以预见的将来能继续按既定目标经营下去。在会计实践上，持续经营假设使企业会计核算和财务报告不仅以常规状态为基础，还在会计政策选择和会计估计变更等方面为可"持续经营"服务。《企会计准则——基本准则》第六条表述为:"企业会计确认、计量和报告应当以持续经营为前提。"由此,财务报告所提供的信息可能存在某种程度的扭曲、失真。而财务报表使用者需要的是最接近事实真相的信息。

(四)货币计量

货币计量的假设是指会计核算和财务报告均建立在以价值形式(货币)为统一量度的基础之上。在会计实践上,该假设下企业会计核算和财务报告的对象都是能用货币来计量的,不同的会计要素和交易活动结果能以货币为统一量度加以总括反映。《企业会计准则——基本准则》第八条表述为:"企业会计应当以货币计量。"由此,企业财务报表提供的信息都是"财务"的。而财务报表使用者还需要了解那些将对企业生存和发展产生巨大影响的非财务信息,如企业核心竞争能力、市场表现、员工素质等。

三、会计信息质量要求

(一)可靠性

可靠性是指企业所提供会计信息要真实可靠。《企业会计准则——基本准则》第十二条对此的表述是:"企业应当以实际发生的交易或者事项为依据进行会计确认、计量和报告,如实反映符合确认和计量要求的各项会计要素及其他相关信息,保证会计信息真实可靠、内容完整。"在会计实践中,以下两个现实问题影响财务报表使用者对会计信息"真实可靠"的理解。

(1)"实际发生的交易或事项"并非每一项发生的数量和金额都具有独立、完整的记录载体。例如固定资产和无形资产的使用费用和坏账损失等是实际发生的,但其发生额却需要会计人员运用职业判断进行摊销和估计,其结果必然使资产负债表反映的有关资产的信息无法做到绝对的真实可靠。财务报表反映的信息应该是相对的真实可靠,而根本出路在于不存在绝对的客观。

(2)按历史成本原则反映的信息是真实、客观的,按市场价值或公允价值反映的信息也是真实、客观的。但在很多情况下二者存在着一定的差异。财务报表使用者利用财务报表提供的信息之前,企业首先必须明确分析的目标和重点领域。

(二)相关性

相关性是指企业所提供的会计信息要与需求者的需要二者紧密关联。《企业会计准则——基本准则》第十三条对此的表述是:"企业提供的会计信息应当与财务会计报告使用者的经济决策需要相关,有助于财务会计报告使用者对企业过去、现在或者未来的情况做出评价或者预测。"相关性是会计信息存在的基础,在会计实践中,即便财务报表的提供者尽最大努力去提供他们认为对财务报表使用者决策有用的信息,但财务报表使用者这个庞大群体中,对于会计信息的需求各不相同,相关于甲使用者决策的信息未必与乙使用者相关。因此,对于财务报表提供者,对于哪些信息是相关的哪些信息是不相关的判断是一个难题。财务报表使用者必须要练就一身"沙里淘金"的好功夫,要善于在纷繁的财务报表信息中找出与已决策真正相关的信息,而不要被与已无关的信息所干扰。

（三）可理解性

可理解性是指企业提供会计信息要清晰、明确。《企业会计准则——基本准则》第十四条对此的表述是："企业提供的会计信息应当清晰明了，便于财务会计报告使用者理解和使用。"在会计实践中，企业提供的会计信息的清晰、明确程度，取决于财务报表提供者。财务报表使用者只能被动接受企业提供的财务报表，不够明晰的会计信息必然会给财务报表使用者带来诸多不利。

（四）可比性

可比性是指企业所提供的会计信息在横向、纵向可比。《企业会计准则——基本准则》第十五条对此的表述是："企业提供的会计信息应当具有可比性。同一企业不同时期发生的相同或者相似的交易或者事项，应当采用一致的会计政策，不得随意变更。确需变更的，应当在附注中说明。不同企业发生的相同或者相似的交易或者事项，应当采用规定的会计政策，确保会计信息口径一致、相互可比。"企业会计政策的变更，往往隐含着企业管理层的某些意图。财务报表使用者利用财务报表提供信息进行相关分析时应特别注意，一要弄清会计政策的合理性，识别变更的意图；二要弄清影响可比性的因素是否存在，避免以简单的比较得出复杂的结论。

（五）实质重于形式

实质重于形式是指企业所提供的会计信息需以实质性影响为基础处理而得。《企业会计准则——基本准则》第十六条对此的表述是："企业应当按照交易或者事项的经济实质进行会计确认、计量和报告，不应仅以交易或者事项的法律形式为依据。"在会计实践中，区分与确定交易或者事项的实质与形式的不同，是会计人员进行会计确认、计量和报告的难题之一，直接影响到会计信息的质量。如何识别和利用这种完全依赖会计人员职业判断所提供的信息，对于财务报表使用者同样是一道难题。

（六）重要性

重要性是指会计信息的提供需以信息对需求者的重要程度为依据。《企业会计准则——基本准则》第十七条对此的表述是："企业提供的会计信息应当反映与企业财务状况、经营成果和现金流量等有关的所有重要交易或者事项。"重要性对于会计信息提供者，兼顾了信息披露的成本效益和相关性。与实质重于形式类似，交易或者事项的重要性程度完全取决于会计人员的职业判断，并最终影响会计信息的质量。财务报表使用者决策所需要的重要信息，未必可以完全从企业财务报表中获得。

（七）谨慎性

谨慎性也称稳健性，是指企业所提供的会计信息中对不确定的因素秉持保守态度。《企业会计准则——基本准则》第十八条对此的表述是："企业对交易或者事项进行会计确认、计量和报告应当保持应有的谨慎，不应高估资产或者收益、低估负债或者费用。"市场经济条件下，会计采用谨慎性要求对于企业保持良好的财务状况、提升市场竞争能力等具有重要意义。在会计实践中，如何恰到好处地贯彻谨慎性要求，主要取决于企业管理层的意图和会计人员的职业判断，从而影响会计信息的质量。由此可见，作为外部的财务报表使用者，面对采用了"谨慎性要求"的财务报表提供的会计信息，同样应当谨慎行事。

（八）及时性

及时性是指企业所提供的会计信息要恰当及时。《企业会计准则——基本准则》第十九条对此的表述是："企业对于已经发生的交易或者事项，应当及时进行会计确认、计量和报告，不得提前或者延后。"在会计实践中，及时性已经被外部财务报表使用者普遍诟病。在市场经济条件下，经济形势瞬息万变，时过境迁的财务报表所提供的财务会计信息对于财务报表使用者的实际效用大打折扣，甚至荡然无存。财务报表使用者必须千方百计地弥补财务报表的编制日与公告日之间"信息空档"的信息。

四、权责发生制原则

权责发生制也称应计制，是指企业对于收入和费用不以实际发生的时间，而是以"应该反映"的时间进行确认、计量和报告。权责发生制既是企业会计确认、计量的基础，也是编制财务报告的重要原则。《企业会计准则——基本准则》第九条对此的表述是："企业应当以权责发生制为基础进行会计确认、计量和报告。"权责发生制对于企业正确反映不同生产经营期间的经营损益是非常必要的。但其造成的理论上的经营收入、费用的确认与计量和现实的现金的收入支出的分离，带来了制度层面的收入与费用确认时间在多大程度上符合准则要求的问题。此外，企业管理层也可以轻而易举地利用其达到操纵信息的目的。毫无疑问，这些都将严重影响财务报表提供信息的质量。

第三节 财务报表分析的战略视角

一、企业战略对财务报表的影响

财务报表反映了企业各项经营业务活动的经济后果，而企业的经营业务活动与企业战略息息相关，财务报表中的相关项目可以反映企业战略的选择和实施情况。

（一）战略对资产负债表的影响

企业选择和实施不同的战略会影响其资产结构。在不同的战略下，企业各类资产所占的比重也会有较大的差别，有些企业属于"重资产"行业，固定资产占总资产的比重非常大，而有些企业则属于"轻资产"企业，如一些高科技产业类的公司几乎没有什么固定资产。负债和所有者权益的规模和结构也能反映企业战略情况，并反映了企业对经营性资源、金融性资源、股东资源的利用。

（二）战略对利润表的影响

利润的获取时间和获取方式会受到企业战略的影响。企业经营的业务范围会影响企业获取利润的方式和来源，企业的扩张战略会影响利润获取的时间。如果企业扩张规模、开发新产品、进入新领域，将会导致各项费用的增加，但是会使企业未来发展潜力增加。

（三）战略对现金流量表的影响

现金流量表中，企业战略的实施会对现金的流入和流出产生明显的影响，现金流的来源和去向与企业战略息息相关。一家重视主营业务的企业，其现金流入和流出主要源于经营业务；一家不断对外扩张的企业，其投资产生的现金流通常是负值；一家靠举债生存的企业，很可能现金净流入主要来源于筹资。

二、财务报表分析的战略视角

为了达到预期分析目标，分析者不能仅仅就报表论报表，必须先从企业所处的行业及其竞争状况着手，熟悉企业所在行业的特征，根据其所处行业的特点、经营环境、竞争态势等识别企业战略，从而基于战略视角对财务报表做进一步分析，以便为财务报表分析提供更多的信息，也可以发现企业在战略选择和实施过程中存在的问题。

（一）识别行业特征

1. 基本途径

行业特征决定企业生产经营特点，并以各种方式影响企业财务报表及其提供的会计信息。不了解企业所处的行业，就无法理解财务报表提供财务会计信息的含义。例如，同样是资产负债表中的存货项目，处于制造业、房地产开发业、商品流通业等不同行业的企业存在较大的差异。财务报表使用者分析之前，首先必须弄清企业处于什么行业，对该行业的市场和竞争等情况了解得越充分越好。

识别企业所处行业的基本特征，财务报表使用者可以通过认真阅读财务报告的表外信息部分了解企业及其所处行业的初步状况，在此基础上，可以进一步利用迈克尔·波特的竞争力模型等深入分析本行业的企业竞争格局以及本行业与其他行业之间的关系。

2. 波特的五力分析模型

迈克尔·波特的竞争力模型，又称迈克尔·波特的五力分析模型（Michael Porter's Five Forces Model）。根据迈克尔·波特（M. E. Porter）的观点，一个行业中存在着潜在的行业新进入者、替代品威胁、买方讨价还价的能力、供应商讨价还价的能力以及现有竞争者之间的竞争五种基本的竞争力量。这五种基本竞争力量的状况及综合强度决定着行业的竞争激烈程度，从而决定着行业中最终的获利潜力以及资本向本行业的流动程度，最终决定着企业保持高收益的能力。五种竞争力量及其影响行业利润潜力的关系如图 2-1 所示。

（1）潜在的行业新进入者

潜在的行业新进入者携新的生产能力和某些必需的资源进入某行业，期待能建立有利的市场地位，获得预期收益。他们的加入，导致行业生产能力的扩大、瓜分生产资源、挤占市场份额等现象的出现在所难免。这必然引起与现有企业的激烈竞争，使产品成本上升而销售价格下跌，最终导致行业的获利能力下降。

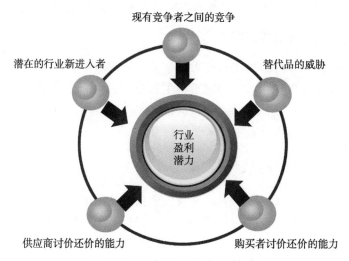

图 2-1　行业盈利潜力影响关系图

（2）替代品的威胁

当两个同行业企业的产品存在可相互替代的关系时，这两个企业之间客观上就存在竞争关系。替代产品以相对较低的价格投放市场，必然出现使本行业产品的价格受到严重限制等现象，最终会导致行业的获利能力下降。

（3）购买者讨价还价的能力

买方（顾客）的讨价还价能力通常取决于其所需产品的数量、转而购买其他替代产品所需的成本、各自追求的目标三个因素。顾客对降低购买价格、高质量的产品和更多的优质服务等要求，将加剧行业内企业间的竞争程度，最终会导致行业的获利能力下降。

（4）供应商讨价还价的能力

供应商讨价还价的能力主要取决于供应商行业的市场状况以及他们所提供物品对购买企业产品的重要性。供应商采取的不利于购买企业的手段包括因产品或服务的重要性而提高供应价格、降低相应产品或服务的质量，以联合形式体的方式面对无法联合的购买企业等，最终会导致行业的获利能力下降。

（5）现有竞争者之间的竞争

这是企业现实中所面对的最强大的竞争。现有竞争者根据自身战略，运用各种手段（价格、质量、造型、服务、担保、广告、销售网络、创新等），力图抢占更大的市场份额，对行业内其他企业造成了极大的威胁。行业进入障碍较低、市场趋于成熟、退出障碍较高等情况将加剧行业中现有企业之间竞争。竞争必然导致行业的获利能力下降。

（二）识别企业战略

1. 基本途径

财务报表使用者通过对财务报表的表外相关信息的研究，特别是通过上述的行业分析和竞争分析，应该对目标企业及其所处行业的基本特征有所了解。但为了使财务报表分析结论更具"含金量",财务报表使用者还应该在具体的财务报表分析之前,在获得的企业及其所在行业的生产经营特点和竞争态势的基础上,对影响企业自身发展的战略进行必要的分析与研究。有关企业面对市场确立的发展战略,可以从企业财务报表的表外信息中获得初步、基本的了解。为了更深入地研究企业的战略及其适应性,财务报表使用者还应该利用"SWOT分析"等专门的分析工具来加以分析研究。

2. SWOT 分析

SWOT 分别代表企业优势(strength)、劣势(weakness)、机会(opportunity)和威胁(threats)四大要素。SWOT 分析就是在对企业内外部条件的各方面内容进行归纳和概括,进而分析企业的优势与劣势、面临的机会和威胁的一种方法。财务报表使用者通过 SWOT 分析,可以了解企业所面临的机会和挑战及其应对的战略。SWOT 分析可按以下步骤进行。

①分析、罗列企业的优势和劣势,可能的机会与威胁。

②将分析所得的优势、劣势与机会、威胁相组合,分别形成 SO、ST、WO、WT 战略,再将结果在 SWOT 分析图上定位,见图 2-2。

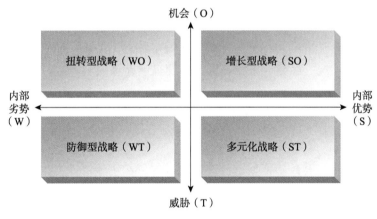

图 2-2　SWOT 分析图

或者用 SWOT 分析表,将分析出的优势和劣势,按机会和威胁分别填入表格,见表 2-1。

表 2-1　SWOT 分析表

外部机会、威胁	内部优势、劣势	
	优势(strength)	劣势(weakness)
	(内部优势点)	(内部劣势点)
机会(opportunity)	(SO)增长型战略	(WO)扭转型战略
(外部机会点)	(战略内容)	(战略内容)
威胁(threats)	(ST)多元化型战略	(WT)防御型战略
(外部威胁点)	(战略内容)	(战略内容)

（3）对 SO 等战略进行甄别和选择，确定企业目前应该采取的具体战略与策略。

SWOT 分析可以广泛应用于企业战略研究与竞争分析，成为战略管理和竞争情报的重要分析工具。作为企业外部的财务报表使用者，即使没有更多精确的数据支持和更专业化的分析工具，也可以得出有说服力的结论。但是，这种通过罗列 S、W、O、T 的各种表现，形成一种模糊的企业竞争地位的定性分析与描述，难免带有一定局限性。为此，分析者在罗列作为判断依据的事实时，要最大限度搜集有关企业的资料，尽量做到资料真实、客观、准确。财务报表的财务比率分析法和趋势分析法可以提供一定的定量数据，以弥补 SWOT 定性分析的不足。

第四节　审计报告的重要意义

一、审计的目标

审计按其执行的主体不同，一般分为政府审计（或国家审计）、内部审计和社会审计。财务报表分析中所讲的审计专指社会审计，即注册会计师依法接受委托所进行的审计。按照中国注册会计师审计准则（以下简称审计准则）的规定，对财务报表发表审计意见是注册会计师的责任。财务报表审计的目标是注册会计师通过执行审计工作，对财务报表是否按照适用的会计准则和相关会计制度的规定编制，是否在所有重大方面公允反映被审计单位的财务状况、经营成果和现金流量发表审计意见。

二、审计报告与审计意见

（一）审计报告

审计报告是指注册会计师根据审计准则的规定，在实施审计工作的基础上对被审计单位财务报表发表审计意见的书面文件。注册会计师应当在审计报告中清楚地表达对会计报表整体的意见，并对出具的审计报告负责。当注册会计师出具的无保留意见的审计报告不附加说明段、强调事项段或任何修饰性用语时，该报告称为标准审计报告。标准审计报告以外的其他审计报告，包括带强调事项段或其他事项段的无保留意见的审计报告和非无保留意见的审计报告。非无保留意见的审计报告包括保留意见的审计报告、否定意见的审计报告和无法表示意见的审计报告。

注册会计师以超然独立的第三者身份出具的审计报告，对被审计单位财务报表合法性、公允性发表的审计意见具有鉴证作用。企业利益相关者了解、掌握企业的财务状况和经营成果的主要依据是企业提供的财务报表。财务报表是否合法、公允，主要依据注册会计师的审计报告做出判断。

注册会计师通过审计，依审计结果对被审计单位财务报表出具不同类型审计意见的审计报告，可以提高或降低财务报表信息使用者对财务报表的信赖程度，对投资者等利益相关者的利益具有一定程度的保护作用。

审计报告是对注册会计师审计任务完成情况及其结果所做的总结，它可以表明审计工作的质量并明确注册会计师的审计责任。通过审计报告，可以证明注册会计师审计责任的履行情况。

（二）审计意见类型

根据审计准则的规定，注册会计师应当评价根据审计证据得出的结论，以作为对财务报表形成审计意见的基础。审计意见段应当说明：财务报表是否按照适用的会计准则和相关会计制度的规定编制，是否在所有重大方面公允反映了被审计单位的财务状况、经营成果和现金流量。审计意见包括无保留意见、保留意见、否定意见和无法表示意见。

1. 无保留意见

如果认为财务报表符合下列所有条件，注册会计师应当出具无保留意见的审计报告。

①财务报表已经按照适用的会计准则和相关会计制度的规定编制，在所有重大方面公允反映了被审计单位的财务状况、经营成果和现金流量。

②注册会计师已经按照中国注册会计师审计准则的规定计划和实施审计工作，在审计过程中未受到限制。

当出具无保留意见的审计报告时，注册会计师应当以"我们认为"作为意见段的开头，并使用"在所有重大方面""公允反映"等术语。

2. 保留意见

如果认为财务报表整体是公允的，但还存在下列情形之一，注册会计师应当出具保留意见的审计报告。

①会计政策的选用、会计估计的做出或财务报表的披露不符合适用的会计准则和相关会计制度的规定，虽影响重大，但不至于出具否定意见的审计报告。

②因审计范围受到限制，无法获取充分、适当的审计证据，虽影响重大，但不至于出具无法表示意见的审计报告。

当出具保留意见的审计报告时，注册会计师应当在审计意见段中使用"除……的影响外"等术语。如果因审计范围受到限制，注册会计师还应当在注册会计师的责任段中提及这一情况。

3. 否定意见

如果认为财务报表没有按照适用的会计准则和相关会计制度的规定编制，未能在所有重大方面公允反映被审计单位的财务状况、经营成果和现金流量，注册会计师应当出具否定意见的审计报告。

当出具否定意见的审计报告时，注册会计师应当在审计意见段中使用"由于上述问题造成的重大影响""由于受到前段所述事项的重大影响"等术语。

4. 无法表示意见

如果审计范围受到限制可能产生的影响非常重大和广泛，不能获取充分、适当的审计证据，以至于无法对财务报表发表审计意见，注册会计师应当出具无法表示意见的审计报告。

当出具无法表示意见的审计报告时，注册会计师应当删除注册会计师的责任段，并在审计意见段中使用"由于审计范围受到限制可能产生的影响非常重大和广泛""我们无法对上述财务报表发表意见"等术语。

三、审计报告对财务报表使用者的重要意义

目前，我国用于公开的财务报表都需经过注册会计师的审计。尽管其审计不能发现报表中可能存在的全部错误和舞弊，但可为报表的真实性和可靠性提供合理的保证，这就为财务报表使用者在财务报表具体分析之前正确理解对目标企业财务报表提供了很好的帮助。财务报表使用者在进行具体的财务报表分析之前，应该认真研读注册会计师出具的审计报告。

当审计报告为标准无保留意见时，财务报表分析者基本上可以采信注册会计师关于"财务报表已经按照适用的会计准则和相关会计制度的规定编制，在所有重大方面公允反映了被审计单位的财务状况、经营成果和现金流量"的意见。但若财务报表分析者具备更多的审计知识，则还应该明白：①受审计方法和程序的限制，再专业的注册会计师也无法确保财务报表不存在任何的错误和舞弊；②"在所有重大方面"的表述，类似于会计的重要性原则，是否属于"重大方面"，主要取决于注册会计师的职业判断。与此对应，注册会计师认为的"非重大方面"，很可能对财务报表使用者而言则属于重大的方面。

当审计报告为带强调事项段的无保留意见的审计报告和非无保留意见的审计报告时，特别是否定意见的审计报告和无法表示意见的审计报告时，对于潜在的投资者和债权人而言，继续对目标企业进行财务报表分析，几乎没有任何意义。现实的投资者和债权人等利益相关者则必须认真阅读和分析审计报告中的说明段，了解审计人员出具非无保留意见报告的原因及其对财务报表的影响。

总之，财务报表使用者在深入分析目标企业的财务报表之前，认真解读注册会计师出具的审计报告，根据注册会计师的审计报告，结合其他信息做出财务决策，才能降低决策风险，减少不必要的损失。

本 章 小 结

有效的财务报表分析必须"跳出报表看报表"，应基于战略的视角开展分析工作。不同的利益相关者对财务报表进行分析的具体目的各不相同，但财务报表分析的总目标都可以概括为了解过去、评价现在、预计未来。财务报表分析必须建立在对财务报表局限性有充分认识的基础之上。财务报表使用者应该了解财务报表提供信息通常要受到有关会财务会计法律法规、会计假设和会计原则等因素的制约，财务报表提供的信息可以做到真实、可靠，但做不到绝对客观，这样就不会对财务报表持有幼稚的看法。

基于战略的视角分析财务报表应着眼于行业分析和竞争分析，为此，财务报表分析者必须首先识别行业特征，并利用迈克尔·波特的五力分析模型"和"SWOT 分析"等方法，对企业所处行业的特点、经营环境、竞争态势及企业战略等进行初步识别与评价。

注册会计师通过执行审计工作，对财务报表是否按照适用的会计准则和相关会计制度的规定编制，以及财务报表是否在所有重大方面公允反映被审计单位的财务状况、经营成果和现金流量发表审计意见。因此，对于注册会计师的审计报告及其所提出的审计意见，财务报表使用者应该给予充分的关注。认真阅读审计报告，对于财务报表分析者十分必要。

复习思考题

1. 为什么说财务报表分析必须要"跳出报表看报表"？
2. 会计假设对财务会计目标和财务报表分析目标的作用有何不同？
3. 怎样理解一般会计原则对财务报表信息的制约作用？
4. 如何运用马克尔·波特的五力分析模型"识别行业特征？
5. 怎样利用"SWOT分析"方法评价企业战略？
6. 审计报告对财务报表使用者有何重要意义？
7. 根据"引导案例"并搜集、阅读相关资料，分析汽车玻璃行业的现状以及福耀玻璃的战略及其在行业中的地位。

第三章

财务报表分析的方法

【学习目标】

通过对本章的学习,知悉并理解财务报表分析的一般方法,掌握趋势分析法、比较分析法、比率分析法和因素分析法在财务报表分析中的应用。

【关键概念】

趋势分析法(trend analysis)　　比较分析法(comparative analysis)
比率分析法(ratio analysis)　　因素分析法(factor analysis)

兴业银行2020年基本每股收益高达3.08元

兴业银行股份有限公司于1988年8月成立,是我国首批股份制商业银行之一,总部设于福建省福州市,注册资本39.99亿元。公司主要经营范围是:吸收公众存款;发放短期、中期和长期贷款;办理国内外结算;办理票据承兑与贴现;发行金融债券;代理发行、代理兑付、承销政府债券;买卖政府债券、金融债券;代理发行股票以外的有价证券;买卖、代理买卖股票以外的有价证券;资产托管业务;从事同业拆借;买卖、代理买卖外汇;结汇、售汇业务;从事银行卡业务;提供信用证服务及担保;代理收付款项及代理保险业务;提供保管箱服务;财务顾问、资信调查、咨询、见证业务;经国务院银行业监督管理机构批准的其他业务。截至2020年年末公司资产规模达到78940亿元,每股收益达到3.08元。

公司的近几年业绩不断向上攀升,是什么因素给公司带来如此骄人的业绩?公司在偿债能力、获利能力、资金运营等方面又存在怎样的具体状况?试用因素分析法与比率分析法对公司进行详细分析。

资产负债表(2020.12.31)　　　　　　　　　　单位:百万元

现金及存放中央银行款项	411 147.00	向中央银行借款	290 398.00
存放同业及其他金融机构款项	95 207.00	同业及其他金融机构存放款项	1 487 079.00
贵金属	4 947.00	拆入资金	180 171.00
拆出资金	191 939.00	交易性金融负债	16 062.00

续表

衍生金融资产	59 396.00	衍生金融负债	61 513.00
买入返售金融资产	123 350.00	卖出回购金融资产款	123 567.00
发放贷款及垫款	3 867 321.00	吸收存款	4 084 242.00
金融资产：		应付职工薪酬	20 204.00
交易性金融资产	823 927.00	应交税费	12 304.00
债权投资	1 550 131.00	预计负债	5 397.00
其他债权投资	516 368	应付债券	947 393.00
其他权益工具投资	2 388	递延所得税负债	74.00
应收融资租赁款	100 616	其他负债	40 793.00
长期股权投资	3 549	负债合计	7 269 197.00
固定资产	26 414	股本	20 774.00
在建工程	1 935	其他权益工具	85 802.00
无形资产	712	其中：优先股	55 842
商誉	532	永续债	29 960
递延所得税资产	45 513	资本公积	74 914.00
其他资产	68 608	其他综合收益	（749.00）
资产总计	7 894 000	盈余公积	10 684.00
		一般风险准备	87 535.00
		未分配利润	336 626.00
		归属于母公司股东权益合计	615 586.00
		少数股东权益	9 217.00
		股东权益合计	624 803.00
		负债及股东权益总计	7 894 000.00

（资料来源：https://download.cib.com.cn/netbank/download/cn/announcements/20210331.pdf 公司已公布的信息）

利润表（2020年）　　　　　　　　　　　　　　　　单位：百万元

一、营业收入	203 137.00	五、净利润	67 681.00
利息净收入	143 515.00	（一）按经营持续性分类	
利息收入	303 478.00	1. 持续经营净利润	67 681.00
利息支出	（159 963.00）	2. 终止经营净利润	—
手续费及佣金净收入	37 710.00	（二）按所有权归属分类	
手续费及佣金收入	42 477.00	1. 归属于母公司股东的净利润	66 626.00
手续费及佣金支出	（4 767.00）	2. 归属于少数股东损益	1 055.00
投资收益	26 154.00	六、其他综合收益的税后净额	（3 987.00）
其中：对联营及合营企业的投资收益	154.00	归属于母公司股东的其他综合收益的税后净额	（3 981.00）
以摊余成本计量的金融资产终止确认产生的收益	716.00	1. 将重分类进损益的其他综合收益	
		（1）其他债权投资公允价值变动	（5 722.00）
公允价值变动（损失）收益	（6 267.00）	（2）其他债权投资信用减值准备	1 464.00
汇兑收益	81.00	（3）外币财务报表折算差额	（22.00）
资产处置收益	3.00	（4）权益法可转损益的其他综合收益	—

续表

其他收益	510.00	2. 不能重分类进损益的其他综合收益	
其他业务收入	699.00	（1）重新计量设定受益计划变动额	391.00
二、营业支出	（126 590.00）	（2）其他权益工具投资公允价值变动	（92.00）
税金及附加	（2 086.00）	归属于少数股东的其他综合收益的税后净额	（6.00）
业务及管理费	（48 262.00）	七、综合收益总额	63 694.00
信用减值损失	（75 301.00）	归属于母公司股东的综合收益总额	62 645.00
其他资产减值损失	（126.00）	归属于少数股东的综合收益总额	1 049.00
其他业务成本	（815.00）	八、每股收益	
三、营业利润	76 547.00	基本每股收益	40.00
加：营业外收入	295.00	稀释每股收益	40.00
减：营业外支出	（205.00）		
四、利润总额	76 637.00		
减：所得税费用	（8 956.00）		

（资料来源：https://download.cib.com.cn/netbank/download/cn/announcements/20210331，pdf 公司已公布的信息）

第一节　财务报表分析的一般方法

财务报表分析是以企业已有的财务报表的信息资料为基础，对企业的财务状况和经营成果进行全面系统的分析。财务报表分析的方法比较多，主要有趋势分析法、比较分析法、比率分析法和因素分析法，其中比率分析法和因素分析法是两种使用最多、最重要的方法，将在第二、第三节中分别介绍。

一、趋势分析法

趋势分析法（trend analysis）是将企业连续几个期间的财务数据进行对比，以查看相关项目变动情况，得出企业财务状况和经营成果变化趋势的一种分析方法。趋势分析法可以帮助使用者预测企业未来的财务状况和经营成果。趋势分析法常采用以下三种技术。

（一）总量分析

总量分析是将相关项目连续几期的总量进行对比。这种分析可以看出相关项目的变动方向是呈上升、下降、不断波动的趋势，还是保持相对稳定。

（二）环比分析

环比分析就是计算相关项目相邻两期的增长速度，即某项目报告期指标与前期指标增长比率。这种分析不仅可以看出相关项目的变动方向，还可以看出其变动的幅度。环比增长速度的计算公式为

$$环比增长速度 = \frac{某项目报告期指标 - 某项目前期指标}{某项目前期指标} \times 100\% \quad (3-1)$$

当某项目前期指标为零或者负数时，环比增长速度失去意义。

（三）定基分析

定基分析就是选定一个固定的时期作为基期，计算各报告期的相关项目指标与基期指标的增长比率。这种分析不仅能看出相邻两期的变动方向和幅度，还可以看出一个较长期间内的总体变动趋势，便于进行长期趋势分析。定基增长速度的计算公式为

$$定基增长速度 = \frac{某项目报告期指标 - 某项目基期指标}{某项目基期指标} \times 100\% \qquad (3-2)$$

定期分析中，基期是进行所有对比的基础，因此其选择非常重要。零或负数不能作为基期。通常选择企业经营状况比较正常的，并且时期比较早的年份作为基期，便于比较和分析企业的发展趋势。在趋势分析中，应注意如下问题。

①如果各期的会计政策不一致，一定要先按照同一政策进行调整，保持数据的可比性。

②当趋势分析涉及较长期限时，物价水平的变动可能影响到财务数据，需要按照可比价格进行调整，保持数据的可比性。

③在趋势分析中，应注意一些重大事项和环境因素对各期财务数据的影响。

④究竟对哪些项目进行趋势分析，要视分析目的而定，不必面面俱到。

⑤趋势分析中，可以利用坐标图等工具，使分析结果更加直观。

【例 3-1】 2017—2020 年福建兴业银行股份公司的营业收入、营业支出和营业利润数据如表 3-1 所示。

表 3-1　兴业银行 2017—2020 年相关数据资料　　　单位：百万元

年份 指标	2017	2018	2019	2020
营业收入	139 975	158 287	181 308	203 137
营业支出	75 162	90 373	107 042	126 590
营业利润	64 813	67 914	74 266	76 547

（1）总量分析

从表 3-1 可知，兴业银行的营业收入、营业支出和营业利润，这四年总体上大致呈增长趋势。这一结果说明兴业银行营业活动的盈利能力呈逐年增强趋势。

（2）环比分析

从表 3-2 来看，兴业银行 2017—2020 年的营业收入、营业成本和营业利润的环比指标都大于 100%，但程度各不相同。

表 3-2　兴业银行 2017—2020 年收益状况环比分析表

年份 指标	2017	2018	2019	2020
营业收入	—	113.08%	114.54%	112.04%
营业支出	—	120.24%	118.44%	118.26%
营业利润	—	104.78%	109.35%	103.07%

(3)定基分析

从表 3-3 的资料来看，兴业银行 2017—2020 年各项定基指标都大于 100%，且营业收入、营业成本和营业利润的定基指标逐年呈增长趋势。

表 3-3　兴业银行 2017—2020 年收益状况定基分析表

指标＼年份	2017	2018	2019	2020
营业收入	—	113.08%	129.53%	145.12%
营业支出	—	120.24%	142.42%	168.42%
营业利润	—	104.78%	114.59%	118.10%

知识链接 3-1

预测分析法是对公司各项财务指标进行趋势分析的基础之上，结合公司目前的相关信息资料，对公司未来财务指标进行判断、预计和估算的方法。主要的预测分析法有指数平滑法、销售百分比法和线性回归分析法。

二、比较分析法

比较分析法（comparative analysis）是将企业财务报表的相关数据进行比较，揭示差异并寻找差异原因的分析方法。用于比较的数据既可以是趋势分析中的总量指标、环比增长速度和定基增长速度，也可以是结构分析中的结构相对数，还可以是财务比率。因此，比较分析法是一种结合其他方法的一种辅助方法。

要评判优劣就必须进行比较，要比较就必须有一定的标准。常见的比较标准有历史标准、行业标准、预算标准和经验标准等。

（一）历史标准

历史标准是以企业的历史数据作为标准，通常可以选择历史上最高水平、历史平均水平或历史转折期水平。以历史标准作为基础进行比较，属于纵向比较。纵向比较通常可以确定项目增减变动的方向和幅度，有利于分析者把握企业发展的态势、预测企业未来的状况，还有利于分析者进一步查明企业财务状况和经营成果发生变化的原因，并及时做出决策，以使企业保持良好的发展趋势。

（二）行业标准

行业标准就是以企业所在行业的数据作为标准。行业数据可以是行业平均水平、行业先进水平或行业中特定企业的水平，如竞争对手水平等。将企业情况与所在行业情况进行比较，属于横向比较。通过横向比较，分析者可以确定企业在行业中所处的地位，找出与行业先进水平、竞争对手之间的差异，并进一步分析差异的原因，为企业今后的发展指明方向。

（三）预算标准

预算标准是以企业的预算数据作为标准。由于预算水平往往反映了企业预定的目标，因此预算标准又称为目标标准。将企业当期的实际情况与预算情况进行比较，可以对企业完成预算的情况进行评判，找到实际与预算的差异以及差异的原因。对于由于企业内部管理和控制造成的差异，企业应及时调整；对于由于市场等外部环境造成的差异，企业应积极应对。

（四）经验标准

经验标准是以经验数据为标准。经验数据是在较长的时间内积累起来的被很多人认同的一种水平。比如，从经验上通常认为流动比率为 2 比较合理，速动比率为 1 比较合理。将企业实际情况与经验数据进行比较，有利于判断企业的状况是否处于经验上的合理范畴，如果差异很大，则需要相应地调整。值得注意的是，经验并不一定就是正确的，并且由于环境、行业和企业的不同，各自的经验数据也可能有差异。因此，分析者在运用经验标准时需要慎重，要视具体情况而定。

知识链接 3-2

图解分析法，简称图解法，在财务报表分析中不能单独使用，经常作为一种辅助的分析方法，来对财务报表分析的一般方法进行直观的表达。比如，趋势分析法、比较分析法、比率分析法和因素分析法等都可以用图解分析法进行表达。图解分析法能够形象、直观地反映企业财务活动过程和结果，将复杂的经济活动及其效果以通俗、易懂的形式表达出来，让读者一目了然。电脑与网络技术的普及，使得图解法变得比较容易。常见的图解法有结构分析图解法、趋势分析图解法、相关分析图解法、因素分析图解法、比率分析图解法等，这些分析图都可以用电脑中的相关软件自主生成。

第二节　比率分析法

一、比率分析法的含义

比率分析法（ratio analysis）作为财务报表分析的最基本最重要的方法，是将相关的财务项目进行对比，计算出具有特定经济意义的相对财务比率，据以评价企业财务状况和经营成果的一种分析方法。人们只要一谈到财务分析，首先就会想到比率分析，可见比率分析在财务分析中的重要地位。但比率分析只是财务分析方法中的一种，是非常重要的分析方法。它通常是将影响财务状况的因素进行对比，以发现存在的状况或结果，通常以百分数、倍数、系数等无名数的形式来表示。

二、比率的种类及其分析指标

由于财务分析的目的不同，角度各异，因此比率分析法中比率的种类也各不相同，涉及的比率指标也不一样。比率种类大致有以下几种。

（一）按计算方法不同分类

按照计算方法不同，比率常见的有结构比率、效率比率、趋势比率和相关比率四种类型。

1. 结构比率

结构比率是反映某个经济项目的各组成部分与总体之间关系的财务比率，如流动资产占总资产的比率、流动负债占总负债的比率等。结构比率要求是总体的组成部分占总体的比重。

2. 效率比率

效率比率是反映投入与产出关系的财务比率，比如净利润除以平均股东权益得到的比率、净利润除以费用总额得到的比率等。效率比率的分子是代表产出的项目，通常是各种利润数值，分母代表某种投入的数值，常见的有资产、股东权益、成本费用等。

3. 趋势比率

趋势比率是反映某个经济项目的不同期间数据之间关系的财务比率，比如当期净利润与上期净利润相除得到的比率、当期总资产与上期总资产的比率等。趋势分析法中介绍的环比比率和定基比率都是趋势比率。

4. 相关比率

所有的财务比率都是广义的相关比率，因为所有的财务比率都是两个相关项目相除得到的相对数。狭义的相关比率是指除以上三种比率之外的反映两个相关项目之间关系的财务比率，如流动资产与流动负债相除得到的比率、主营业务收入与平均资产总额相除得到的比率等。

（二）按主体或目的不同分类

比率按照财务分析主体的观点或目的不同，可分别从政府管理层、投资者、债权人和经营者四个角度来分类。

1. 政府管理层视角的财务比率

政府管理层侧重于考虑企业对国家的贡献和影响。企业对国家的贡献主要是指企业为国家或社会创造的价值，具体包括以下指标：工资、奖金、津贴、劳动退休统筹及其他社会福利支出、利息支出净额、应交增值税、应交产品销售税金及附加、应交所得税、其他税收、净利润等。反映企业对国家贡献的比率指标主要有社会贡献率、社会积累率和产品销售率。

2. 投资者视角的财务比率

广大的投资者最关心自己的资本能否保值增值、企业盈利能力的大小以及投资风险的大小等。因此，投资者主要关心的财务比率有销售利润率、营业成本利率、总资产报酬率、净资产利润率、资本收益率、资本保值增长率、股票价格与收益比率、每股股利、股利支付率和股价市场风险等。

3. 债权人视角的财务比率

债权人最关心的是其债权的安全性，能否及时足额收回债权，并获取收益。因此，债权人会考虑企业的流动性、信用程度和盈利能力，主要关注的财务比率有流动比率、速动比率、现金比率、资产负债比率、负债权益比率、存货周转率、应付账款周转率和销售利润率等。

4. 经营者视角的财务比率

企业经营者特别关心企业各方面的生产经营情况和财务状况，尽管他也关心政府管理层、投资者和债权人所关心的财务比率，但由于经营者的角色不同，则更多的是站在企业整体的立场上，既考虑企业外部的需要，也兼顾企业内部经营管理的要求。因此，经营者最关心的财务比率有偿债比率、盈利比率、资产流动比率和市况比率。

①偿债比率主要是反映企业偿还债务的能力，包括短期和长期两类，具体比率有流动比率、速动比率、现金比率、利息保证倍数、资产负债率、股东权益比率、权益乘数和到期债务本息偿付比率。

②盈利比率主要是反映企业获利能力的大小，具体比率有销售利润率、成本费用利润率、总资产报酬率和净资产收益率。

③资产流动比率主要是反映企业资产管理方面的效率，主要比率有应收账款周转率、存货周转率、固定资产周转率和总资产周转率。

④市况比率主要是反映企业市场价值，主要比率有每股收益、每股股利、股利发放率和市盈率等。

（三）按财务报表分类

比率按财务报表种类，可以分为资产负债表比率、利润表比率、现金流量表比率和结合比率。

1. 资产负债表比率

资产负债表比率主要是根据资产负债表的资料得到的比率，具体包括流动比率、速动比率、流动负债对权益比率、负债权益比率、固定资产对资本的比率、非流动负债对净营运资本的比率、存货对净营运资本比率、权益资产比率和资产负债比率。

2. 利润表比率

利润表比率是根据利润表的资料得到的比率，具体包括销售利润率、营业成本利润率、成本费用利润率、营业收入成本率和利息保障倍数。

3. 现金流量表比率

现金流量比率是根据现金流量表中的相关资料计算得到的比率，具体包括经营现金流入量占现金流入总量的比率、经营现金流出量占现金流出总量的比率。

4. 结合比率

资产负债表与利润表结合计算的比率，主要有：应收账款周转率、存货周转率、总资产周转率、营运资产周转率、总资产报酬率、资本收益率和净资产利润率。

资产负债表与现金流量表结合计算的比率，主要有：经营现金净流量与负债总额之比、经营现金净流量与流动负债之比、经营现金净流量与长期负债之比。

利润表与现金流量表结合计算的比率，主要有：净利润与经营现金净流量之比、经营现金流量与利息支出之比、经营现金净流量与销售收入之比。

三、比率分析法的特点

（一）比率分析法的优点

比率分析法是一种非常传统而有效的方法，它具有简单、明了和可比性强的优点，因此在对企业的财务报表分析中得到广泛的应用。

（二）比率分析的局限性

尽管对财务报表进行比率分析可以使信息使用者获得许多关于企业财务状况的信息，但是，对企业报表的比率分析仍不足以对企业的财务状况整体做出全面评价。比率分析仍存在一定的局限性，主要体现在两个方面。

1. 企业财务报表自身的局限性

企业财务报表自身存在一些局限性，导致比率分析存在不足，具体表现在以下几个方面。

①报表信息并未完全反映企业可以利用的经济资源。

②受历史成本的制约，企业财务报表资料对未来决策的价值受到约束。

③企业会计政策运用上的差异，导致企业自身的历史与未来的对比、企业间的对比失去意义。

④企业对会计信息的人为操纵可能会误导信息使用者。

2. 比率分析法自身的局限性

比率分析法自身也存在一定的局限性，主要体现在以下几个方面。

①比率分析法只能对财务数据进行比较，没有考虑财务数据以外的信息，从而产生误解。

②为了达到一定的目的，企业存在人为修饰财务比率的可能，将造成对财务信息的歪曲，误导投资者。

③有些财务比率的设置缺乏科学性,难以具有说服力。

第三节 因素分析法

一、因素分析法的含义

企业的很多财务指标往往是由多个相互联系的因素共同决定。当这些因素发生不同方向、不同程度的变动时,对相应的财务指标会产生不同的影响。因此,对这些财务指标的差异分析,可以不只局限在财务指标本身与比较标准的差异上,可以进一步从数量上测定每一个影响它的因素对差异的影响方向和程度,从而便于分析者抓住主要矛盾,找到解决问题的线索。根据财务指标与其各影响因素之间的关系,确定各个影响因素对指标差异的影响方向和程度的分析方法就叫因素分析法(factor analysis)。

二、因素分析法的基本分析步骤

因素分析法是统计学中的一种重要分析方法,广泛应用于经济活动与财务分析中,是经济活动与财务分析重要的方法之一。其具体的分析步骤如下。

(一)确定分析指标及其影响因素

运用财务指标分解法,对财务总指标进行分解或扩展,从而得出分析指标与其影响因素之间的关系式。比如,对资产净利率进行分解:

$$资产净利率 = \frac{净利润}{平均总资产} = \frac{总产值}{平均总资产} \times \frac{销售收入}{总产值} \times \frac{净利润}{销售收入} \quad (3-3)$$

即

$$资产净利率 = 资产生产率 \times 产品销售率 \times 销售净利率 \quad (3-4)$$

根据上式的分解可见,企业资产净利率的影响因素有三个,即资产生产率、产品销售率、销售净利率。这三个因素分别反映了企业的生产效率、销售效率和生产成本水平。对资产净利率进行因素分析,可以分析影响资产净利率的所有因素中,哪些因素是有利的,哪些因素是不利的,对不利因素应如何采取有效措施加以控制。类似的财务总指标还有净资产收益率等。

(二)确定因素顺序

在确定影响因素时,特别要注意影响因素的排序。因为不同的排序会产生不同的计算结果,所以如何选择合理的排序就显得非常重要。通常情况下,影响因素可按照统计学中的原则排序:数量指标在前,质量指标在后;基础指标在前,派生指标在后;实物量指标在前,价值量指标在后。相邻指标间保持一定的紧密关系,使相邻指标的乘积具有一定的经济意义。

（三）分别计算报告期和基期的指标

假设影响财务指标 z 的因素有 a、b、c 三个，则根据报告期的资料就可以计算出报告期的财务指标 $z_1 = a_1 b_1 c_1$；同理，根据基期的资料可以计算出基期的财务指标 $z_0 = a_0 b_0 c_0$。

（四）计算各影响因素产生的影响

计算影响因素产生的影响值时，由于影响因素是按照数量指标在前、质量指标在后等原则排序的，因此可以按照这样的原则来选择同度量因素，即影响因素前面的因素用报告指标作为同度量因素，影响因素后面的因素用基期指标作为同度量因素，影响因素本身用报告期的指标减去基期指标，具体如下。

1. 确定 a 因素的影响值

$$\Delta z_a = (a_1 - a_0) b_0 c_0 \tag{3-5}$$

2. 确定 b 因素的影响值

$$\Delta z_b = a_1 (b_1 - b_0) c_0 \tag{3-6}$$

3. 确定 c 因素的影响值

$$\Delta z_c = a_1 b_1 (c_1 - c_0) \tag{3-7}$$

4. 三种因素总的影响值

$$\Delta z = a_1 b_1 c_1 - a_0 b_0 c_0 = \Delta z_a + \Delta z_b + \Delta z_c \tag{3-8}$$

（五）进行因素分析

根据第四步计算出来的结果，进行因素分析，分析每一种因素对结果产生影响的程度，并且可以判断出哪些因素更加重要，哪些因素影响比较小，哪些因素是有利因素，哪些因素是不利因素。

三、因素分析法的应用

因素分析法可以分析出影响因素是有利还是不利，及其重要程度，因此在财务指标分析中得到广泛的应用，通常我们可以用它来分析资产净利率、净资产收益率等指标变动的影响因素。

【例 3-2】 中集集团公司净资产收益率相关资料如表 3-4 所示，对中集集团公司本年对比上年净资产收益率的变化进行因素分析。

表 3-4　中集集团公司主要财务指标　　　　　　　　　　单位：万元

年份 指标	2018 年	2019 年	2020 年
总资产	15 888 396	17 210 752	14 621 151
净资产	5 240 299	5 503 798	5 385 384
净利润	406 846	251 011	601 174
销售收入	9 349 762	8 581 534	9 415 908

根据表 3-4 的主要财务指标计算后，得到净资产收益率相关资料，如表 3-5 所示。

表 3-5　中集集团公司净资产收益率相关资料（有一定误差）

年份 指标	2019 年	2020 年	差异
销售净利率%	2.93	6.38	3.45
资产周转率（次）	0.52	0.59	0.07
权益乘数	3.08	2.92	−0.16
净资产收益率%	4.69	10.99	6.3

1. 对净资产收益率进行因素分解

$$净资产收益率 = \frac{净利润}{平均净资产} = \frac{净利润}{销售收入} \times \frac{销售收入}{平均总资产} \times \frac{平均总资产}{平均净资产}$$

$$= 销售净利率 \times 资产周转率 \times 权益乘数$$

净资产收益率可以分解成为三个因素，即销售净利率、资产周转率和权益乘数。

$$净资产收益率_{2019} = 2.93\% \times 0.52 \times 3.08 = 4.69\%$$

$$净资产收益率_{2020} = 6.38\% \times 0.59 \times 2.92 = 10.99\%$$

2020 年的净资产收益率相比 2019 年增长了 6.30%，这主要是因为销售净利率的增长和资产周转率的增长，虽然权益乘数有所下降，但净资产收益率还是有明显的增长。

2. 计算并分析各影响因素影响程度

各影响因素对净资产收益率的变动产生多大的影响，可以用因素分析法的定量分析来确定。

①销售净利率所产生的影响

$$\Delta 销售净利率 = (6.38\% - 2.93\%) \times 0.52 \times 3.08 = 5.53\%$$

②资产周转率所产生的影响

$$\Delta 资产周转率 = 6.38\% \times (0.59 - 0.52) \times 3.08 = 1.38\%$$

③权益乘数所产生的影响

$$\Delta 权益乘数 = 6.38\% \times 0.59 \times (2.92 - 3.08) = -0.60\%$$

④三种因素的变动的总影响

$$\Delta 净资产收益率 = 5.53\% + 1.38\% - 0.60\% = 6.31\%$$

从计算结果可以看出，2020 年销售净利率增长了 3.45%，使净资产收益率增长了 5.53%；资产周转率上升了 0.07，使净资产收益率上升了 1.38%；权益乘数下降了 0.16，使净资产收益率下降了 0.60%，三种因素的共同影响，使得净资产收益率增长了 6.31%。[①]

[①] 与 6.30% 相比，这里存在一定的误差。

本章小结

在财务报表分析中,不同的分析主体可以根据不同的目的选择不同的方法。财务报表分析的一般方法有趋势分析法、比较分析法、比率分析法和因素分析法。其中,趋势分析法包括总量分析、定基分析和环比分析。比较分析法的关键是考虑比较标准,常见的标准有四类,即历史标准、行业标准、预算标准和经验标准,每个标准都具有不同的特点。比率分析法是最基本、最重要的方法,分析主体的角度不同,会有不同的比率选择。因素分析法是财务分析中的一种重要方法,该方法充分利用统计学中的规律来设置同度量因素,从而分析出每一因素所产生的影响程度。这些分析方法相互之间不会冲突,必要时可以结合运用,能够获得全方位的财务信息。

复习思考题

1. 什么是趋势分析法?它包括哪些种类?
2. 比较分析法的比较标准如何选择?
3. 比率分析法有哪些种类?为什么说它是财务报表最基本的方法?
4. 因素分析法的基本步骤是什么?同度量因素如何选择?
5. 结合引导案例的资料,应用比率分析法和因素分析法,对兴业银行的财务报表进行分析。

第四章

财务报表的一般分析

【学习目标】

本章主要介绍资产负债表和利润表对不同财务报表使用者的信息作用、资产负债表和利润表的局限性、资产负债表与利润表项目的质量分析。通过对本章的学习,学生应熟悉资产负债表和利润表的定义、基本结构和列报格式,理解资产负债表和利润表对于不同的会计信息使用者所具有的不同的信息作用,理解资产负债观和全面收益观对财务报表分析的影响,对资产负债表和利润表的局限性有一定的认识,掌握资产、负债、所有者权益、利润各项目的质量分析。

【关键概念】

资产负债表(balance sheet)　　利润表(income statement)
信息作用(the role of information)　　局限性(limitation)
质量(quality)

云南白药21年来首次半年净利下滑,百亿炒股半年亏8.62亿元,牙膏业务再撑半壁江山

2021年上半年,云南白药实现归属于上市公司股东的净利润(简称净利润)18.02亿元,同比下降幅度超过26%。半年净利润下滑,这是云南白药近21年来的首次,也是其上市28年来,唯一一次半年净利润下滑幅度超过20%。

云南白药于1993年12月15日跻身A股市场,除了1995年净利润同比下滑外,其余年度均为增长。从半年度业绩看,1997年、1999年出现过同比下降,降幅分别为3.87%、13.67%,其余年度均为增长。由此可见,2021年上半年,云南白药的净利润是2000年以来首次下降,且其下滑幅度是上市以来唯一一次超过20%。在过去20多年,这家百年老字号企业的营业收入、净利润持续以两位数的速度增长,那为何会创造了自己的"纪录"?

云南白药净利润创"纪录"下降,源于炒股亏损。根据半年报,2021年年初,云南白药投资的股票、基金、债券账面价值为108.68亿元,期末,账面价值为97.59亿元,浮亏8.54亿元。其中，投资的小米集团、伊利股份、恒瑞医药分别浮亏6.10亿元、1.71亿元、1.84亿元。反映在利润表上，公司的公允价值变动净收益为–8.62亿元。

追溯发现，2019年、2020年，云南白药的净利润接连高速增长，并非其主营业务盈利能力提升，而是炒股大赚。2018年以前，云南白药的利润表中未见列支有公允价值变动净收益，其投资净收益也不高。2018年，其公允价值变动净收益为0.42亿元。2019年下半年开始，云南白药松绑证券投资。当年，公司减持了早期持股的红塔证券、九州通等，买入小米集团、恒瑞医药、伊利股份等。如此频繁动作，2019年、2020年，公司的投资净收益分别为14.70亿元、3.92亿元，公允价值变动净收益为2.27亿元、22.40亿元，合计为16.97亿元、26.32亿元，分别占公司当年利润总额的35.91%、38.71%。这就是云南白药2019年、2020年净利润大幅增长的真正原因。

依托投资收益等实现的业绩高增长不可持续，云南白药面临的难题依旧，那就是主营业务盈利能力还有较大提升空间。云南白药起家于白药，不断拓展，并延伸至牙膏、护肤、护发等健康品。然而，近年来，云南白药的工业销售收入毛利率虽然较高，但增长缓慢。与之相比，医药流通领域的销售收入增长较为明显。

2017—2020年，云南白药的工业销售收入分别为99.62亿元、107.27亿元、110.24亿元、117.16亿元，三年增长约17.61%。同期，商业销售收入分别为142.84亿元、159.37亿元、185.51亿元、209.74亿元，三年增长46.84%，远高于同期的工业销售收入增速。同期，工业板块销售毛利率分别为65.61%、63.79%、60.98%、61.18%，商业板块销售毛利率分别为7.29%、8.17%、9.17%、9.09%。高毛利率的工业销售收入增长缓慢，增长相对较快的商业销售收入却是低毛利率，这就是云南白药面临的困境。

值得一提的亮点仍然是云南白药牙膏，近年来，成了云南白药净利润的重要支撑。2020年，白药健康实现净利润18.94亿元，占公司扣除非经常性损益后净利润（简称扣非净利润）的65.33%。2021年上半年，白药健康净利润达15.10亿元，占扣非净利润的80.11%。

另外，云南白药正在积极突围，包括推员工持股计划、豪掷百亿入股上海医药等。只是这些动作最终能否转化为效益呢？有待继续观察。

（资料来源：http://www.changjiangtimes.com/2021/08/617524.html，长江商报网）

第一节　资产负债表的一般分析

一、资产负债表的编制和作用

（一）资产负债表的定义和编制目的

资产负债表是反映企业在某一特定日期的财务状况的会计报表。例如，企业在公历每年12月31日编制的资产负债表，反映的就是该日的财务状况。

资产负债表主要提供有关企业财务状况方面的信息，即某一特定日期关于企业资产、负债、所有者权益及其相互关系。资产负债表是企业某一时点静态的财务状况报表，即企业所拥有或控制的经济资源的数额及其构成情况，企业所负担的债务数额及构成情况，企业的所有者在企业享有的经济利益数额及构成情况。

企业编制资产负债表的目的是通过如实反映企业的资产、负债和所有者权益金额及其结构情况，从而有助于使用者评价企业资产的质量以及短期偿债能力、长期偿债能力、利润分配能力等。

（二）一般企业资产负债表列报的总体要求和格式

1. 资产负债表列报的总体要求

（1）按类别列报

资产负债表列报最根本的目标就是如实反映企业在资产负债表日所拥有的资源、所承担的负债以及所有者所拥有的权益。因此，资产负债表应当按照资产、负债和所有者权益三类分类列报。

（2）资产和负债按流动性列报

资产和负债应当按照流动性分别分为流动资产和非流动资产、流动负债和非流动负债列示。流动性，通常按资产的变现或耗用时间长短或者负债的偿还时间长短来确定。按照《企业会计准则第30号——财务报表列报》的规定，应先列报流动性强的资产或负债，再列报流动性弱的资产或负债。

（3）列报相关的合计、总计项目

资产负债表中的资产类至少应当列示流动资产和非流动资产的合计项目，负债类至少应当列示流动负债、非流动负债以及负债的合计项目，所有者权益类应当列示所有者权益的合计项目。

资产负债表遵循"资产＝负债＋所有者权益"这一会计恒等式，把企业在特定时日所拥有的经济资源和与之相对应的企业所承担的债务及偿债以后属于所有者的权益充分反映出来。因此，资产负债表应当分别列示资产总计项目和负债与所有者权益之和的总计项目，这二者的金额应当相等。

2. 资产负债表的列报格式

资产负债表正表的列报格式一般有两种：报告式资产负债表和账户式资产负债表。

报告式资产负债表是上下结构，上半部列示资产，下半部列示负债和所有者权益。具体排列形式有两种：①按"资产＝负债＋所有者权益"的原理排列；②按"资产－负债＝所有者权益"的原理排列。

账户式资产负债表是左右结构，左边列示资产，右边列示负债和所有者权益。根据《企业会计准则第30号——财务报表列报》的规定，资产负债表采用账户式的格式，即左侧列报资产方，一般按资产的流动性大小排列；右侧列报负债方和所有者权益方，一般按要求清偿时间的先后顺序排列。账户式资产负债表中的资产各项目的合计等于负债和所有者权益各项目的合计，即资产负债表左方和右方平衡。

（三）资产负债表的作用

资产负债表的作用主要包括：第一，可以提供某一日期资产的总额及其结构，表明企业拥有或控制的资源及其分布情况，使用者可以一目了然地从资产负债表上了解企业在某一特定日期所拥有的资产总量及其结构；第二，可以提供某一日期的负债总额及其结构，表明企业未来需要用多少资产或劳务清偿债务以及清偿时间；第三，可以反映所有者所拥有的权益，据以判断资本保值、增值的情况以及对负债的保障程度。

不同使用者对资产负债表的关注侧重点不同，具体有以下几种。

（1）企业管理者侧重了解企业拥有或控制的经济资源和承担的债务

资产负债表揭示了企业拥有或控制的能以货币表现的经济资源的规模及分布形态。企业控制和运作的经济资源越多，其形成和产生新的经济利益和社会财富的能力就越强。这就是资产负债表提供资产总量信息的一个重要经济意义。不同性质的经济资源给企业带来经济利益的大小是不同的。企业管理者仅仅了解企业控制经济资源的总量是不够的，还必须同时分析企业所控制经济资源的具体分布结构及其结构的合理性，即企业资产、负债各项目的构成比例是否合理，并以此分析企业的营运能力和偿债能力，预测企业未来的经营前景。

（2）企业债权人侧重了解企业的偿债能力和财务风险

负债是企业所承担的需要以资产或劳务来偿付的债务。企业债务额度的大小、期限的长短以及构成，表明企业未来需要多少资产或劳务来清偿债务。资产转换为现金的能力和速度、流动资产内部构成和资本结构的合理性等，都会影响企业偿还债务的能力。债权人虽不如投资者那样十分关心企业的获利能力，但对企业的偿债能力却是时刻保持警惕。债权人通过企业资产负债表中各项目的对比，可以对企业的偿债能力及举债能力进行评价，做出持有或收回债权的相关决策。

（3）企业的投资者侧重了解资本构成情况和资本保值增值情况

资产负债表反映了企业全部资金的来源及其构成。企业全部资产的形成有两大来源渠道，即负债和所有者权益，其各自在总资金中所占的比重，体现了债权人和投资者对企业的资金贡献程度。从这个意义上说，资产负债表提供的负债和所有者权益数额，为分析债权人和投资者对企业的资金贡献程度，进而分析企业的资本结构的合理性以及债权人利益的保障程度，提供了可靠依据。企业的投资者通过资产负债表考核企业管理人员是否有效利用现有资源，是否使资产得到增值，以此分析企业财务实力和未来发展能力，并做出是否继续投资的决策。

（4）企业的供应商和销售商侧重了解企业的支付能力及财务实力

供应商和销售商都是企业的往来客户，也是企业价值形成链条中重要的环节。一方面，供应商在向企业提供商品或劳务后也成为企业的债权人，因而他们必须判断企业能否支付所购商品或劳务的价款。从这一点来说，大多数供应商对企业的短期偿债能力十分关注。另一方面，有些供应商可能与企业存在着较为长久的稳固的经济联系，在这种情况下，他们又会对企业的长期偿债能力予以额外注意。销售商则关心企业能否长期持续经营下去，能否与之建立并维持长期的业务关系，能否为其提供稳定的货源，是否需要采用预付货款、销售折扣政策。在通常情况下，供应商和销售商通过分析企业资产负债表，了解企业的支付能力及财务实力，进而做出供货及营销决策。

（5）政府有关部门侧重了解企业是否认真贯彻执行有关方针、政策

政府有关部门包括财政、税务、国有资产管理局和企业主管部门等。政府有关部门通过对资产负债表与利润表、现金流量表有关项目的分析，可以对企业资源利用情况、财务状况和经营成果做出整体评价，以便加强宏观管理和调控。例如，财政部门可以了解企业预算的执行情况，了解国家的财政预算执行情况，并为国家财政部门提供数据支持。税务部门可以确定企业生产经营成果和税源，审核企业纳税金额是否正确。国有资产管理部门可以监控企业国有资产保值增值情况。企业主管部门可以掌握企业经营计划的完成情况，了解企业发展状况，了解企业对国家义务和社会责任的履行情况，指导和监管企业正常发展。

（四）资产负债观

资产负债观是与收入费用观相对的一种会计理念。财务会计自诞生以来经历的发展变化，与二者的变迁密切相关。

收入费用观认为"收益＝收入－费用"，而资产负债观认为"收益＝期末净资产－期初净资产－本期所有者新增投资＋本期向所有者分配"。

收入费用观中，会计的核算计量严格遵循权责发生制、历史成本和配比原则，不考虑环境因素对资产、负债造成的价值变动，收益反映的仅仅是企业账面的业绩。资产负债观更加注重交易实质，收益的确定不需要考虑实现问题，只要净资产增加，就作为收益确认。

两种收益确认理论最主要的区别就在于对未实现损益的处理不同。收入费用观下，收益的确定主要强调实现的原则，即在会计上属于"已实现"。资产负债观下，收益是通过分析企业期初、期末净资产的变化来确认的，包括"已实现"和"未实现"的收益。

收入费用观与资产负债观在解读报表时的重心是不一样的，前者着重于利润表，后者着重于资产负债的变动，即净资产的增加。对于广大投资者来说，企业的收益能力固然重要，但如果该收益从整个期间来看并未带来净资产增加的话，那么股东财富亦无从增加，对投资者来说并未有实质上的利好。

纵观历史，资产负债观在经历了否定与被否定之后，目前已逐渐站稳脚跟。不过，资产负债观也并非十全十美，也有一定的局限性。在企业的金融资产占比重较大的情况下，当资本市场出现较大波动时，企业的财务状况也会出现巨大的波动，如果将这部分持有资产的利得确认为当期利润并进行分配，就可能给企业带来巨大风险。美国的金融危机已经充分说明了这一点。因此，资产负债表使用者进行报表分析时要正确理解和运用资产负债观，提供对决策更有用的信息。

二、资产负债表的局限性

（一）资产负债表多数项目以历史成本为计量属性，不能反映资产、负债的现时价值

在各种会计要素计量属性中，历史成本通常反映的是资产或者负债过去的价值，而

重置成本、可变现净值、现值以及公允价值通常反映的是资产或者负债的现时成本或者现时价值，是与历史成本相对应的计量属性。《企业会计准则——基本准则》规定，企业在对会计要素进行计量时，一般应当采用历史成本，采用重置成本、可变现净值、现值、公允价值计量的，应当保证所确定的会计要素金额能够取得并可靠计量。目前，资产负债表多数项目以历史成本为计量属性，这会使资产与负债偏离现时价值。而如果不同项目采用不同的计量属性，又可能导致资产负债表所提供的信息缺乏可靠性。

（二）资产负债表难免遗漏许多无法用货币计量的重要经济资源和义务的信息

货币计量是重要的会计假设，它包含两方面的含义：一是会计信息是能用货币表述的信息，二是货币的币值稳定。然而有一些重要的经济资源和义务因无法量化，或至少无法用货币计量，在会计实务中就不将其作为资产和负债纳入资产负债表中，这样就遗漏了很多无法用货币表示的资产负债信息。例如企业的人力资源（包括人数、知识结构和工作态度）、固定资产在全行业的先进程度、企业所承担的社会责任（如退休金和职工家属的医疗费支出），以及非交易事项如自创商誉、资产置存收益等，都未能反映在资产负债表上。这些资源对企业的财务状况和获利能力的影响是客观存在的，有时甚至是相当重要的。

此外，货币作为会计统一的计量尺度，实质上存在着货币是稳定的这一假设，因为如果货币不稳定就没法把它作为统一的标准尺度，而这一假设在现实生活中受到了持续通货膨胀的冲击。由于通货膨胀的原因，资产负债表所提供的财务信息就不能反映企业当时真实的财务状况，从而导致财务信息的失真。所以，分析者要理解资产负债表的含义并做出正确的分析评价，不能局限于资产负债表信息本身，还要借助其他相关信息。

（三）资产负债表信息包含了许多估计数，会计信息存在被人为优化的可能

由于商业活动内在的不确定因素影响，许多财务报表中的项目不能精确地计量，只能加以估计，如存货可变现净值的确定、长期股权投资可回收金额的确定、固定资产折旧年限、固定资产残余价值、无形资产摊销年限、预计负债金额的确定等，都需要根据经验做出估计。事实上，在进行会计核算和相关信息披露的过程中，会计估计是不可避免的，这并不削弱其可靠性。但是，随着时间的推移、环境的变化，进行会计估计的基础可能会发生变化，因此，进行会计估计所依据的信息或者资料不得不经常发生变化。由于企业对信息或资料掌握的情况不同，导致估计的数据不一定准确，从而可能导致资产负债表所提供的信息缺乏真实性、可靠性。资产负债表本身属于时点状态报表，如果企业操纵了时点数据，就存在信息被人为优化的可能。

（四）职业判断不同导致会计政策的选择不同，可能导致资产负债表所提供的信息缺乏可比性

对会计政策的判断通常应当考虑从会计要素角度出发，根据各项资产、负债、所有者权益、收入、费用等会计确认条件、计量属性以及两者相关的处理方法、列报要求等，确定相应的会计政策。但由于企业发生的交易或事项具有复杂性和多样化，对账务的会

计处理更多地依赖会计职业判断，如果职业判断不同，各企业所采用的会计政策可能会完全不同，相应产生的信息也会有很大差异。例如，对企业存货发出的计价方法、金融资产的分类、借款费用资本化的条件等会计职业判断不同，选择的会计政策就不同，可能导致资产负债表所提供的信息缺乏横向可比性。因此，简单地根据资产负债表数据评价和预测不同企业的偿债能力以及经营绩效，并据以评判优劣，难免有失偏颇。

三、资产负债表项目质量分析

（一）流动资产项目质量分析

1. 货币资金

货币资金是指企业在生产经营过程中处于货币形态的那部分资产。它具有可立即作为支付手段并被普遍接受等特征。对货币资金的质量分析要关注以下两点：企业日常保持的货币资金规模，企业货币资金结构。

为维持企业经营活动的正常运转，企业必须保持一定的货币资金余额。从财务管理角度看，过低的货币资金保持量，将严重影响企业的正常经营活动，制约企业的发展，进而影响企业的商业信誉；而过高的货币资金保持量，在浪费投资机会的同时，还会增加企业的筹资成本。因此，判断企业日常保持的货币资金规模是否适当，就成为分析企业货币资金运用质量的一个重要方面。由于企业的情况千差万别，分析时要根据企业的实际考虑以下因素。

①企业的资产规模、业务收支规模。一般而言，企业资产总额越大，相应的货币资金规模也就越大。企业业务收支频繁且绝对数额较大，处于货币资金形态的资产也就越多。

②企业的行业特点。不同行业的企业，其合理的货币资金结构会有所差异，甚至差异很大。例如，银行业、保险业与工业企业，在相同的资产规模条件下，货币资金的规模却不尽相同。

③企业的筹资能力。如果企业信誉好且实力强，在资本市场上能较容易地筹集资金，向金融机构借款也较方便，就没有必要持有大量的货币资金。

④通货膨胀的影响。在物价持续快速上涨时期，企业要考虑货币资金的实际购买力。

企业的货币资金主要包括库存现金、银行存款和其他货币资金，但货币资金中有不能随时支付的部分，如不能随时支取的一年期以上的定期存款、有特定用途的信用证存款、银行汇票存款等，它们必将削弱货币资金的流动性。对此，财务报表使用者应分析企业货币资金的结构，以正确评价企业资产的流动性。此外，在企业的经济业务涉及多种货币的情况下，由于汇率变动的原因，会导致货币币值的走势不同，分析者需要对企业持有的外币汇率进行预测，分析该货币未来的运用质量。

2. 交易性金融资产

交易性金融资产是企业分类为以公允价值计量且其变动计入当期损益的金融资产，以及企业持有的指定为以公允价值计量且其变动计入当期损益的金融资产。交易性金融资产核算的内容比较广泛,包括股票、债券、基金、可转换公司债券等。

(1) 交易性金融资产规模的分析

企业交易性金融资产规模过大,必然影响企业的正常生产经营。特别是有些非金融企业大举涉足金融领域,企图通过金融业务来"拯救"濒危的主业,对于这类企业,要尤为关注交易性金融资产的规模。同时,也不排除企业故意将债权投资、其他债权投资或长期股权投资确认为交易性金融资产,以此改善企业的流动比率等指标,增强企业的短期偿债能力。因此,分析时应将企业年复一年在报表中列示的交易性金融资产视同为一项长期投资。

(2) 交易性金融资产投资质量的分析

评价交易性金融资产的投资质量,应结合利润表的相关项目和会计报表的附注。一是关注同期利润表中的"公允价值变动损益"及其在会计报表附注中对该项目的详细说明,看因交易性金融资产投资而产生的公允价值变动损益为正还是为负。二是关注同期利润表中的"投资收益"及其在会计报表附注中对该项目的详细说明,看因交易性金融资产投资而产生的投资损益为正还是为负,收益率是否高于同期银行存款利率。

3. 应收票据

应收票据是指企业因销售商品、提供劳务等收到的商业汇票,包括商业承兑汇票和银行承兑汇票。商业承兑汇票的承兑人是付款人,存在票据到期时付款人不付款的风险。银行承兑汇票的承兑人是银行,因此基本上是无风险票据。对于应收票据的质量分析,主要是考虑商业承兑汇票和银行承兑汇票的比例,分析商业承兑汇票款项不能收回的风险。

持有的应收票据在到期前,如果企业出现资金短缺,可以持未到期的商业汇票背书后向银行或其他金融机构办理贴现以取得资金。可见,票据贴现实质上是企业融通资金的一种形式。但对企业而言,票据贴现存在着潜在的债务,是企业的一项或有负债。若已贴现的应收票据数额过大,则可能会对企业的财务状况产生较大影响。因此,分析者要了解企业是否存在已贴现的商业承兑汇票,分析其对企业未来偿债能力的影响程度。

4. 应收账款

应收账款是指企业因销售商品、提供劳务等经营活动应收取的款项。应收账款是企业的一项债权,也是企业资产方一个巨大的风险点,因为只有最终能够转化为现金的应收账款才是有价值的。

(1) 应收账款规模的分析

决定或影响应收账款规模的因素有很多,主要有企业的经营方式及所处的行业特点、企业的信用政策、企业销售规模变动等因素。例如处于商业行业的零售企业,有相当一部分业务是现金销售,因而其应收账款较少;而相当一部分工业企业,往往采用赊销方式,应收账款就较多。因此,债权规模与企业的经营方式和所处行业有直接联系。此外,企业的信用政策对应收账款规模也有直接影响。企业放松信用政策,将会刺激销售,增加应收账款;紧缩信用政策,又会制约销售,减少应收账款。因此,企业需要合理确定信用政策,在刺激销售和合理确定应收账款规模之间寻找赊销政策的最佳点。最后,企业销售规模变动也和应收账款的规模密切相关，当企业销售规模大幅度变动时，应收账款的规模也相应会变化。

（2）应收账款账龄的分析

账龄是指负债人所欠账款的时间，债权的质量很大程度反映在应收账款的账龄上。账龄越长，发生坏账损失的可能性就越大。账龄分析所提供的信息，可使企业了解收款、欠款情况，判断欠款的可收回程度和可能发生的损失，酌情采取放宽或紧缩商业信用政策。进行账龄分析时应对企业超过一年期以上的应收账款予以密切关注，分析其超期的原因以及回收的可能性。

（3）债务人构成的分析

在很多情况下，企业债权的质量，不仅与债权的账龄有关，更与债务人的构成有关。对债务人构成的分析，可从债务人的区域构成、债务人的所有权性质、债权人与债务人的关联状况及债务人的稳定程度等方面进行。比如经济发展水平较高、法制建设条件较好的地区债务人，一般具有较好的债务清偿心理，因而企业在这些地区的债权可收回性较强。

（4）坏账准备政策的分析

坏账准备的计提比例客观反映了企业对应收账款风险程度的认识。采用备抵法计提坏账准备的企业，要特别关注坏账准备计提的合理性。《企业会计准则第8号——资产减值》没有规定坏账准备计提的具体比例，企业应根据自己的实际情况，正确客观地提取坏账准备金。对于企业随意变更坏账准备计提方法和比例的情况要予以重视，首先应查明企业在会计报表附注中是否对坏账准备计提方法变更予以说明；其次应分析这种变更是否合理，是正常的会计估计变更还是为了调节利润。

5. 应收款项融资

应收账款融资是依据金融资产分类标准被划分为以公允价值计量且其变动计入其他综合收益的应收票据和应收账款，即应收票据和应收账款中能通过现金流量测试，且既以收取合同现金流量又以出售为目标的部分可以划分为应收款项融资。具体而言，应收款项融资是企业将应收款项以抵借、让售、证券化等方式出让给银行等金融机构以获取资金。对于应收款项融资要关注以下三点：①是否满足确认的条件；②与该资产所有权有关的报酬和风险是否转移；③如果与该资产所有权有关的报酬和风险未转移，其给企业带来的偿债风险有多大。

6. 预付款项

预付款项是企业按照合同规定预付的款项。在资产负债表上，预付款项尽管也属于企业的流动资产，但在用于偿付流动负债时却没有实际意义。因为预付款项是一种特殊的流动资产，除一些特殊情况外，在未来会计期间不会导致现金流入，即在这种债权收回时，流入的不是货币资金而是存货，因此，该项目的变现性极差。判断预付款项的质量，主要应考虑预付款项的规模和时间。一般而言，预付款项数额较高或者账龄过长，则可能预示着企业的资金以预付的名义被占用转移，甚至出现向其他单位提供贷款及抽逃资金等不法行为。

7. 其他应收款

其他应收款是指企业除应收票据、应收账款、预付账款、应收股利、应收利息等以外的其他各种应收、暂付款项，包括各种赔款、罚款、存出保证金、应收出租包装物的租金、预付给企业内部单位或个人的备用金、应向职工个人收取的各种垫付款项等。其他应收款与主营业务产生的债权相比较，其数额不应过大。此外，由于其他应收款有可能隐含企业的违规行为，如非法拆借资金、给个人的销售回扣、抽逃注册资金等，因而分析者应警惕企业将该项目作为企业成本费用和利润的"调节器"。

8. 存货

存货是指企业在生产经营过程中为销售或耗用而储备的各种物资，如各种原材料、燃料、周转材料、在产品、外购商品、自制半成品、库存商品等。存货的具体内容对处在不同行业的企业是有差别的，如工业企业和商品流通企业的存货就大相径庭。对存货质量的分析，应从以下几个方面进行。

（1）存货规模的分析

从资金占用角度分析，若存货数量过多，资金占用大，影响企业的资金周转，最终会导致企业生产中断，经营难以为继；若存货过少，也会影响企业正常生产经营，使企业坐失销售良机。存货规模对企业生产经营活动的变化具有特殊的敏感性，必须使存货数量与企业经营活动保持平衡。因此，企业应关注存货总量与资金占用的关系、存货规模变量与存货结构变动的分析。具体可以结合企业自身的生产效率、营销模式、原材料供应商供应能力、经营区域的交通状况等因素，确定合理的各种原材料、在产品和成品之间的比例及总量。

（2）存货货龄的分析

货龄是指从入库时间到还未被领用、仍在仓库的时间，也就是存货占用的储存时间。货龄是以入库时间作为起点进行计算的，若超过此范围的原材料就是非正常的原材料，需要对其入库时间和品种进行详细的分析，查明原因。货龄会影响存货的流动性和质量，库存周期过长的商品自然会使存货的变现能力降低。一般来说，货龄越长，存货周转速度越慢。因此，存货货龄的分析必须考核存货的周转速度、企业的存货日常管理制度，并结合企业的行业特点、企业的生产经营情况进行。

（3）存货市场风险的分析

存货为企业实物资产，种类繁多，数量庞大，且价格经常出现波动。因此要通过对存货跌价准备计提的分析，考察跌价准备计提的合理性，关注企业是否存在利用存货项目进行潜亏挂账的问题，或是通过巨额计提存货跌价准备调节利润的现象。此外，存货市场风险分析还应结合企业经营的外部环境，尤其是商品市场未来价格趋势，考察存货数量过大、过小或结构不平衡对企业未来盈利能力的影响。

9. 合同资产

合同资产是指企业已向客户转让商品而有权收取对价的权利。合同资产与应收款项的区别在于，应收款项代表的是无条件收取合同对价的权利，即企业仅仅随着时间的流逝即可收款，而合同资产并不是一项无条件收款权，该权利除了时间流逝之外，还取决于其他条件。在分析合同资产质量的时候，应该注意以下几点。

（1）合同资产规模的分析

决定或影响合同资产规模的因素有很多，如企业所处行业、经营方式、信用政策等。例如建筑工程类企业在确认收入时，较多地考虑采用合同资产，而非应收账款科目核算，而贸易类企业更多地使用应收账款科目。合同资产规模与企业所处行业和经营方式有着直接的联系。

（2）合同资产信用风险的分析

与应收账款类似，合同资产的质量与客户的构成有关，可以从客户的区域构成、所有权性质、稳定程度及关联状况等方面对客户的构成进行分析。比如处于经济发达、法制健全地区的客户，一般具有较好的债务清偿心理，合同的信用风险比较小。

（3）合同资产履约情况的分析

合同资产以合同为基础，以向客户转移商品控制权和提供劳务为收入确认方式。在交易过程中，企业不仅要关注自身可执行的权利，即可获得的资源，还要关注应该履行的义务，即应付出的资源。如果企业作为销货方无法履行合同中的其他相关履约义务，那么企业就无法达到无条件收款的条件。

（4）合同资产减值准备的分析

合同资产减值准备的计提比例反映了企业对合同资产风险程度的认识。采用备抵法计提减值准备的企业，要特别关注计提的合理性。对于企业随意变更减值准备计提方法和比例的情况要予以分析，首先应查明企业在会计报表附注中是否对合同资产减值准备计提方法变更予以说明；其次应分析这种变更是否合理，是正常的会计估计变更还是为了调节利润。

10. 持有待售资产

持有待售资产是指主要通过出售而非持续使用来收回价值的非流动资产或者处置组。其中，处置组既可能包含资产，又可能包含了与资产相关的负债或分摊的商誉。市场环境千变万化，对持有待售资产要关注其是否符合持有待售条件，当持有待售资产不再符合条件时要停止将该资产划分为持有待售资产。另外，分析者要对企业的减值准备政策进行分析，关注持有待售资产减值准备的计提是否合理，是否存在调节利润的嫌疑。

（二）非流动资产项目质量分析

非流动资产是指企业不能在一年内或超过一年的一个营业周期内转化为货币的资产，是除流动资产以外的各项资产，主要包括债权投资、其他债权投资、长期应收款、长期股权投资、其他权益工具投资、其他非流动金融资产、投资性房地产、固定资产、在建工程、生产性生物资产、油气资产、使用权资产、无形资产、开发支出、商誉、长期待摊费用、递延所得税资产、其他非流动资产等。下面对非流动资产主要项目作具体分析。

1. 债权投资

债权投资是债权性投资，如购买国库券、公司债券等。债权投资是同时符合以下条件的以摊余成本计量的长期债权投资：①企业管理该金融资产的业务模式是以收取合同现金流量为目标；②该金融资产的合同条款规定、在特定日期产生的现金流量，仅为对本金和以未偿付本金金额为基础的利息的支付。对债权投资质量的分析，应该关注以下几个方面。

（1）债权投资信用风险的分析

对于债权投资而言，虽然投资者按照约定，将定期收取利息、到期收回本金，但债务人能否定期支付利息、到期偿还本金，取决于债务人在需要偿还的时点是否有足够的现金。所以，有必要对债权投资的具体构成进行分析，并对债务人的偿债能力做出进一步判断。

（2）债权投资收益水平的分析

分析时应当根据当时的金融市场情况，判断投资的回报水平，即投资收益率的高低。一般来说，债权投资的收益率应比较同期银行存款利率、企业自身融资成本，尤其应关注与债权投资到期对应期限的市场利率水平。

（3）债权投资减值的分析

当债权投资发生减值时，应当将其账面价值减计至预计未来现金流量的现值。计提债权投资减值准备不仅会导致其账面价值的减少，而且会影响当期的利润总额。因此，债权投资减值的分析应关注企业少提、多提和转回减值准备导致虚增、虚减债权投资账面价值和利润的情况。

2. 其他债权投资

其他债权投资反映的是以公允价值计量且其变动计入其他综合收益的金融资产中的债权投资。根据《企业会计准则第 22 号——金融工具确认与计量》，如果购买并持有某一债券不仅为了收取该笔债券的本金及利息，且打算在到期前择机根据行情转让，则该类债券投资属于其他债权投资。对其他债权投资质量的分析，主要从以下几个方面进行。

（1）判断金融资产的分类是否恰当

判断金融资产的分类是否恰当，即判断划分为其他债权投资的金融资产是否符合其确认标准，是否能通过合同现金流量测试，是否既以收取合同现金流量又以出售该金融资产为目标。

（2）判断公允价值变动的处理是否恰当

根据企业《企业会计准则第 22 号——金融工具确认与计量》的规定，其他债权投资应当以公允价值进行后续计量，公允价值变动产生的利得或损失，除减值损失和外币货币性金融资产形成的汇兑差额外，应当直接计入所有者权益（其他综合收益），直至其他债权投资终止确认或者被重分类。但是，采用实际利率法计算的该金融资产的利息应当计入当期损益。其他债权投资计入各期损益的金额应当与视同其一直按摊余成本计量而计入各期损益的金额相等。其他债权投资终止确认时，之前计入其他综合收益的累计利得或者损失应当从其他综合收益中转出，计入当期损益。因此，分析其他债权投资公允价值变动应区分具体情况，分别计入权益或损益。

（3）金融资产的重分类问题

企业在改变管理金融资产的业务模式时，需按照规定对相关金融资产进行重分类。

但是企业管理金融资产业务模式的变更是极少见的情形,只有当企业开始或终止某项对其经营影响重大的活动时才发生,如企业收购、处置或终止某一业务线。

企业将债权投资重分类为其他债权投资时,债权投资的账面价值与公允价值之间的差额计入其他综合收益,在其他债权投资发生减值或终止确认时转出,计入当期损益。此时,要特别注意企业对金融资产的重分类是否合理。

3. 长期股权投资

长期股权投资,是指投资方对被投资单位实施控制、重大影响的权益性投资,以及对其合营企业的权益性投资。企业进行长期股权投资,目的在于通过股权投资控制被投资单位或对被投资单位施加重大影响,或为了增强企业多元化经营的能力,创造新的利润源泉,或为了与被投资单位建立密切关系,以分散经营风险。对长期股权投资质量的分析,一般从以下几个方面进行。

(1)长期股权投资范围和构成的分析

明确界定长期股权投资的范围是对长期股权投资进行正确确认、计量和报告的前提,因为只有符合条件的权益性投资才能确认为长期股权投资,其他投资应划分为交易性投资、其他权益工具投资等。由于不同的投资在会计确认和计量方法上有较大差别,对企业的资产与利润也会构成不同影响,所以要分析判断企业是否如实地确认和计量长期股权投资。长期股权投资的构成分析主要涉及投资方向、投资规模、持股比例等方面。在上市公司的年度报告中,一般应披露此类信息。了解企业长期股权投资的构成,信息使用者就可以通过分析被投资单位的经营状况以及经济效益来判断企业投资的质量。

(2)长期股权投资盈利能力的分析

长期股权投资的收益分为两部分:股利收益,买卖股权的差价收益。股利收益的多少主要取决于被投资单位的股利政策,还与企业采用成本法和权益法进行会计核算有关。在成本法下,长期股权投资以取得股权时的初始投资成本计价,其后,除了投资企业追加投资、收回投资等情形外,长期股权投资的账面价值一般保持不变。投资企业确认投资收益,仅限于所获得的被投资单位对累积净利润的分配额。权益法最初以初始投资成本计价,以后根据投资企业享有被投资单位所有者权益份额的变动对投资账面价值进行调整,属于被投资单位当年实现的净利润而影响的所有者权益的变动,投资企业按持股比例计算应享有的份额,增加长期股权投资的账面价值,并确认为投资收益。反之,属于被投资单位当年发生的净亏损而影响所有者权益的变动,投资企业按应享有的份额确认为投资损失。投资企业对于被投资单位除净损益以外所有者权益的其他变动(其他综合收益或资本公积变动),应当调整长期股权投资的账面价值并计入所有者权益。

(3)长期股权投资减值准备的分析

长期股权投资如果存在减值迹象的,应当按照《企业准则第 8 号——资产减值》的规定计提减值准备。对长期股权投资减值准备的分析,主要是准确判断长期股权投资减值准备计提是否合理。长期股权投资减值损失一经确认,在以后会计期间不得转回,从而杜绝了企业今后通过转回长期股权投资减值准备来操纵利润的行为。在实务中,对于有市价的长期股权投资是否应当计提减值准备进行判断比较容易，然而对于无市价的长期股权投资，如果无法获得被投资单位详细可靠的资料，就难以对投资企业是否应当计提减值准备做出正确的判断。因此，企业要从外部信息来源和内部信息来源两方面判断长期股权投资是否存在可能发生减值的迹象，客观估计资产可收回金额，对计提长期股权投资减值准备的合理性做出分析和判断。

4. 其他权益工具投资

其他权益工具投资反映的是以公允价值计量且其变动计入其他综合收益的金融资产中的权益投资。其他权益工具投资的质量分析主要应关注以下几点。

（1）其他权益工具投资成分的分析

其他权益工具投资包括上市公司的股票、非上市公司的股权投资、风险投资机构、共同基金，以及类似主体持有的仅在清算时才有义务向另一方按比例交付净资产的金融工具投资和投资性主体对不纳入合并财务报表的子公司的权益性投资，对其成分的分析有助于对其风险以及收益的评价。

（2）金融资产分类的分析

判断金融资产的分类是否恰当至关重要，即划分以公允价值计量且其变动计入其他综合收益的金融资产是否符合其确认标准。企业将满足条件的权益（股权）投资划入以公允价值计量且其变动计入当期损益的金融资产类别，那么被投资单位股价变动会对投资企业产生较大的影响，出现利润波动较大的情况。针对这种情况，《企业会计准则第22号——金融工具确认与计量》允许企业将权益投资指定为以公允价值计量且其变动计入其他综合收益的金融资产，一旦计入后不得转回以公允价值计量且其变动计入当期损益的金融资产。

（3）公允价值变动处理的分析

《企业会计准则第22号——金融工具确认与计量》规定，指定为以公允价值计量且其变动计入其他综合收益的非交易性权益工具投资，除了获得的股利（明确代表投资成本部分收回的股利除外）计入当期损益外，其他的利得和损失（包括汇兑损益）均应当计入其他综合收益，且后续计量不得转入当期损益。终止确认时，之前计入其他综合收益的累计利得或者损失应当从其他综合收益中转出，计入留存收益。这就从根本上防止持有其他权益工具投资期间损益金额出现巨大波动和扭曲，也可以在一定程度上遏制企业操纵利润的行为。

5. 投资性房地产

投资性房地产是指企业为赚取租金或资本增值，或两者兼有而持有的房地产，即企业持有这类房地产的目的不是自用，而是用于投资。投资性房地产主要形式包括已出租的土地使用权、持有并准备增值后转让的土地使用权和已出租的建筑物。因此，投资性房地产的分析要注意企业对投资性房地产的分类是否恰当，即企业是否将投资性房地产与固定资产、无形资产的界限做了正确的区分。房地产租金就是让渡资产使用权而取得的使用费收入。企业持有并准备增值后转让的土地使用权，其目的也是增值后转让以赚取增值收益。因此，投资性房地产是一种经营性活动，实质上属于一种让渡资产使用权行为，分析该项目的盈利性是判断其质量的重要因素。

投资性房地产应当按照取得时的实际成本进行初始确认和计量，在对投资性房地产进行后续计量时，通常应采用成本模式。企业只有存在确凿证据表明其公允价值能够持续可靠取得时，才允许采用公允价值计量模式。《企业会计准则第3号——投资性房地产》规定，同一企业只能采用一种模式对所有投资性房地产进行后续计量，不得同时采用两种计量模式。因此，分析投资性房地产的盈利性，要考虑两种不同计量模式的差异。

6. 固定资产

固定资产是企业赖以生存的物质基础，是企业产生效益的源泉，关系到企业的运营与发展。固定资产具有以下三个特征。①固定资产是为生产商品、提供劳务、出租或经营管理而持有。②固定资产使用寿命超过一个会计年度。③固定资产为有形资产。企业在对固定资产进行确认时，应按照固定资产的含义和确认条件，考虑企业的具体情形加以判断。固定资产是企业的劳动资料，它能连续在若干生产周期内发挥作用而不改变其原有的实物形态，其价值会随着使用磨损而逐渐以折旧的形式转移到产品成本和有关费用中，再随同产品出售转化为企业的货币资金。固定资产的质量分析应从以下几个方面进行。

（1）固定资产规模和结构的分析

固定资产的投资规模必须与企业整体的生产经营水平、发展战略以及所处行业特点相适应，同时要注意与企业的流动资产规模保持一定的比例关系。一般而言，各行业企业的固定资产占总资产的比重应达到行业要求的标准，才能减少经营风险，保证企业稳定发展。如果企业置这些因素于不顾，盲目购置新的固定资产，进而盲目扩大生产规模，就会造成资源的低效利用甚至浪费，从而影响企业整体的获利水平。固定资产的结构安排，在很大程度上决定了其利用效率和效益的高低。由于企业生产经营状况的特点不同，对各类固定资产的结构也有不同的要求。判断企业生产用固定资产和非生产用固定资产的比例是否合理，必须结合企业的生产经营特点、技术水平和发展战略等因素综合分析。企业应该不断优化企业内部固定资产结构，改善企业固定资产质量，增加企业固定资产利用效果。

（2）固定资产折旧的分析

固定资产的磨损价值是以折旧的形式逐渐转移到产品成本和有关费用中去的。企业应当根据与固定资产有关的经济利益的预期实现方式合理选择折旧方法。可选用的折旧方法包括年限平均法、工作量法、双倍余额递减法和年数总合法等。企业选用不同的固定资产折旧方法，将影响固定资产使用寿命期间内不同时期的折旧费用，因此，固定资产的折旧方法一经确定，不得随意变更。为此，固定资产折旧的分析，主要应分析影响折旧的下列因素：固定资产的原值或重置价值、固定资产的折旧年限、固定资产的净残值、企业的实际受益情况等。固定资产的折旧年限是指企业在会计上将固定资产的成本摊销到企业费用中去所选择的年限。折旧年限不同于使用年限，固定资产的使用年限一般指的是其自然寿命。由于固定资产的损耗既包含有形损耗，又包含无形损耗，所以，自然寿命一般大于固定资产的折旧年限。按照我国现行制度规定，企业有权在财政部规定的分类固定资产的参考折旧年限区间范围内，根据企业对固定资产的使用情况，自行确定折旧年限。固定资产净残值是指固定资产报废清理时，企业预计可收回的残余价值减去在清理过程中发生的清理费支出后的余额。企业的实际受益情况是指固定资产的效能、状况、技术水平的发展状况，企业应根据实际受益情况考虑折旧额在各会计期间的分配情况。由于固定资产计提的折旧会计入产品成本和费用，因此对固定资产折旧的分析重点是计提方法的合理性。

（3）固定资产盈利水平的分析

固定资产的生产能力关系到企业产品的产量和质量，进而关系到企业的盈利能力。因此，固定资产的盈利能力会在很大程度上决定企业整体的盈利能力。对于制造业企业来说，固定资产的盈利性可以通过以下几个方面反映出来：固定资产技术装备的先进程度要与企业的行业选择和行业定位相适应；固定资产的生产能力要与企业占有市场份额所需要的生产能力相匹配；固定资产的工艺水平要达到能够使产品满足市场需求的程度；固定资产的使用效率适当，闲置率不高。

（4）固定资产减值准备的分析

固定资产的减值准备一定程度上反映企业固定资产的质量变化。固定资产存在减值迹象的，应当估计其可收回金额，然后将所估计的资产可收回金额与其账面价值相比较，以确定资产是否发生了减值，以及是否需要计提资产减值准备并确认相应的减值损失。在估计固定资产可收回金额时，原则上应当以单项资产为基础，企业难以对单项资产的可收回金额进行估计的，应当以该资产所属的资产组为基础确定资产组的可收回金额。计提固定资产减值准备可以夯实企业资产价值，避免利润虚增，如实反映企业的财务状况和经营成果。但如果企业计提的减值准备金额过大，则要分析其合理性以及对企业生产和盈利水平的影响。

7. 在建工程

在建工程是企业进行的与固定资产有关的各项工程，包括固定资产新建工程、改扩建工程、大修理工程等。在我国，企业资产负债表中的在建工程项目，反映企业期末各项未完工程的实际支出和尚未使用的工程物资的实际成本，反映了企业固定资产新建、改扩建、更新改造、大修理等情况和规模。

在建工程反映的也是一种沉淀和闲置的资金，本质上是正在形成中的固定资产，占用的资金属于长期资金，未完工的工程越多，资产的使用效率就越低。因此，对在建工程的质量分析，应重点关注工程的工期长短、工程资金的周转速度、在建工程完工结转等情况。

8. 使用权资产

使用权资产是承租人（企业）在租赁期内使用租赁资产的权利。企业在确认使用权资产时，应当按照成本进行计量。使用权资产质量的分析应从以下几个方面进行。

（1）使用权资产成本的分析

使用权资产成本的分析要考虑以下四项成本：租赁负债的初始计量，在租赁期开始日或之前支付的租赁付款额（存在租赁激励的扣除已享受的租赁激励相关金额），承租人发生的初始直接费用，承租人为拆卸及移除租赁资产、复原租赁资产所在场地或将租赁资产恢复至租赁条款约定状态预计将发生的成本。

（2）使用权资产折旧的分析

使用权资产折旧基本参照固定资产计提折旧，计提的金额应根据使用权资产的用途，计入相关资产的成本或者当期损益。要注意，使用权资产是从租赁期开始的当月计提折旧，当月计提有困难的可以选择在下月计提折旧，这是和固定资产折旧的不同之处。承租人能够合理确定租赁期届满时取得租赁资产所有权的，应当在租赁资产剩余使用寿命内计提折旧。无法合理确定租赁期届满时能够取得租赁资产所有权的，应当在租赁期和租赁资产剩余使用寿命两者孰短的期间内计提折旧。

（3）使用权资产减值准备的分析

使用权资产存在减值迹象的，应当进行减值测试，估计可收回金额。对比账面价值和可收回金额，当可收回金额小于账面价值时要计提资产减值准备并确认相应的减值损失。使用权资产减值准备一旦计提，不得转回。计提使用权资产减值准备可以更准确地反映资产价值，避免虚增利润，如实反映企业的财务状况和经营成果。如果计提的减值准备数额过大，则要注意分析其计提的合理性以及带来的影响。

9. 无形资产

无形资产是指企业拥有或者控制的没有实物形态的可辨认非货币性资产。相对于其他资产，无形资产具有以下特征：不具有实物形态，具有可辨认性，属于非货币性资产。无形资产通常包括专利权、商标权、土地使用权、著作权、非专利技术等。由于商誉属于不可辨认资产，因此不属于无形资产。无形资产质量的分析，应注意以下几个问题。

（1）无形资产规模和构成的分析

伴随着科技进步特别是知识经济时代的到来，无形资产对企业生产经营活动的影响越来越大。以前，只有外购的无形资产才能体现在资产负债表中，企业内部研发的无形资产多采用费用化的处理方式，使得企业的无形资产未能得到充分反映，进而影响无形资产的规模。目前《企业会计准则第 6 号——无形资产》中将无形资产的开发划分为两个阶段：研究阶段和开发阶段。研究阶段的支出应当计入当期损益，即费用化。开发阶段的支出，如果能够满足相关条款规定，即可进行资本化处理，计入无形资产。开发费用的资本化不仅会扩大无形资产的规模，无疑对企业提升科技创新能力有巨大的推动作用。此外，还要注意考察企业无形资产的构成，借以判断无形资产的质量。比如，专利权作为一项无形资产，其价值易于鉴定；而非专利技术不受法律保护，主要以自我保密的方式进行，资产的价值不易确定。

（2）无形资产盈利水平的分析

在知识经济时代，企业控制的无形资产越多，可持续发展能力和竞争能力就越强。但是，无形资产本身所具有的特性决定了其盈利性具有很大的不确定性，因而分析无形资产的盈利性不是一件容易的事情。分析者要详细阅读报表附注及其他有助于了解企业无形资产类别、性质等情况的说明。不同项目的无形资产的属性相差悬殊，其盈利性也各不相同,因此不可一概而论。一般地,专利权、商标权、著作权、土地使用权、特许经营权等无形资产由于有明确的法律保护的时间,因此其盈利性相对较为容易判断。而像专有技术等不受法律保护的项目,其盈利性就不太好确定,也容易产生资产的泡沫。

(3)无形资产摊销政策的分析

《企业会计准则第 6 号——无形资产》规定,企业应当于取得无形资产时分析判断其使用寿命。无形资产的使用寿命如为有限的,应当估计该使用寿命的年限或者构成使用寿命的产量等类似计量单位数量。无法预见无形资产为企业带来未来经济利益期限的,应当视为使用寿命不确定的无形资产。对于使用寿命有限的无形资产,应在其预计的使用寿命内采用系统合理的方法对应摊销金额进行摊销。对于使用寿命不确定的无形资产,在持有期间内不需要摊销,如果期末重新复核后仍为不确定的,应当在每个会计期间进行减值测试,需要计提减值准备的,相应计提有关的减值准备。分析无形资产的摊销应详细审核是否符合《企业会计准则第 6 号——无形资产》的有关规定,尤其是无形资产使用寿命的确定是否正确,有无将本应确定使用寿命的无形资产作为使用寿命不确定的无形资产不予摊销,摊销方法的确定是否考虑了经济利益的预期实现方式,摊销方法和摊销年限有无变更、变更是否合理等。

(4)无形资产减值准备的分析

无形资产是一种技术含量很高或是具有垄断性的特殊资源,它的价值变化存在较大的不确定性。因此,无形资产发生减值是一种正常现象。通过分析企业无形资产减值准备的计提情况,可以分析判断企业所拥有的各项无形资产的变现能力。分析时一方面要注意无形资产减值准备计提的合理性,另一方面要注意无形资产减值准备一经确认,在以后期间不得任意转回,这在一定程度上杜绝了企业利用无形资产减值准备的计提来操纵利润的行为发生。

10. 商誉

商誉是在非同一控制下的企业合并中,企业合并成本大于合并取得的被购买方各项可辨认资产、负债公允价值份额的差额,其存在无法与企业自身分离,不具有可辨认性,不属于《企业会计准则第 6 号——无形资产》所规范的无形资产。商誉具有如下特征:首先,商誉的存在无法与企业自身分离,不具有可辨认性,是某个企业的一种综合优势。其次,商誉的价值与任何发生的与其有关的成本没有可靠的或预期的关系。最后,难以对各个构成商誉的无形因素计价。商誉的这些特性使得对商誉的质量分析主观性较大,难以得到真实的结果。

由于商誉是企业的一项特殊资产,只有在企业合并过程中才有可能产生并确认,大多数情况下被认为是代表了被收购企业的一种超额获利能力,但也有观点认为商誉体现的是购买双方讨价还价的能力,未必能代表被收购企业的价值。因此,商誉的质量在很大程度上取决于企业整体的盈利水平。更确切地说,商誉是企业在行业中的相对获利能力。对商誉的质量进行分析,应对企业的盈利趋势加以关注,分析商誉是否给企业带来更强、更持久的获利能力。

商誉不进行摊销，但至少应当在每年年度终了进行减值测试，对已发生减值的商誉要计提减值准备。商誉的减值损失一旦确认，在以后各期均不得转回。因此，分析者可以根据商誉计提减值准备的情况进一步对其质量进行分析。

> **知识链接 4-1**
>
> 商誉的本质
>
> 一百多年来，会计理论界对商誉本质的认识主要沿着如下三条思路演进。①从商誉构成要素的角度探究商誉的本质，这是会计理论界研究商誉的基本思路。②从直接计量的角度来界定商誉，由此形成了"超额盈利现值观"。③从间接计量的角度来界定商誉，进而形成了著名的"总计价账户论"。
>
> 然而，在很多现实的企业并购案件中，有些被收购企业在并购前甚至已经出现了连续多年亏损现象，可是由于诸多因素的作用，这类并购却经常会出现并购溢价的现象。在这种情况下，由于收购企业所支付的并购价格（企业整体价值）超过了被并购企业可辨认资产的公允价值，需要确认商誉。而如果我们认为只有那些具有持续超额盈利能力的企业才具有商誉，那么这类企业根本就没有商誉。显然，这种矛盾现象是由两种不同的商誉认定方式所产生的，如何解决这种矛盾将是未来研究商誉本质首先必须解决的问题。
>
> （摘自董必荣. 中南财经政法大学学报. 2008, 3.）

11. 长期待摊费用

长期待摊费用是指企业已经支出，但摊销期在一年以上（不含一年）的各项费用，包括租入固定资产的改良支出、固定资产的大修理费等。长期待摊费用从性质上看是按照权责发生制原则资本化的支出，本身没有交换价值，即企业已经支付，需要在以后几个会计年度内摊销的费用。长期待摊费用数额越大，表明企业未来的费用负担越重。

对长期待摊费用质量的分析，主要应关注是否存在人为将长期待摊费用作为利润"调节器"的情况，即利润不足时企业将本期费用转为长期待摊费用或延期摊销，而利润充裕时企业加大长期待摊费用的摊销。

12. 递延所得税资产

《企业会计准则第 18 号——所得税》采用资产负债表债务法核算所得税。资产负债表债务法较为完全地体现了资产负债观，在所得税的会计核算方面贯彻了资产、负债的界定。由于资产、负债的账面价值与其计税基础不同，产生了在未来收回资产或清偿负债的期间内，应纳税所得额增加或减少并导致未来期间应交所得税增加或减少的情况，形成企业的递延所得税资产和递延所得税负债。企业应当将当期和以前期间已支付的所得税超过应支付的部分确认为资产，即存在可抵扣暂时性差异的，以未来期间很可能取得用来抵扣可抵扣暂时性差异的应纳税所得额为限确认递延所得税资产。对递延所得税资产，主要分析一般情况和特殊项目产生的可抵扣暂时性差异是否按《企业会计准则第

18号——所得税》规定的原则进行确认,分析不确认递延所得税资产的特殊情况是否合理。

13. 其他非流动资产

其他非流动资产是指企业正常使用的固定资产、流动资产等以外的,由于某种特殊原因企业不得随意支配的资产。这种资产一经确定,未经许可,企业无权支配和使用,但仍应加强管理,并单独予以存放和核算。

其他非流动资产虽然不属于严格意义上的经济资源,但与企业未来的经济利益相联系,故应列作企业的资产,以便分摊于未来的会计期间,与将来的收益相配合。企业的其他非流动资产通常情况下都属于质量不高的资产,在企业资产的总价值构成中,不应占比重过大,所占比重过大时,将严重影响企业的正常生产经营活动。

(三)流动负债项目质量分析

1. 短期借款

短期借款是指企业从银行或其他单位借入的期限在一年(含一年)以下的各种借款,通常是为了满足日常生产经营的短期资金需要而举借的,其数量的多少往往取决于企业生产经营和业务活动对流动资金的需要量、现有流动资金的沉淀和短缺情况等。但是,在实践中,企业资产负债表期末短期借款的规模可能表现为远远超过实际需求的数量。短期借款的利息费用作为企业的财务费用,计入当期损益。因此,在对短期借款进行质量分析时,应重点关注短期借款是否适度,可根据流动负债的总量、目前的现金流量状况和对未来一年内的现金流量预期来确定,评价企业偿付短期借款的能力。企业还应对会计期末短期借款的余额及期末与期初相比短期借款的变动情况进行比较,分析有无调整企业的负债结构和财务风险,关注短期借款不正常的增减变化。

2. 交易性金融负债

交易性金融负债可以进一步分为企业承担的交易性金融负债和直接指定为以公允价值计量且其变动计入当期损益的金融负债。为了消除"会计不配比"现象或者根据正式文件载明的企业风险管理或投资策略,企业可以将一项金融资产、一项金融负债或者一组金融工具指定为以公允价值计量且其变动计入当期损益的金融负债。对交易性金融负债质量的分析主要是看企业是否结合自身业务特点和风险管理要求,合理确认交易性金融负债。

3. 应付票据

应付票据是指企业因赊销交易而签发的允许在不超过一年的期限内按票据上规定的日期支付一定金额的银行承兑汇票和商业承兑汇票。按照《中华人民共和国票据法》的规定,商业汇票的最长期限为6个月。企业的应付票据如果到期不能支付,不仅会影响企业的信誉,影响企业以后的资金筹集,还会受到银行的处罚。因此,相对于应付账款而言,应付票据的压力和风险较大。

一般认为,应付票据和应付账款的规模代表了企业利用商业信用推动其经营活动的能力。但是,由于应付票据和应付账款的财务成本并不相同(在我国的商业汇票普遍采用银行承兑的条件下，应付票据是有成本的），因此，从企业应付票据和应付账款的数量变化可以透视出企业的经营质量。在进行流动负债质量分析时，应当认真分析企业应付票据的构成，了解应付票据的到期情况，预测企业未来的现金流量，能否保证按期偿付应付票据。

4. 应付账款

应付账款是指企业因赊购原材料等物资或接受劳务供应而应付给供应单位的款项，它是由于购进商品或接受劳务等业务发生时间与付款时间不一致造成的。在市场经济条件下，应付账款的发生是正常的，但不能超过信用期的时间太长，否则不仅不能利用现金折扣优惠，而且会严重影响企业信誉，使企业以后无法再充分利用这种资金来源。一旦引起法律诉讼，企业会遭受更大损失。对应付账款应注重账龄的分析，观察有无异常情况，测定未来的现金流量能否保证及时偿付各种应付账款。

5. 预收款项

预收款项反映企业按合同规定预收的款项。它需要企业在收款后一年或长于一年的营业周期内用约定的商品、劳务或出租资产来抵偿。如果企业没有按照约定的条件提供商品或劳务，就必须退还预收款项并赔偿由此给客户造成的损失。对企业来说，总希望预收款项越多越好。因为作为企业的一项短期资金来源，在企业发送商品或提供劳务前，可以无偿使用预收款项。在企业发送商品或提供劳务后，预收款项立即转为企业的收入。在进行流动负债质量分析时，应当对预收款项引起足够的重视，因为预收款项一般是按收入的一定比例预交的，通过预收款项的变化可以预测企业未来营业收入的变动。预收款项作为一种短期资金来源，成本很低，风险也很小，应结合企业生产经营能力来分析评价。

6. 合同负债

合同负债是指企业已收或应收客户对价而应向客户转让商品的义务。企业在向客户转让商品之前，如果客户已经支付了合同对价或企业已经取得了无条件收取合同对价的权利，则企业应当在客户实际支付款项与到期应支付款项孰早时点，将该已收或应收的款项列示为合同负债。合同负债质量的分析要关注以下两点。

（1）合同义务的履行能力

企业（销售方）依据合同条款从购买方取得的现金或其他非现金资产的权利形成合同资产，依据合同承担向购买方提供经济资源（交付商品或者提供劳务）的义务。分析时要注意企业是否能按时保质地履行合同义务，如果不能，那么要考虑违约带来的风险及大小。

（2）区分合同负债和预收账款

首先，所收款项是否与合同规定的交付商品或者提供劳务的履约义务对应。如果收取的款项不构成交付商品或提供劳务的履约义务，则属于预收账款；反之，则属于合同负债。其次，确认预收款项的前提是收到了款项，确认合同负债则是不以是否收到款项为前提，而是以合同中履约义务为前提。简言之，合同负债的确认不以款项收取为前提条件。正确区分合同负债和预收账款不仅关系到会计处理是否正确，还涉及对现金流量的分析。预收账款会丰富企业的现金流，但是合同负债就不一定。

7. 应付职工薪酬

应付职工薪酬是指企业按规定支付给全体职工的各种薪酬，包括：职工工资、奖金、津贴和补贴，职工福利费，医疗、养老、失业、工伤、生育等社会保险费，住房公积金，工会经费、职工教育经费，非货币性福利、辞退福利和其他与获得职工提供的服务相关的支出等。由于职工薪酬是企业因职工提供服务而支付或放弃的所有对价，因此，对其质量进行分析时，需要综合考虑企业人工成本核算的完整性和准确性。应注意企业是否通过该项目来调节利润，即要清楚应付职工薪酬是否为企业真正的负债。要警惕企业利用不合理的预提方式提前确认费用和负债，从而达到隐瞒利润、少缴税款的目的。如果企业应付职工薪酬余额过大，尤其是期末数比期初数增加过大，则可能意味着企业存在拖欠职工工资的行为，而这有可能是企业资金紧张、经营陷入困境的表现。

8. 应交税费

应交税费是指企业按照税法等规定计算应交纳的各种税费，包括增值税、消费税、所得税、资源税、土地增值税、城市维护建设税、房产税、土地使用税、车船使用税、教育费附加、矿产资源补偿费，以及企业代扣代缴的个人所得税等。应交税费是企业应向国家和社会承担的义务，具有较强的约束力。由于应交税费所涉及的税种和费用项目较多，在分析此项目时，应当首先了解应交税费的内容，有针对性地分析企业欠税的原因，并从企业应交税费的缴纳情况中一定程度上透视企业的税务环境。

9. 其他应付款

其他应付款是企业除应付票据、应付账款、预收账款、应付职工薪酬、应付利息、应付股利、应交税费、长期应付款等以外的其他各项应付、暂收的款项，包括应付包装物的租金、应付保险费、存入保证金、应付统筹退休金等。其他应付款由于某些因素的影响，不必都在当期偿付，实际上并不构成对企业短期付款的压力，属于非强制性债务。但是，如果其他应付款的金额过大，也会影响到企业的偿债能力。

10. 持有待售负债

持有待售负债反映资产负债表日处置组中与划分为持有待售类别的资产直接相关的负债的价值。分析者要密切关注持有待售资产的市场变化，以此判断持有待售负债是否增加或者减少以及变动的合理性。

（四）非流动负债项目质量分析

1. 长期借款

长期借款是指企业向银行或其他金融机构借入的期限在一年以上的款项。长期借款一般用于企业的固定资产购建、固定资产改扩建工程、固定资产大修理工程，以及流动资产的正常需要等方面。由于长期借款的利息也计入长期借款，因此，资产负债表中长期借款项目反映的是企业尚未归还的长期借款的本金和利息。对长期借款进行质量分析，主要分析长期借款增减变动的数额和原因，如是否能满足企业对资金的长期需要、能否保持企业资本结构的稳定性，最后还要分析其变动对企业财务状况的影响。

2. 应付债券

应付债券是指企业为筹集（长期）资金而发行债券的本金和利息。相对于长期借款而言，长期债券的风险和压力较大。因为债券的发行是面向全社会的，到期无法归还本息的社会影响面较大。对应付债券的质量分析基本与长期借款相同，主要分析应付债券增减变动的数额、原因以及对企业财务状况的影响。

划分为负债的优先股和永续债要在应付债券下分别列示。对于优先股和永续债要关注其经济实质，而非合同形式。分析时还要注意是否存在按经济实质应划分为负债的优先股或永续债被划分为权益工具，以此来调整负债权益比率，提升企业长期偿债能力的情况。

3. 租赁负债

根据《企业会计准则第21号——租赁》，首先，承租人在租入资产确认使用权资产的同时确认租赁负债。不管是经营租赁还是融资租赁均要在资产负债表列示，租赁负债等于按照租赁期开始日尚未支付的租赁付款额的现值，因此分析时要关注租赁付款额是否正确。其次，分析其折现率是否合理，是否采用租赁内含利率。如果不是，则分析其是否采用承租人增量借款利率作为折现率。最后，分析者还要关注租赁负债的后续变动，以确定是否需要对租赁负债重新计量。

4. 长期应付款

长期应付款是企业除长期借款和应付债券以外的其他各种长期应付款，如补偿贸易方式下的应付引进设备款、分期付款方式购入固定资产应付款、融资租入固定资产应付款等。相对于长期借款和应付债券而言，这部分长期负债的风险较小，但也要分析其增减变动情况及对企业财务状况的影响。

5. 预计负债

预计负债是因或有事项而确认的负债。与或有事项相关的义务同时满足下列条件的，应当确认为预计负债：该义务是企业承担的现时义务；履行该义务很可能导致经济利益流出企业；该义务的金额能够可靠地计量。预计负债具体包括企业确认的对外提供担保、未决诉讼、产品质量保证、重组义务、亏损性合同等。如果与或有事项相关的义务不满足上述确认条件的，应当作为或有负债在表外披露。预计负债应与应付账款、应计项目等其他负债严格区分。因为与预计负债相关的未来支出的时间或金额具有一定的不确定性，所以企业在确定最佳估计数时，应当综合考虑与或有事项有关的风险、不确定性和货币时间价值等因素。由于预计负债在确认中不可避免的主观性以及对企业未来经营的影响，对其质量分析主要考察企业是否存在利用预计负债操纵利润的嫌疑，与之相关的费用增加是否合理。

> **知识链接 4-2**
>
> **重 组 义 务**
>
> 重组是指企业制定和控制的,将显著改变企业组织形式、经营范围或经营方式的计划实施行为。属于重组的事项主要包括:①出售或终止企业的部分业务;②对企业的组织结构进行较大调整;③关闭企业的部分营业场所,或将营业活动由一个国家或地区迁移到其他国家或地区。
>
> 企业应当将重组与企业合并、债务重组区别开。重组通常是企业内部资源的调整和组合,谋求现有资产效能的最大化。企业合并是在不同企业之间的资本重组和规模扩张。债务重组是债权人对债务人做出让步,债务人减轻债务负担,债权人尽可能减少损失。
>
> 企业只有在承诺出售部分业务(即签定了约束性出售协议)时,才能确认因重组而承担了重组义务。企业因重组而承担了重组义务,并且同时满足预计负债确认条件时,才能确认预计负债。

6. 递延收益

递延收益是指尚待确认的收入或收益,也可以说是暂时未确认的收益。对于递延收益的分析要关注其是否符合递延收益的确认条件。①与资产相关的政府补助,应当确认为递延收益,并在相关资产使用寿命内分配,计入当期损益。②与收益相关的政府补助,应当分情况处理:用于补偿企业以后期间的相关费用或损失的,确认为递延收益,并在确认相关费用的期间,计入当期损益;用于补偿企业已发生的相关费用或损失的,直接计入当期损益。

同时,递延收益项目中摊销期限只剩一年或不足一年的,或预计在一年内(含一年)进行摊销的部分,不转入一年内到期的非流动负债项目。分析者还要注意企业是否将部分递延收益归类为流动负债,以此调整企业的流动比率指标,提升企业的短期偿债能力。

7. 递延所得税负债

递延所得税负债的产生原因与递延所得税资产项目相同,都是在采用资产负债表债务法核算所得税时产生的。应纳税暂时性差异在转回期间将增加未来期间的应纳税所得额和应交所得税,导致企业经济利益的流出,从其发生当期看,构成企业应支付税金的义务,应作为递延所得税负债确认。对递延所得税负债主要分析除《企业会计准则第18号——所得税》中明确规定可不确认递延所得税负债的情况以外,企业对于所有的应纳税暂时性差异是否都确认了相关的递延所得税负债。

(五)所有者权益项目质量分析

1. 实收资本(或股本)

实收资本是企业实际收到的投资者投入的资本,对股份有限公司而言,实收资本即股本,表现为已投入企业的资本中相当于股票面值或设定价值的部分。法律对企业的设立都规定有注册资本的最低限额。分析该项目时应将企业实收资本与注册资本的最低限额相比较，看是否符合法律的要求。实收资本的缺失，将导致企业的偿债能力先天不足，放大企业经营的不确定性和财务风险，掩盖企业真实的资本结构，误导报表使用者做出错误决定。因此，可以将企业资本与负债相比较，观察企业财务结构的稳定性和风险性。此外，分析者还应当观察企业实收资本的内部构成，分析企业的产权结构。

2. 其他权益工具

其他权益工具是反映企业发行的除普通股（作为实收资本或股本）以外，按照金融负债和权益工具区分原则分类为权益工具的金融工具。归类为权益类别的优先股和永续债还要在其他权益工具下分别列示。

准确区分金融负债与权益工具对各方分析主体都是十分必要的。如果某一金融工具划分为金融负债，则会影响企业的利润总额，提高企业的资产负债率。如果将其划分为权益工具，则降低企业的资产负债率。对二者的分类要坚持实质重于形式的原则，重视金融工具对企业而言的经济实质而非只关注合同的法律形式，防止虚增利润，造成报表失实。

3. 资本公积

资本公积是指企业收到投资者出资额超出其在注册资本或股本中所占份额的部分，包括资本（或股本）溢价和其他资本公积。资本（或股本）溢价是指企业收到投资者超过其在企业注册资本（或股本）中所占份额的投资，形成的原因有投资者超额缴入资本、溢价发行股票等。其他资本公积是指除资本（或股本）溢价项目以外所形成的资本公积，包括享有的被投资单位资本公积变动的份额、以权益结算的股份支付等。对资本公积的分析主要是关注资本公积金增减变化的合理性和合法性，企业是否存在虚增资本公积、虚增资产项目，并借此来降低企业的资产负债率，蒙骗债权人的情况。

4. 库存股

库存股也称库藏股，是指企业收购、转让或注销的本公司的股份金额，主要有经批准减资而收回的股份、为奖励职工而收回的股份，以及股东因对股东大会做出的公司合并、分立决议持有异议而要求企业收购本公司股份。尚未发行的股票不属于库存股。库存股可以视作是一种融资工具。允许公司库存一部分股票，无疑对公司在融资时提供了一种新的选择。因为相对于配股和增发新股而言，企业出售库存股可能会以较低的成本获得更多的资金。此外，库存股有利于员工及管理层持股计划的实施，有利于公司股票价格的稳定。对库存股的分析应关注其增减变化的合理性、合法性以及对企业财务状况的影响。

5. 其他综合收益

其他综合收益属于所有者权益类，是企业根据会计准则规定未在当期损益中确认的各项利得和损失，即原先计入"资本公积——其他资本公积"科目核算的业务。新准则对其进行了分类梳理，将部分项目归入"其他综合收益"科目核算，包括以后会计期间不能重分类进损益和以后期间满足条件时将重分类进损益两类。其他综合收益的单独列示，契合了资产负债观的理念，体现了企业的全面收益。其他综合收益主要反映了当期已确认未实现但未来可实现的利得和损失，更加全面地反映了净利润以外的其他因素所导致的盈余变动。分析者应该关注其他综合收益的数额、增减变化的合理性和合法性，挖掘企业隐藏的价值，获得当前没有在股价中反映的信息。分析者还应将资产负债表和利润表的其他综合收益进行相互查证，尤其关注可重分类进损益的其他综合收益对利润的影响，警惕企业利用其他综合收益进行利润操纵。

6. 盈余公积

盈余公积是指企业按规定从税后净利润中提取的积累资金，包括按净利润的10%计算提取的法定盈余公积金、企业自主确定的任意盈余公积金。从2006年1月1日起，按照《中华人民共和国公司法》组建的企业，根据《中华人民共和国公司法》，不再提取公益金。按规定盈余公积可以转增资本，可以弥补亏损，特殊情况下还可以用于分配股利。盈余公积的数量越多，反映企业资本积累能力、亏损弥补能力和股利分配能力以及应付风险的能力越强。提取盈余公积并不是单独将这部分资金从企业资金周转过程中抽出，而是表明企业生产经营资金的一个来源。其形成的资金既可以表现为货币资金，也可以表现为实物资产。对盈余公积的分析应关注其增减变化的合理性、合法性以及对企业财务状况的影响。

7. 未分配利润

未分配利润是企业实现的净利润在提取盈余公积和分配利润后的余额，反映企业各年累积的尚未分配给投资者的利润。未分配利润的数额越多，说明企业当年和以后年度的积累能力、股利分派能力以及应付风险的能力就越强。由于未分配利润相对于盈余公积而言，属于未确定用途的留存收益，因此，企业在使用未分配利润上有较大的自主权，受法律法规的限制比较少。未分配利润的分析应注意它既可能是正数（未分配的利润），也可能是负数（未弥补的亏损），应将该项目的期末与期初相对比，以观察其变动的曲线和发展趋势。

知识链接 4-3

优先股和永续债

优先股是享有优先权的股票。优先股的股东对公司资产、利润分配等享有优先权，其风险较小。但是，优先股股东对公司事务无表决权。优先股股东没有选举及被选举权，一般来说对公司的经营没有参与权。优先股股东不能退股，只能通过优先股的赎回条款被公司赎回。

永续债是指依照法定程序发行、附赎回（续期）选择权或无明确到期日的债券，包括可续期企业债、可续期公司债、永续债务融资工具（含永续票据）、无固定期限资本债券等。永续债发行方在确定永续债的会计分类是权益工具还是金融负债时，应当根据《企业会计准则第37号——金融工具列报》准则规定同时考虑下列因素：①关于到期日；②关于清偿顺序；③关于利率跳升和间接义务。

第二节 利润表的一般分析

一、利润表的编制和作用

（一）利润表的定义和编制目的

利润表又称损益表，是反映企业某一会计期间经营成果的财务报表。利润表主要提供有关企业经营成果方面的信息，即企业收入、费用、利润以及综合收益的数额及构成等情况。

企业编制利润表的目的是通过如实反映企业实现的收入、发生的费用以及应当计入当期利润的利得和损失等金额及其结构情况，从而帮助报表使用者分析评价企业的盈利能力、利润构成及质量。

（二）一般企业利润表列报的格式

利润表一般由表首和正表两部分组成。其中，表首说明报表名称、编报单位等。正表是利润表的主体，反映形成经营成果的各个项目和计算过程。利润表的编制遵循了"收入－费用＝利润"这一会计等式，其编制基础是权责发生制。

利润表的列报格式一般有两种：单步式和多步式。单步式利润表是将当期所有的收入列在一起，将所有的费用列在一起，两者相减得出当期净损益。这种格式比较简单，便于编制，但是缺少利润构成的详细资料。

在我国，企业采用的是多步式利润表。多步式利润表是通过对收入、费用、支出按性质加以归类，按利润形成的主要环节列示一些中间性利润指标，分步计算当期净损益。其具体过程如下。①营业收入减营业成本、税金及附加、销售费用、管理费用、研发费用、财务费用，加其他收益、投资收益、净敞口套期收益、公允价值变动收益、信用减值损失（损失用减）、资产减值损失（损失用减）、资产处置收益，等于营业利润。②营业利润加上营业外收入，减去营业外支出，等于利润总额。③利润总额再减去所得税费用，等于净利润。④净利润加其他综合收益的税后净额，等于综合收益总额。

（三）利润表的作用

利润表的作用主要包括：①可以反映收入的数额及构成，揭示企业经营成果的不同来源和形成过程，便于报表使用者分析企业净利润增减变动原因。②可以反映成本费用的数额及构成，便于发现成本费用中存在的问题。③可以反映利润结构变动情况，揭示收入与费用之间的配比关系。④可以反映利润额增减变动情况，揭示企业在利润创造形成过程中的管理业绩以及存在的问题。

1. 企业管理人员可以根据利润表做出经营决策

企业管理人员通过比较分析利润表中的各要素，可以知晓收入、费用、利润之间的消长趋势，发现管理中存在的问题，进而增收节支，改善经营管理。企业管理者还可以将资产负债表和利润表结合分析，了解企业偿债能力，找出偿债能力薄弱的原因，提高企业的偿债能力，做出各种信贷决策，如维持、扩大、缩小信贷规模等。

2. 投资者可以根据利润表解释、评价和预测企业的经营成果和获利能力，做出投资决策

投资者通过比较分析同一企业在不同时期，或不同企业在同一时期的资产收益率、成本收益率等指标，发现企业资源利用效率的变化，在此基础上决定是否追加投资、投资多少、投向何处。

3. 债权人可以根据利润表解释、评价和预测企业的偿债能力

利润表本身并不提供偿债能力的信息，但是企业的偿债能力不仅取决于资产的流动性和资本结构，也取决于获利能力。因为企业个别年份获利能力不足，不一定影响偿债能力，但是如果一家企业长期丧失获利能力，则资产的流动性必然僵化，资本结构也将失调，陷入资不抵债的困境。所以，债权人可以通过分析和比较利润表的有关信息，可以间接地了解债务人的偿债能力，尤其是长期偿债能力。

4. 政府有关部门可以根据利润表对企业的经营成果做出整体评价，以便加强宏观调控

例如，税务部门通过分析利润表可以确定企业生产经营成果和税源，审核企业纳税金额的正确性，了解企业对国家义务和社会责任的履行情况，指导企业正常发展。财政部门通过分析利润表可以了解企业预算的执行情况，了解国家的财政预算执行情况，并为国家财政部门提供数据支持等。

（四）全面收益观

全面收益观与传统收益观是一对相对的会计理念。传统收益观源自受托责任观。受托责任观认为，现代企业所有权和经营权分离，财务会计的目标是以恰当的方式有效地反映受托者管理委托者财产责任的履行情况，核心是揭示过去的经营活动与财务成果。受托责任观强调会计信息的可靠性，采用历史成本原则、配比原则、谨慎性原则。全面收益观则依赖于决策有用观。决策有用观强调财务报告应当向财务报表使用者提供对决策有用的信息，即财务报告除了需要解释过去的经营业绩外，还需要提供有助于未来决策的相关信息。

全面收益观计量不像传统收益观采用收入费用观，而是采用资产负债观。传统收益观强调实物资本保全。实物资本保全观认为收益是已经实现的营业收益，将潜在的尚未发生的损益排除在外。资产负债观认为企业价值的增值是通过净资产增加得到全面收益，全面收益观反映的是财务保全观。财务保全观认为收益不仅包括已经发生的收益，还包括未来创造的潜在现金流。

现行的利润表正是全面收益观的产物。一方面，现行的企业会计准则引入"利得"与"损失"概念，将原来的"利润=收入－费用"拓展到"利润=收入－费用+利得－损失"。公允价值变动损益、信用减值损失、资产减值损失等直接计入当期的利得或损失可以在利润表中得以反映，摆脱了传统收益观对利润确认原则的束缚。另一方面，公允价值在金融工具、投资性房地产等交易或事项中的运用，使得当期利润包含了未实现的利得和损失，这正是全面收益观的体现，使得会计信息更为相关、可靠，可帮助信息使用者作出决策。

二、利润表的局限性

（一）采用货币计量，遗漏无法量化的重要信息

数字化浪潮带来大量无法用货币量化的信息，如创新能力、学习能力、客户满意度、市场占有率、专利技术等表现企业竞争力的指标，在反映企业获利能力中的作用不容忽视。但是这些重要的信息因为无法用货币计量，也就无法在报表中体现。同时，新商业模式的出现，越来越多的表外信息无法在报表中采用货币计量，导致大量相关信息的遗漏。

（二）收入与费用配比缺乏一致的基础

由于利润表用历史成本计价，所耗用的资产按取得时的历史成本转销，而收入按现行价格计量，进行配比的收入与费用未建立在同一时间基础上，因而使收益的计量缺乏内在的逻辑上的统一性，使成本无法得到真正的回收，使资本的完整不能从实物形态或使用效能上得到保证。在物价上涨的情况下，利润表无法区别企业的持有收益及营业收益，经常导致出现虚盈实亏、虚利实分的现象，进而影响企业持续经营能力。

（三）利润表的信息包含了许多估计数，利润存在被操纵的可能

利润表中许多费用采用估计数，这离不开会计人员的判断，但是因为会计人员的经验、偏好等，可能会出现一些不同的职业判断。另外，由于市场环境的变化，之前的估计有时需要调整，如坏账准备、产品售后服务成本、折旧年限及残值、或有损失等，可能在以后年度修正。人为的判断为利润操纵提供了"合理"的机会，出现如"洗大澡"、隐藏利润等企业在适当时机释放、调整损失从而美化报表的行为。

（四）会计政策的可选性使得难以进行横向对比

由于一般公认会计原则允许采用不同的会计方法，如存货计价按先进先出法或后进先出法、折旧按直线法或年数总和法等，使不同公司收益的比较受到影响。在这种情况下，虽然企业可以实现自身纵向的对比分析，却无法或者难以实现同业间的比较。

三、利润表项目质量分析

（一）营业收入项目质量分析

营业收入是企业在生产经营活动中因销售商品或提供劳务而取得的各项收入，包括主营业务收入和其他业务收入。营业收入关系到企业的生存和发展，对营业收入质量的分析要关注以下方面。

1. 主营业务、主要产品或者服务的情况

主营业务是企业创造收入的重要来源，是企业生存发展的动力源泉。报表使用者要分析主营业务的可持续性和风险点，关注其产品或服务的构成，对于主要产品的生命周期、市场变化、技术更迭、政策扶持、现有及潜在竞争者等情况要给予充分关注，警惕主营业务收入持续下滑。

2. 营业收入的客户构成

一方面，报表使用者要关注企业的主要客户带来的收入占营业收入的比重，即客户集中程度。如果客户高度集中，那么企业的议价能力相对比较弱，不论是在定价还是收回款项时，话语权都比较小，营业收入的质量相对较低。反之，如果客户分散，企业则拥有较大的话语权，有助于定价和收取货款，提高营业收入的数量和质量。另一方面，报表使用者要关注企业与客户之间是否存在关联方交易，企业是否借机虚增收入、美化报表。如果企业的营业收入主要是依靠关联方实现，那么这种营业收入的质量有待考量。

（二）营业成本项目质量分析

营业成本是企业本期实现销售商品的成本和已经对外提供劳务的成本。分析营业成本主要关注其数额是否真实合理，是否与所销售商品或提供劳务取得的收入相匹配，是否存在异常波动，波动是否合理，导致波动的因素有哪些，哪些因素是可控的，哪些因素是不可控的；还应关注成本核算方法，如存货的计价、固定资产的折旧，是否变更等。

（三）期间费用项目质量分析

期间费用是指不能直接归属于某个特定产品成本的费用。期间费用包括销售费用、管理费用和财务费用。它是随着时间推移而发生的，与当期产品的管理和产品销售直接相关，而与产品的产量、产品的制造过程无直接关系，即容易确定其发生的期间，而难以判别其所应归属的产品，因而不能列入产品制造成本，应在发生的当期从损益中扣除。

对于销售费用，分析时，一方面要考虑其数额是否合理，变动是否异常，关注是否有人为主观操纵的嫌疑；另一方面，要计算销售费用与营业收入的比率，进行自身纵向和行业同期的对比，发现销售费用的效益。对于管理费用，分析时要关注其数额及变化是否存在异常波动。对于财务费用，分析时要分别注意利息费用和利息收入，尤其是利息费用的变动背后贷款规模、利率升降等要素反映出的企业的融资环境、信用的变化。

（四）研发费用项目质量分析

研发费用是指企业研究开发相关、直接作为费用计入利润表的相关资源消耗，包括研发员工人工费用、研发过程中直接投入的各项费用、与研发有关的固定资产折旧费、无形资产摊销费以及新产品设计费等。近年来，国家大力倡导技术创新，企业高度重视自主研发。尤其是科技企业，研发投入占据营业收入的相当比例。研发费用对于企业维持技术能力和竞争力有着战略意义，其规模及其运用的有效性在很大程度上与企业未来的发展潜力直接相关。《企业会计准则第6号——无形资产》规定，研究阶段发生的费用、无法区分研究阶段研发的支出、开发阶段研发的支出，全部费用化。由于资本化条件、难以匹配等原因，企业研发费用居高不下，导致利润下降。对于该情形，要分析企业会计处理是否过于谨慎，是否存在符合资本化条件而未资本化的费用。

（五）资产与信用减值损失项目质量分析

资产减值损失是指企业计提各种资产减值准备所形成的损失，金融资产减值所形成的预期信用损失计入信用减值损失。企业应该在每个会计期末对资产进行减值测试。对该项目进行分析时要注意：①计提的减值避免不了人为主观估计和判断，要判断计提是否合理；②如果不计提任何减值准备，则表明该资产的质量良好，实现了保值增值的功能。

（六）其他收益项目质量分析

计入其他收益项目的政府补助是指那些与企业日常活动相关，但不宜确认收入或成本费用的政府补助。对于其他收益的质量分析要关注：①企业业务与政府政策的关联度，只有符合政府政策的业务才有机会获得政府补助；②企业对政策的研究能力，即企业是否能读懂政策并申请补助；③企业主营业务的市场竞争力；④政府政具有阶段性，政府补助的阶段性可能会使得其他收益发生变动，要关注其变动是否和政策的阶段性相关。

（七）投资收益项目质量分析

投资收益是企业对外投资所取得的收益（或发生的损失）。一般而言，投资收益是由企业拥有或控制的投资性资产所带来的收益，包括持有收益和处置收益。对于投资收益的质量要关注以下几点。

1. 投资收益的构成

投资收益来源广泛，要关注其具体构成。例如，长期股权投资采用成本法核算的，企业按被投资单位宣告发放现金股利或利润确认的投资收益。长期股权投资采用权益法核算的，根据被投资单位实现净利润或者经调整的净利润计算享有的份额。企业持有的交易性金融资产、其他债权投资、债权投资等根据相关规定确认的投资收益。

2. 投资收益的数额及变动

投资收益数额的变动受多方面因素的影响，要分析其影响因素，如宏观环境、投资组合、风险偏好等。同时，分析时要考虑投资收益是否具有一定的可持续性，是否因为资产的处置带来暂时性变动并因此影响利润总额，是否存在操纵利润的可能。

3. 投资收益在利润中的占比

分析者要关注投资收益为企业带来的利润大小。如果一个企业投资收益在利润中的占比较高，甚至超出主营业务收入的占比，则要注意其是否存在主营业务"萎缩"需要依靠投资提高利润的迹象。对于一般企业（非金融企业），如果其利润来源主要是投资收益，出现主营业务和投资本末倒置的情况，那么该企业的利润质量一般，企业经营及存续存在巨大的风险。

（八）公允价值变动收益项目质量分析

公允价值变动收益是指交易性金融资产、其他债权投资、投资性房地产等项目的公允价值变动所形成的计入当期损益的利得或损失。公允价值变动形成的收益是未实现收益，它在一定程度上反映出这些资产项目的保值升值情况。但是，公允价值的获得并非像历史成本那样容易获取，而且还存在一定程度的主观因素。所以，公允价值变动收益会影响企业利润的质量。

（九）资产处置收益项目质量分析

资产处置收益项目反映企业出售划分为持有待售的非流动资产（金融工具、长期股权投资和投资性房地产除外）或处置组时确认的处置利得或损失，以及处置未划分为持有待售的固定资产、在建工程、生产性生物资产及无形资产而产生的处置利得或损失。非货币性资产交换中换出非流动资产（金融工具、长期股权投资和投资性房地产除外）产生的利得或损失也包括在本项目内。资产处置收益纳入营业利润中，有利于改善企业业绩形象。但是，分析者要关注资产处置收益的数额大小以及持续性，警惕企业可能进入经营困难时期。

（十）营业外收支项目质量分析

营业外收入是企业获得的与其日常生产经营活动没有直接关系的各种收益，主要包括与企业日常活动无关的政府补助、盘盈利得、捐赠利得等。营业外支出则是企业发生的与其日常生产经营活动没有直接关系的各种支出，主要包括公益性捐赠支出、非常损失、盘亏损失、非流动资产毁损报废损失等。因为营业外收入和支出是非日常的活动，具有偶发性的特点。如果营业外收支在企业利润中的占比过大，就会影响企业利润的持续性和平稳性。

（十一）所得税费用项目质量分析

所得税费用是指企业根据《企业会计准则第 18 号——所得税》确认的应从利润总额中扣除的一个费用项目，它是用经过调整后的本期利润总额乘以企业所适用的税率计算而得的。所得税由两部分组成，一部分是按照《企业所得税法》规定计算的当期所得税费用，即当期应交所得税；另一部分按照上述规定计算的递延所得税费用，但不包括直接计入所有者权益项目的交易和事项以及企业合并的所得税影响。所得税费用分析的关键在于确定资产、负债的计税基础。资产、负债的计税基础一旦确定，即可计算暂时性差异，并在此基础上确认递延所得税资产、递延所得税负债以及所得税费用。

（十二）其他综合收益项目质量分析

其他综合收益是企业根据会计准则规定未在当期确认的各项利得和损失，包括以后会计期间不能重分类进损益的和以后会计期间满足规定条件时将重分类进损益的其他综合收益项目。其他综合收益是建立在"资产负债观"和"全面收益观"的基础上的,是对传统会计利润的突破。其他综合收益是未实现收益,既不纳入计税范围,也不会带来实际的现金流量,但是它有可能在未来影响到企业的经营成果。

本 章 小 结

资产负债表是反映企业在某一特定日期的财务状况的会计报表,遵循"资产=负债+所有者权益"这一会计恒等式。资产负债表正表的列报格式一般有两种:报告式资产负债表和账户式资产负债表。资产负债表对于不同的会计信息使用者具有不同的信息作用。资产负债表是对经济活动及其成果的历史性描述,因此有其局限性。资产负债表的局限性主要表现在不能反映资产、负债的现时价值,遗漏许多无法用货币计量的重要经济资源和义务的信息,会计信息存在被人为优化的可能,提供的信息缺乏可比性等方面。资产负债表的项目包括资产、负债和所有者权益。对资产负债表项目进行质量分析,就是对资产、负债和所有者权益的各项目进行质量分析,具体来说就是分析各项目的规模、构成、减值情况、盈利能力、风险水平等。

利润表是反映企业在某一会计期间的经营成果的会计报表,遵循"收入-费用=利润"这一会计恒等式。利润表的列报格式一般有两种:单步式和多步式。我国采用多步式利润表格式。利润表反映重要的信息以及企业组织收入、控制成本费用支出、实现盈利的能力,有助于报表使用者评价企业的经营成果和可持续发展能力。利润表和资产负债表一样,是对经济活动及其成果的历史性描述,因此有其局限性。利润表的局限性主要表现在遗漏许多无法用货币计量的重要信息,收入与费用配比缺乏一致的基础,利润表的信息包含了许多估计数,利润存在被操纵的可能等方面。利润表项目包括营业收入、营业利润、利润总额、净利润、其他综合收益的税后净额、综合收益总额和每股收益。对利润表项目进行质量分析就是分析各项目的规模、构成、持续性、风险水平等。

复习思考题

1. 资产负债表的信息作用是什么?
2. 资产负债观与收入费用观的主要区别是什么?
3. 资产负债表的局限性主要表现在哪些方面?
4. 如何对资产各项目进行质量分析?
5. 如何对负债各项目进行质量分析?
6. 如何对所有者权益各项目进行质量分析?
7. 利润表的信息作用是什么?
8. 全面收益观与传统收益观的主要区别是什么?
9. 利润表的局限性主要表现在哪些方面?
10. 如何对利润表各项目进行质量分析?

阅读资料

第五章

流动性与偿债能力分析

【学习目标】

本章主要介绍基于资产负债表的流动性和短期、长期偿债能力的分析。通过对本章的学习,了解企业资产的流动性与短期偿债能力的关系,对偿债能力分析的作用和方法有一定的认识,掌握营运资金、流动比率、速动比率、现金比率四个短期偿债能力指标的计算和分析方法,掌握资产负债率、产权比率、所有者权益比率、权益乘数、利息保障倍数五个长期偿债能力指标的计算和分析方法。

【关键概念】

流动性(liquidity) 短期偿债能力(short-term solvency)
长期偿债能力(long-term solvency) 资产负债率(debt-equity ratio)
产权比率(the rate of property right) 权益乘数(rights and interests multiplier)

梦金园 IPO "梦碎":偿债能力不及同行

由中国黄金协会发布的《中国黄金年鉴 2021》显示,近年来我国黄金资源量逐年稳定增长。按照新资源储量分类标准,截至 2020 年年底,全国黄金资源量为 14 727.16 吨。我国黄金资源量已实现连续 15 年增长,并连续 5 年突破万吨大关。梦金园黄金珠宝集团股份有限公司(以下简称"梦金园")作为国内一家黄金珠宝品牌商,欲闯关深交所主板,在此前上会暂缓表决后于 11 月 25 日上会被否。

此前,梦金园因与卡地亚诉讼纠纷、子公司股权代持等问题被市场和媒体广泛关注。《商务财经》研究后还发现,梦金园的偿债能力不及同行可比公司,其募投项目铺底流动资金占比超五成,并且招股书还与环评文件中数据"打架"。

在 2020 年"中国黄金珠宝销售收入十大企业"榜单中,梦金园凭借 117.82 亿元的销售收入位列榜单第 5 位,据公开信息梦金园已经连续第六年上榜该榜单。与此同时,梦金园还凭借年加工黄金首饰 27 吨的产能,登上了 2020 年"中国黄金首饰加工量十大企业"榜单第 5 位。作为黄金珠宝首饰市场各榜单"常客"的梦金园,看似业绩规模和产能较大,但其偿债能力却不及同行平均水平。招股书披露,2018—2020 年(以下简称"报告期"），梦金园母公司资产负债率分别为39.60%、35.57%和69.94%，2020年较2019年提高近一倍，整体呈波动态势。同期，梦金园的合并资产负债率分别为62.98%、59.32%、58.90%。老凤祥、明牌珠宝、萃华珠宝和中国黄金为梦金园的同行可比上市公司，虽然梦金园合并资产负债率逐年下降，但仍高于同行可比上市公司的平均值。

不仅如此，梦金园的流动比率和速动比率皆比同期同行可比公司平均值要低。梦金园报告期内流动比率分别为1.37、1.42、1.47，速动比率分别为0.50、0.42、0.50。对此，招股书给出的解释为梦金园自有工厂加工，除库存商品外，还持有生产用原材料等，存货金额较高。

根据招股书，梦金园报告期内合并口径营业收入分别为1 406 728.32万元、1 408 947.56万元、1 178 178.94万元，2019年、2020年分别同比增长0.16%、-16.38%；同期，梦金园净利润分别为19 977.76万元、17 593.91万元、15 208.45万元，2019年、2020年分别同比增长-11.94%、-13.56%，报告期内梦金园净利润处于逐年下滑态势，2019年甚至出现了增收不增利的现象。

更值得关注的是，《商务财经》还发现制造中心项目的环评文件和招股书中披露的数据存在"打架"现象。制造中心项目建设地址位于昌乐县经济技术开发区，项目建设期3年，已与2019年正式开工建设。该项目建成后，山东亿福年加工黄金首饰25吨和K金首饰5吨。招股书披露，制造中心项目建设规划用地面积95 037.00平方米，建筑总面积为118 490.00平方米，其中职工宿舍面积为20 623.00平方米，食堂面积为9 143.00平方米，研发中心面积为723.00平方米。但环评文件显示，制造中心项目建筑总面积为115 987.10平方米、职工宿舍面积为20 603.10平方米、食堂面积为6 817.00平方米、研发中心面积为580.80平方米，与招股书相比，前述数据分别相差了2 503.90平方米、19.90平方米、2 326.00平方米、151.20平方米。尽管梦金园上会被否，但上述存在的问题仍待保荐机构和发行人给出解释。

（资料来源：https://cj sina com cn/articles/view/7356593431/1b67cb517001017ag1，新浪网）

第一节 资产的流动性与短期偿债能力的分析

一、资产的流动性与短期偿债能力分析的意义

流动性是资产的一个重要特征，通常是指企业资产通过经营收入转换为现金的速度或者通过市场交易变现的容易程度，是资产的周转能力和变现能力的综合体现。资产在经营过程中，通过经营收入转换为现金的速度越快，说明其周转能力越强，流动性越强。资产通过出售以及其他交易方式越容易且不受损失地变现为等额现金，说明其变现能力越强，流动性越强。

在分析企业的短期偿债能力时，资产的流动性问题至关重要。因为资产流动性的强弱直接影响企业的偿债能力，尤其是短期偿债能力。企业的资产负债表为分析资产的流动性和偿债能力奠定了基础。在经济迅速发展的今天，偿债能力的强弱关系到企业的生

死存亡。尤其是近些年来，我国的金融市场、国际贸易等领域取得了长足的发展，与企业存在一定现实和潜在利益的单位和个人越来越多，企业经营情况和偿债能力受到了更多人的关注。这些都促使我们更有必要研究企业的偿债能力。

短期偿债能力的重要作用表现在：短期偿债能力关系到企业能否健康发展，短期偿债能力关系到债权人的利益，短期偿债能力关系到投资人的利益。

二、偿债能力的分析方法

（一）历史比较分析

偿债能力的历史比较分析法，采用的比较标准是企业过去某一时点的偿债能力的实际指标值。比较标准可以是企业历史最好水平，也可以是企业正常经营条件下的实际值。在分析时，经常采用与上年实际指标进行对比的方法。

采用历史比较分析的优点：①比较基础可靠，历史指标是企业曾经达到的水平，通过比较，可以观察企业偿债能力的变动趋势；②具有较强的可比性，便于找出问题。其缺点：①历史指标只能代表过去的实际水平，不能代表合理水平；②经营环境变动后，也会减弱历史比较的可比性。因此，历史比较分析主要通过比较揭示差异，分析原因，推断趋势。

（二）同业比较分析

同业比较包括同业先进水平、同业平均水平和竞争对手比较三类，它们的原理是一样的，只是比较标准不同。同业比较分析有两个重要的前提：确定同类企业，确定行业标准。

以短期偿债能力的同业比较分析为例，其一般程序为：①计算反映短期偿债能力的核心指标——流动比率，将企业实际指标值与行业标准值进行比较，并得出结论；②分解流动资产，目的是考察流动比率的质量；③计算速动比率，考察企业速动比率的水平和质量，并与行业标准值比较，得出结论；④如果速动比率低于同行业水平，说明应收账款周转速度慢，可进一步计算现金比率，并与行业标准值比较，得出结论；⑤通过上述比较，综合评价企业短期偿债能力。

（三）预算比较分析

预算比较分析是指对企业指标的本期实际值与预算值进行比较分析。预算比较分析采用的比较标准是反映企业偿债能力的预算标准。预算标准是企业根据自身经营条件和经营状况制定的目标。

三、短期偿债能力的分析

短期偿债能力的分析，主要采用历史比较分析法和预算比较分析法，着重对营运资金、流动比率、速动比率、现金比率四个指标展开分析。漳州片仔癀药业股份有限公司2020年资产负债表资料如表5-1所示。

表 5-1 漳州片仔癀药业股份有限公司资产负债表（2020 年 12 月 31 日）

编制单位：漳州片仔癀药业股份有限公司　　　　　　　　　　　　　　　　　　　　　单位：元

资产	期末余额	期初余额	负债和所有者权益	期末余额	期初余额
流动资产：			流动负债：		
货币资金	5 168 461 764	4 263 374 136	短期借款	718 384 749	696 847 620
交易性金融资产	13 366	19 217	交易性金融负债	0	0
衍生金融资产	0	0	衍生金融负债	0	0
应收票据	40 290 163	10 592 586	应付票据	18 519 183	54 500 000
应收账款	509 476 864	469 873 994	应付账款	222 223 978	206 303 347
应收款项融资	24 576 075	6 460 909	预收款项	3 284 390	201 757 108
预付款项	165 176 930	189 190 517	合同负债	283 749 743	0
其他应收款	70 109 709	204 253 226	应付职工薪酬	87 851 340	100 917 861
其中：应收利息	0	0	应交税费	133 877 871	246 859 717
应收股利	0	0	其他应付款	303 391 592	239 811 361
存货	2 190 938 901	2 096 988 370	其中：应付利息	0	0
合同资产	0	0	应付股利	5 863 977	841 850
持有待售资产	0	0	持有待售负债	0	0
一年内到期的非流动资产	0	0	一年内到期的非流动负债	0	0
其他流动资产	126 998 447	111 546 959	其他流动负债	29 060 394	0
流动资产合计	8 296 042 219	7 352 299 917	流动负债合计	1 800 343 240	1 746 997 014
非流动资产：			非流动负债：		
债权投资	0	0	长期借款	0	0
其他债权投资	0	0	应付债券	0	0
长期应收款	0	0	租赁负债	0	0
长期股权投资	481 200 023	474 649 828	长期应付款	0	0
其他权益工具投资	437 351 347	421 547 831	长期应付职工薪酬	29 424 578	28 955 062
其他非流动金融资产	60 650 458	0	预计负债	0	0
投资性房地产	28 698 401	34 062 367	递延收益	14 679 999	14 716 604
固定资产	260 728 589	229 592 875	递延所得税负债	47 472 688	47 825 529
在建工程	1 025 917	11 156 864	其他非流动负债	57 093 678	2 544 669
生产性生物资产	13 207 853	12 648 279	非流动负债合计	148 670 943	94 041 863
油气资产	0	0	负债合计	1 949 014 184	1 841 038 877
使用权资产	0	0	所有者权益：		
无形资产	259 378 767	155 664 275	实收资本(或股本)	603 317 210	603 317 210
开发支出	0	0	其他权益工具	0	0
商誉	0	0	其中：优先股	0	0
长期待摊费用	49 415 901	32 826 255	永续债	0	0
递延所得税资产	85 409 783	76 196 973	资本公积	1 085 464 517	1 084 289 503
其他非流动资产	232 460 456	10 150 927	减：库存股	0	0
非流动资产合计	1 909 527 495	1 458 496 474	其他综合收益	311 574 579	257 501 789
资产总计	10 205 569 714	8 810 796 391	盈余公积	885 172 456	685 647 531
			未分配利润	4 976 641 262	4 000 594 662
			归属于母公司所有者权益合计	7 862 170 024	6 631 350 694
			少数股东权益	394 385 507	338 406 820
			所有者权益合计	8 256 555 531	6 969 757 514
			负债和所有者权益总计	10 205 569 714	8 810 796 391

（资料来源：http://pg.jrj.com.cn/acc/CN_DISC/STOCK_TIME/2017/04/28/600436_nb_1203419469.PDF，上市公司已公布的信息）

（一）营运资金

营运资金是流动资产与流动负债之间的差额。流动资产是可以在一年内或超过一年的一个营业周期内变现或运用的资产，企业拥有较多的流动资产，可在一定程度上降低财务风险。流动负债是需要在一年或者超过一年的一个营业周期内偿还的债务，具有成本低、偿还期短的特点，因此必须认真进行管理，否则将使企业承受较大的风险。营运资金的计算公式为

$$营运资金 = 流动资产 - 流动负债 \tag{5-1}$$

1. 营运资金的分析

①营运资金从绝对数的角度说明了企业的短期偿债能力。当流动资产大于流动负债时，说明企业营运资金出现盈余，营运资金越多说明企业的短期偿债能力越强。当营运资金为负数时，即流动资产小于流动负债，说明此时企业面临很大的财务风险。

②营运资金不是越高越好。债权人希望营运资金越多越好，这样可以提高其债务的保障程度。但是企业从自身角度出发则希望营运资金保持在一个适当的范围，而不是越高越好。因为流动资产的获利性不高，营运资金过高对以盈利为主要目的的企业不利。

【例 5-1】 根据片仔癀药业股份有限公司 2020 年资产负债表资料，计算该公司 2020 年年末以及年初的营运资金（如表 5-2 所示）。

表 5-2 片仔癀药业股份有限公司营运资金　　　　单位：元

项目	2020 年年末	2020 年年初	差异额
流动资产	8 296 042 219	7 352 299 917	943 742 302
流动负债	1 800 343 240	1 746 997 014	53 346 226
营运资金	6 495 698 979	5 605 302 903	890 396 076

计算表明，漳州片仔癀药业股份有限公司 2020 年年末的营运资金为 6 495 698 979 元，流动资产远远大于流动负债，说明流动资产对流动负债的保障程度相当大。从差异额来看，2020 年年末的营运资金较年初增长了 890 396 076 元，说明该公司的短期偿债能力进一步提高。

2. 营运资金指标的局限性

①营运资金作为一个绝对数指标，不同行业的营运资金规模有很大的差别，同一个行业中不同规模的企业也会有营运资金的差别，所以不同行业或不同企业之间的营运资金缺乏可比性。

②在实务中，营运资金的单独分析并没有多少实际意义，需要结合短期偿债能力的其他评价指标进行分析。

（二）流动比率

流动比率是流动资产对流动负债的比率，是指每一元的流动负债中有多少的流动资产作为保障。流动比率用来衡量企业流动资产在短期债务到期以前，可以变现用于偿还

负债的能力，其计算公式如下。

$$流动比率 = \frac{流动资产}{流动负债} \qquad (5-2)$$

1. 流动比率的分析

一般情况下，流动比率越高，代表该企业的短期偿债能力越强，债权人的安全保障程度越高；反之，则说明企业的短期偿债能力越低，债权人的安全保障程度越低。但从企业管理的角度来看，过高的流动比率意味着企业资本成本加大和获利能力降低，以至影响企业的盈利能力。

流动比率的经验比值为 2，但不能绝对化。不同行业对流动比率合理性标准的界定是不同的。随着时间的推移，流动比率合理性标准也是变化的。随着 20 世纪 80 年代后利息率的增长，很多公司都试图延长应付账款的期限，更多地利用供应商的资金来支持其营运资本的需要，从而流动比率越来越接近 1。

流动比率的下限为 1，即流动资产等于流动负债。流动比率超过 1 的部分，表示可以对流动负债的偿还提供一项特殊的保证，超出部分越高说明债权的安全保障程度越高。当流动比率小于 1 时，企业的部分债务可能无法及时清偿，从而导致企业面临较大的财务危机。

流动比率与营运资金分别从相对数和绝对数的角度衡量企业资产的流动性和短期偿债能力，可以配合使用，这样更有利于分析企业的短期偿债能力。

【例 5-2】 根据表 5-1，计算出漳州片仔癀药业股份有限公司 2020 年年末以及年初的流动比率如下。

$$2020\ 年年末流动比率 = \frac{8\ 296\ 042\ 219}{1\ 800\ 343\ 240} = 4.61$$

$$2020\ 年年初流动比率 = \frac{7\ 352\ 299\ 917}{1\ 746\ 997\ 014} = 4.21$$

计算表明，该公司 2020 年的流动比率变化幅度不大，由年初的 4.21 增加到年末的 4.61。通过不同时期流动比率的对比，可以看出该企业 2020 年年末的短期偿债能力较年初的有所提升。流动比率仍大于流动比率的经验值 2，说明企业流动资产在短期债务到期以前，可以变现用于偿还负债的短期偿债能力较强。此外，公司还需控制流动比率增加幅度，以免流动比率过高而影响企业的盈利能力。

2. 流动比率指标的局限性

（1）流动比率无法评估企业未来资金的流动性

流动比率各项要素都来自资产负债表的时点指标，只能表示企业在某一特定时刻一切可用资源及需偿还债务的状态或存量，与未来资金流量并无因果关系。因此，流动比率无法用来评估企业未来资金的流动性。

（2）流动比率未能反映企业资金融通状况

在一个注重财务管理的企业中，持有现金的目的在于防范现金短缺现象。然而，现金属于非获利性或获利性极低的资产，一般企业均尽量减少现金数额。事实上，有许多企业在现金短缺时转向金融机构借款，而此项资金融通的数额，未能在流动比率的公式中得到反映。

（3）应收账款的偏差性

应收账款金额的大小往往受销货条件及信用政策等因素的影响，不能将应收账款作为未来现金净流入的可靠指标。财务报表的使用者应考虑应收账款的发生额、企业以前年度应收账款中实际发生坏账损失的比例和应收账款的账龄，运用较科学的账龄分析法，进而评估企业应收账款的质量。

（4）存货价值的不稳定性

一般情况下，企业均以成本表示存货的价值，并据以计算流动比率。事实上，经由存货而发生的未来短期现金流入量，除了销售成本外，还有销售毛利，而流动比率未考虑毛利因素。

（5）粉饰效应

企业管理者为了显示出良好的财务指标，会通过一些方法粉饰流动比率。例如，对以赊购方式购买的货物，企业故意把接近年终要进的货推迟到下年年初再购买；或是企业在期末偿还流动负债，到下期期初再借进来等，都会人为地影响流动比率。

（三）速动比率

速动比率又称酸性测验比率，是指速动资产对流动负债的比率。它表示企业每一元的流动负债有多少的速动资产来保障，是衡量企业流动资产中可以立即变现用于偿还流动负债的能力，可用以下公式表示

$$速动资产 = 流动资产 - 存货 - 待摊费用 \tag{5-3}$$

在流动资产中剔除存货的主要原因有：①存货的变现速度最慢；②部分存货可能由于损失报废等原因而失去其价值和使用价值，但尚未转销；③有些存货已经抵押；④存货估价还存在成本与市价相差悬殊的问题。速动比率的计算公式为

$$速动比率 = \frac{速动资产}{流动负债} = \frac{流动资产 - 存货 - 待摊费用}{流动负债} \tag{5-4}$$

1. 速动比率的分析

速动比率越高代表企业的短期偿债能力越强，反之则说明企业的短期偿债能力越低。但是过高的速动比率，说明企业不能把足够的流动资金投入到存货、固定资产等生产、经营领域，错失良好的获利机会。

速动比率的经验比值为1。如果速动比率小于1，说明该企业面临着较大的短期偿债压力，财务风险很大。速动比率可以结合流动比率来分析，更具有参考性。如果流动比率较高，即使速动比率较低，企业仍然有能力偿还到期的债务本息，只是企业的短期偿债能力要打折扣。另外，流动比率高、速动比率却很低也说明流动资产中存货占了很大一部分，企业应该注意分析存货的质量以及数量是否合理。

【例5-3】 根据表5-1，计算漳州片仔癀药业股份有限公司2020年年末以及年初的速动比率如下。

$$2020\text{ 年年末速动比率} = \frac{8\,296\,042\,219 - 2\,190\,938\,901}{1\,800\,343\,240} = 3.39$$

$$2020\text{ 年年初速动比率} = \frac{2\,096\,988\,370 - 7\,352\,299\,917}{1\,746\,997\,014} = 3.01$$

从以上计算可知，该公司 2020 年年末的速动比率较年初有所增加，由年初的 3.01 增加到年末的 3.39，可以看出该企业本年末的短期偿债能力较年初有所提升。该公司的速动比率大于经验值 1，属于短期偿债能力较强的公司。

2. 速动比率指标的局限性

①与流动比率一样，速动比率是某一时点的静态指标，只是说明企业在某一时点用于偿还流动负债的速动资产，并不能说明企业的未来现金流量。

②应收账款的变现能力存在疑问。企业出于避税、应付检查、粉饰报表等考虑，通常不按实际情况计提坏账准备，有些应收账款长期挂账，使速动比率和流动比率同样不切合实际。

③从根本上讲，企业偿还债务的资金来源应是经营取得的现金流入量，因此，还须结合企业所处行业中的竞争地位以及获利能力分析其偿债能力。例如企业正处于开发新产品阶段，暂时陷入财务危机，其产品可能是能满足消费者需求的新产品，预计在不远的将来会有大量现金流入缓解财务危机。在这种情况下，即使企业的速动比率较低，债权人的权益也是有保证的。

（四）现金比率

现金比率是指企业现金及其等价物与流动负债的比率，代表企业可以随时偿债的能力或对流动负债支付的及时程度，最能反映企业直接偿付流动负债的能力。其计算公式为

$$\text{现金比率} = \frac{\text{现金及现金等价物余额}}{\text{流动负债}} \times 100\% \tag{5-5}$$

1. 现金比率的分析

现金比率越高，说明企业能够随时偿还流动负债的程度越高，反之则说明企业能够随时偿还流动负债的程度越低。由于资产的流动性和盈利能力通常成反比，因此在企业的所有资产中，现金是流动性最好的资产，也是盈利能力最低的资产。保持过高的现金比率，会使资产过多地保留在盈利能力最低的现金上，虽然提高了企业的偿债能力，但降低了企业的获利能力。

在美国，合适的现金比率被认为是 20%，但是随着环境的变化和不同，这一比率已经偏高。据银行的数据显示，企业银行存款与短期贷款之比，16% 是平均水平。一般来说，企业现金比率要比银行存款与短期贷款之比更低，因此，现金比率应低于 16%。从实证统计情况看，大多数企业的现金比率在 12% 左右。

在存货周转较慢的企业，如房地产企业，现金和现金等价物是主要的短期支付手段，以现金比率分析这类企业的偿债能力更能说明问题。

【例 5-4】 根据表 5-1，计算漳州片仔癀药业股份有限公司 2020 年年末以及年初的

现金比率如下。

$$2020 \text{ 年年末现金比率} = \frac{5\,168\,461\,764 + 13\,366}{1\,800\,343\,240} \times 100\% = 2.87$$

$$2020 \text{ 年年初现金比率} = \frac{4\,263\,374\,136 + 19\,217}{1\,746\,997\,014} \times 100\% = 2.44$$

计算表明，该公司 2020 年年末的现金比率较年初的有所增加，说明该公司支付能力最强的现金和现金等价物对流动负债的保障程度增强。与前述指标分析的情况相同，该公司现金比率高于该比率的经验值 20%，说明公司的短期偿债能力较强。

2. 现金比率指标的局限性

①现金比率同流动比率、速动比率一样是一个静态比率，不能完全反映企业下一个期间的现金流量的动态过程，因而对企业短期偿债能力的反映不尽完善。

②使用这一指标时，应该结合企业的具体情况，注意分析现金以及现金等价物的构成。比如某些限定用途、不得随便动用的现金，可能会减少企业的实际可用的现金数量。

③现金比率对于短期偿债能力分析的重要性不大。因为通常情况下，特别是当前随着经济发展程度越来越高，不可能要求企业用现金以及现金等价物来全部偿还流动负债。

综合以上对片仔癀药业股份有限公司 2020 年度财务报表进行的分析，我们发现：该公司 2020 年年末的流动比率为 4.61，速动比率为 3.39，现金比率为 2.87%，说明该公司的短期偿债能力强。同时，与 2020 年年初的指标相比，三项比率都呈现增高趋势，说明该公司资产的流动性和短期偿债能力有所提升，但在一定程度上可能降低公司的盈利能力。

第二节 长期偿债能力的分析

一、企业长期偿债能力分析的意义

长期偿债能力是指企业对债务的承担能力和对偿还债务的保障能力。企业利用借入资金开展生产经营活动，一方面可以促进企业生产的快速发展，另一方面也会加大企业的资金成本和财务风险。长期偿债能力的强弱是反映企业财务安全和稳定程度的重要标志。对长期偿债能力的分析，不论是对债务人、债权人还是投资者，都具有重要的意义。

（一）有利于了解资本结构的合理性

在市场经济条件下，企业负债经营是一把"双刃剑"。一般情况下，在经济繁荣时，整个社会经济高速发展，企业获利能力较强，偿债能力往往较强，企业负债比率即使高些，其承担的风险也不会很大。但若企业生产规模较小，或所处经济环境不佳甚至恶劣，整个社会经济发展较为缓慢，企业获利能力较低，偿债能力较弱，企业再过量举债，保持较高的负债比率，则具有较高的风险。因此，通过对长期偿债能力的分析，了解企业的资本结构的合理性，可以为决策提供重要依据。

（二）有利于了解债务人的经营情况以及债款的安全程度

企业通过购买债券等方式向另一个企业进行投资，这两个企业便通过契约关系确定了各自的身份以及应履行的义务。这时债权人就会关心企业的经营情况和偿债能力。通过长期偿债能力指标的分析可以使债权人真实掌握债务人的经营情况、获利能力以及偿债能力的强弱，以便其确定债款及时收回的可能性和安全程度，也为债权人进一步的决策提供重要依据。

（三）有利于投资者确定投资方向

企业为闲置的资金寻找出路，以提高资金的利用效率，其方式是多种多样的，如购买股票、以有形的或无形的资产进行投资、购买企业债券等。各种各样的投资各有利弊，就购买企业债券而言，它要求企业能按期归还本金和利息。当投资企业愿意投资另一个企业而又不愿成为该企业的股东或所有者时，可以购买企业债券，但购买债券能否达到预期目标，取决于企业将来的经营情况和长期偿债能力。

二、长期偿债能力的分析

（一）资产负债率

资产负债率是指负债总额与资产总额的比率，表示每一元资产对多少元负债作保障，反映了企业资产对负债的保障程度，该指标也是分析企业长期偿债能力的核心指标。其计算公式为

$$资产负债率 = \frac{负债总额}{资产总额} \times 100\% \tag{5-6}$$

1. 资产负债率的分析

一般情况下，资产负债率越小，表明企业的长期偿债能力越强，反之则说明该企业的长期偿债能力越低。但并不是说该指标越小越好，因为从企业和股东的角度出发，资产负债率过低往往说明企业没能充分利用财务杠杆，没有充分利用负债经营的优势，应根据不同行业、不同企业等进行具体分析。

我国理想化的资产负债率一般认为是 40%，上市公司可以略微偏高些，但一般不超过 50%。其实，不同的国家或地区，资产负债率也有不同的标准。企业的经营者对资产负债率强调的是负债要适度，"度"的大小因企业而异。

由于资产负债率反映了在企业的全部资产中有多大比例是通过负债而筹集的，从这个角度来讲，资产负债率也可以反映企业的资本结构问题。

【例 5-5】 根据表 5-1，计算漳州片仔癀药业股份有限公司 2020 年年末以及年初的资产负债率如下。

$$2020 年年末资产负债率 = \frac{1\,949\,014\,184}{10\,205\,569\,714} \times 100\% = 19.10\%$$

$$2020\text{年年初资产负债率} = \frac{1\,841\,038\,877}{8\,810\,796\,391} \times 100\% = 20.90\%$$

计算表明，该公司 2020 年年初的资产负债率为 20.90%，年末的资产负债率为 19.10%，说明该公司长期偿债能力较强。但是，两个数值均与该比率的理想值 40% 存在较大差距，该公司的全部资产中仅有 19.10% 是通过举债而形成的，属于比较保守的负债水平，没有充分利用负债经营的杠杆优势。

2. 资产负债率指标的局限性

①资产负债率作为反映企业长期偿债能力的指标，其值越低，表明企业的长期偿债能力越强。但是，适当举债经营对于企业未来的发展具有不容忽视的作用。一些规模小、盈利能力差的企业，其资产负债率可能很低，但并不能说明其长期偿债能力强。因此，在实际工作中信息使用者一定要结合企业的整体情况综合判断企业资产负债率的高低，特别要注重资产的质量和负债的构成，否则会影响评价的准确性。

②资产负债率只考虑了可以在财务报表中量化的信息，有些没有在报表中显示的、同样重要的定量和定性信息，如资产负债表日后发生或存在的事项等则被指标本身所忽略。面对这类在财务报表附注中予以披露的非调整事项，评价企业的长期偿债能力时应更为谨慎。

③用资产负债率进行企业长期偿债能力分析是建立在清算基础而非持续经营基础上的。这种认识并不符合企业的实际运行状况。企业要生存下去，就不可能将所有资产变现，用于偿还企业的债务。因此，信息使用者应该以持续经营为基础判断企业的偿债能力。正常持续经营的企业偿还债务依赖于企业稳定的现金流入，偿债能力的分析应包括对企业现金流量的分析，否则，评价的结论就只适用于企业的清算偿债能力。

④单一企业资产负债率的分析评价不够全面，通常要结合同行业的平均水平来进行。与同行业比率进行比较时要注意各个项目的实际内涵，剔除差异因素后，再做评价。

（二）所有者权益比率

所有者权益比率是企业的所有者权益与资产总额的比值，是代表企业长期偿债能力的重要指标，反映了在企业的全部资金中，有多少是所有者提供。其计算公式为

$$\text{所有者权益比率} = \frac{\text{所有者权益总额}}{\text{资产总额}} \times 100\% \qquad (5\text{-}7)$$

1. 所有者权益比率的分析

所有者权益比率指标越高，说明企业资产中由投资人投资所形成的资产越多，债权人的利益也越有保障，反之则说明该企业的长期偿债能力越低。但是，对于一个利润稳定增长或经营状况好的企业，该比率过高，必然使企业融资成本提高，所有者不能充分利用债务的杠杆作用，因此，所有者权益比率也应适度。

所有者权益比率与资产负债之和应为 100%。虽然所有者权益比率的分析与资产负债率分析的侧重点不同，但对所有者权益比率的分析可以参考对资产负债率的分析。因为这两个比率是从不同的侧面来反映企业的长期资金来源。所有者权益比率越大，资产

负债比率就越小,企业的财务风险就越小;反之亦然。另外,所有者权益比率高低能够说明公司对债权人的保护程度。如果该企业处于清算状态,该指标对偿债能力的保证程度就显得更重要。

【例 5-6】 根据表 5-1,计算漳州片仔癀药业股份有限公司 2020 年年末以及年初的所有者权益比率如下。

$$2020 \text{ 年年末所有者权益比率} = \frac{8\ 256\ 555\ 531}{10\ 205\ 569\ 714} \times 100\% = 80.90\%$$

$$2020 \text{ 年年初所有者权益比率} = \frac{6\ 969\ 757\ 514}{8\ 810\ 796\ 391} \times 100\% = 79.10\%$$

计算表明,2020 年度内,该公司年末的所有者权益比率较年初有所提高,说明该公司投资人投入资金所形成的资产占比增加,负债所形成的资产占比减少,该公司长期偿债能力有所提升。但是,该公司的所有者权益比率过高,必然使得企业融资成本提高,所有者将不能充分利用债务的杠杆作用。此外,不论是从 2020 年年末的数据还是从 2020 年年初的数据都可以看出,所有者权益比率和对应的资产负债比率之和都等于 1。

2. 所有者权益比率指标的局限性

所有者权益比率的局限性与前述资产负债率指标的局限性类似,不再赘述。

(三)产权比率

产权比率也称净资产负债率,是指负债总额与所有者权益的比率,表示每一元所有者权益对多少元负债作保障,反映了企业所有者权益对债权人权益的保障程度。其计算公式为

$$\text{产权比率} = \frac{\text{负债总额}}{\text{所有者有者权}} \times 100\% \tag{5-8}$$

1. 产权比率的分析

产权比率越高,说明企业偿还长期债务的能力越弱;产权比率越低,说明企业偿还长期债务的能力越强。该指标也表明债权人投入的资本受到所有者权益保障的程度,或者说是企业清算时对债权人利益的保障程度。

产权比率也不是越低越好,当该指标过低时,股东权益比重过大,意味着企业不能充分发挥负债带来的财务杠杆作用。当该指标过高时,表明企业过度运用财务杠杆,从而增加了企业财务风险。当企业的资产收益率大于负债成本率时,负债经营有利于提高资金收益率,获得额外的利润,这时的产权比率可适当高些。产权比率高,是高风险、高报酬的财务结构;产权比率低,是低风险、低报酬的财务结构。

资产负债率是反映公司债务负担的指标,所有者权益比率是反映偿债保证程度的指标,产权比率是反映债务负担与偿债保证程度相对关系的指标,三个指标都用于衡量企业的长期偿债能力分析,具有共同的经济意义,可以相互补充。

【例 5-7】 根据表 5-1,计算漳州片仔癀药业股份有限公司 2020 年年末以及年初的产权比率如下。

$$2020\ 年年末产权比率 = \frac{1\,949\,014\,184}{8\,256\,555\,531} \times 100\% = 23.61\%$$

$$2020\ 年年初产权比率 = \frac{1\,841\,038\,877}{6\,969\,757\,514} \times 100\% = 26.41\%$$

计算表明，2020 年度内，该公司年末的产权比率较年初有所下降，说明该公司的负债受到股东保护程度有所增强。虽然该公司具有较强的长期偿债能力，但是产权比率明显低于一般认为的比率 1。股东权益比重过大，意味着企业可能不能充分发挥负债带来的财务杠杆作用。

需要指出，根据保守观点，到企业破产时，企业的无形资产往往很难变卖用以偿还债务，因此需要采用一种更加谨慎的比率——有形净值债务率，用于揭示企业的长期偿债能力，表明债权人在企业破产时的被保护程度。其计算公式为

$$有形净资产比率 = \frac{负债总额}{所有者权益 - 无形资产} \times 100\% \tag{5-9}$$

有形净值债务率主要是用于衡量企业的风险程度和对债务的偿还能力。这个指标越大，表明企业的风险程度越大；反之，则表明企业面临的风险越小，偿债能力越强。有形净值债务率也揭示了负债总额与有形资产净值之间的关系，能够计量债权人在企业处于破产清算时能获得多少有形财产保障。从长期偿债能力来讲，该指标越低越好。有形净值债务率指标最大的特点是在可用于偿还债务的净资产中扣除了无形资产，这主要是由于无形资产的计量缺乏可靠的基础，不可能作为偿还债务的资源。有形净值债务率指标的分析与产权比率分析相同，负债总额与有形资产净值应维持 1∶1 的比例。在使用产权比率时，必须结合有形净值债务率指标，做进一步分析。

【例 5-8】 根据表 5-1，计算漳州片仔癀药业股份有限公司 2020 年末以及年初的有形净资产比率如下。

$$2020\ 年年末有形净资产比率 = \frac{1\,949\,014\,184}{8\,256\,555\,531 - 259\,378\,767} \times 100\% = 24.37\%$$

$$2020\ 年年初有形净资产比率 = \frac{1\,841\,038\,877}{6\,969\,757\,514 - 155\,664\,275} \times 100\% = 27.02\%$$

计算表明，2020 年度内，该公司年末的有形净资产比率较年初有所下降，说明该公司的债务偿还能力有所增强。2020 年年末该企业的有形净资产比率为 24.37%，该比率远低于标准值 1，说明该公司的长期偿债能力较强。此外，我们还可以通过有形净资产比率与产权比率两个指标推算出该公司无形资产占比。

2. 产权比率指标的局限性

产权比率最终以净资产为物资保障而使所有者对偿债风险具有承受能力。因此，在使用比率时应注意资产中价值具有很大不确定性的某些项目，如无形资产、递延所得税资产和商誉等，如果存在前述各项时还需要对产权比率的公式进行必要的分析前提和调整。此外，很多使用产权比率时应注意的问题与资产负债率的相似。

（四）权益乘数

权益乘数是资产与所有者权益的比率，它说明了企业资产总额和所有者权益的倍数

关系，表示该企业的所有者权益支撑着多大规模的投资，是常用的财务杠杆计量方法，其计算公式为

$$权益乘数 = \frac{资产总额}{所有者权益总额} \quad (5-10)$$

1. 权益乘数的分析

权益乘数越小，表明所有者投入企业的资本占全部资产的比重越大，企业的负债程度越低，债权人权益受保护程度越高。反之，企业的负债程度越高，财务风险也就越大。

权益乘数是对资产负债率的必要补充，但两者反映资产负债率的侧重点不同。权益乘数侧重于揭示资产总额与所有者权益的倍数关系，倍数越大，说明企业对负债的依赖程度越高，风险越大。资产负债率侧重于揭示总资本中有多少是靠负债取得的，说明债权人权益的受保障程度。权益乘数计算公式中的资产和所有者权益也可以使用平均数，这种算法就是平均权益乘数。需要注意的是，如果使用平均权益乘数，它和前面几个长期偿债指标的计算口径是不一致的，它们之间的关系无法直接对比。

【例 5-9】 根据由表 5-1，计算漳州片仔癀药业股份有限公司 2020 年年末以及年初的所有者权益比率权益乘数如下。

$$2020 年年末权益乘数 = \frac{10\,205\,569\,714}{8\,256\,555\,531} = 1.24$$

$$2020 年年初权益乘数 = \frac{8\,810\,796\,391}{6\,969\,757\,514} = 1.26$$

计算表明，2020 年度内，该公司的权益乘数由年初的 1.26 下降至年末的 1.24，这说明该公司的财务风险降低，债权人权益受到保护的程度提升。此外，通过计算我们可以发现同期的权益乘数和产权比率有如下的关系：权益乘数 = 1+产权比率。

2. 权益乘数指标的局限性

因为权益乘数和所有者权益比率存在着互为倒数的关系，所以两种指标在使用时需要注意的问题是相同的。

（五）利息保障倍数

利息保障倍数又称已获利息倍数，是指企业生产经营所获得的息税前利润与利息费用的比率。它是衡量企业支付负债利息能力的指标，债权人通过分析利息保障倍数指标，以此来衡量债权的安全程度，其计算公式为

$$利息保障倍数 = \frac{息税前利润}{利息费用} = \frac{税后利润 + 利息费用 + 所得税}{利息费用} \quad (5-11)$$

1. 利息保障倍数的分析

一般情况下，利息保障倍数越高，表明企业的长期偿债能力越强。该指标的经验比值为 3。从长期来看，企业若要维持正常偿债能力，利息保障倍数至少应当大于 1。如果利息保障倍数过小，企业将面临亏损以及偿债的安全性与稳定性下降的风险。

关于利息保障倍数的计算，其利润是指在支付债务利息和所得税前的正常业务经营利润，不包括非正常项目。这是由于负债与资本所支持的项目一般属于正常业务经营范围，因此计算利息保障倍数就应当以正常业务经营的息税前利润总额为基础。

【例 5-10】 根据漳州片仔癀药业股份有限公司 2020 年的财务报表（表 5-1），该企业 2020 年的利息保障倍数如下。

$$2020 \text{ 年年末的利息保障倍数：} \frac{2\,006\,286\,323}{27\,388\,020} = 73.25$$

$$2020 \text{ 年年初的利息保障倍数：} \frac{1\,675\,724\,533}{31\,131\,145} = 53.83$$

计算表明，该公司 2020 年年末与年初的利息保障倍数远大于该指标的经验比值，属于较高水平，说明该公司有充足的息税前利润支付利息费用。此外，通过对比，我们发现年末的利息保障倍数由年初的 53.83 上升至 73.25，说明该公司的长期偿债能力相比期初有明显提升。

2. 利息保障倍数的局限性

①在持续经营前提下，企业偿还债务的现实来源是企业盈利和现金流量。该指标虽然用息税前利润与利息费用相比，反映了通过盈利来偿还债务的思想，但是企业所承担的债务不仅仅是利息费用，而且还包括本金，该指标只衡量其中一项是不全面的。

②企业的本金和利息不是用利润本身支付，而是用现金支付。权责发生制下的高利润并不意味着企业有足够的现金流量。故使用利息保障倍数进行分析时，还不能了解企业是否有足够多的现金用以偿付本金与利息费用。

综合以上对漳州片仔癀药业股份有限公司 2020 年度资产负债表报表的分析，我们认为：该公司长期偿债能力比较强。例如该公司 2020 年年末的资产负债率为 19.10%，比理想化的资产负债率 40%低。再如该公司 2020 年年末产权比率为 23.61%，远低于国内的标准 1，说明该企业财务风险较小，债权人受保护的程度高。又如该公司 2020 年年末利息保障倍数为 73.25，远超过经验比值，说明该公司长期偿债能力状况非常良好。同时，通过年末数值和年初数值的比较，我们还可以发现这些反映长期偿债能力指标的年末数值比年初数值更具优势。这主要是因为该公司在 2020 年度中，在负债和所有者权益都增长的情况下，所有者权益的增长幅度大于负债的增长幅度。所有者权益由年初的 6 969 757 514 元增加到了 8 256 555 531 元，增长了 18.46%，与此同时，负债由年初的 1 841 038 877 元增加到了年末的 1 949 014 184 元，增长了 5.86%，使得该公司的长期偿债能力提升。

第三节 影响企业偿债能力的因素

一、影响企业短期偿债能力的因素

在成熟的资本市场条件下，影响企业偿债能力的最重要的因素是财务弹性，而影响企业财务弹性的因素又以企业资产的质量、数量、结构、变现能力及盈利能力为主。企业的短期偿债能力主要通过营运资金、流动比率、速动比率、现金比率等指标来衡量，但还有许多财务报表中没有反映出来的因素，也会影响企业的短期偿债能力。

（一）能提高企业短期偿债能力的因素

能够使企业流动资产的实际偿债能力高于企业财务报表中所反映的偿债能力的因素主要有以下三种。

（1）企业可动用的银行贷款指标

银行已同意、但企业尚未办理贷款手续的银行贷款限款，可以随时增加企业的现金，提高企业的支付能力。

（2）企业准备很快变现的长期资产

由于某种原因，企业可能将一些长期资产很快出售变成现金，以增加企业的短期偿债能力。

（3）企业偿债的信誉

如果企业的长期偿债能力一贯很好，即公司信用良好。当企业短期偿债方面暂时出现困难时，企业可以很快地通过发行债券和股票等方法来解决短期资金短缺，提高短期偿债能力。这种提高企业短期偿债能力的因素，取决于企业的信用状况和资本市场的筹资环境。

（二）能降低企业短期偿债能力的因素

能降低企业短期偿债能力的因素主要是或有负债。或有负债是指过去的交易或者事项形成的潜在义务，其存在须通过未来不确定事项的发生或不发生予以证实；或是指过去的交易或者事项形成的现时义务，履行该义务不是很可能导致经济利益流出企业或该义务的金额不能可靠计量。或有负债涉及两类义务：一类是潜在义务；另一类是现时义务。或有事项准则规定，或有负债不作为负债登记入账，只需在表外做相应的披露即可。但是，影响或有负债的多种因素处于不断变化之中，企业应当持续地对这些因素予以关注。随着时间推移和事态的进展，或有负债对应的潜在义务可能转化为现时义务，原本不是很可能导致经济利益流出的现时义务也可能被证实将很可能导致企业流出经济利益，并且现时义务的金额也能够可靠计量。在这种情况下，或有负债就转化为企业的预计负债，应当予以确认。预计负债一经确认，将会增加企业的偿债负担。

> **知识链接 5-1**
>
> ### 什么是财务弹性
>
> 财务弹性是指企业适应经济环境变化和利用投资机会的能力，具体是指企业动用闲置资金和剩余负债能力，应对可能发生的或无法预见的紧急情况，以及把握未来投资机会的能力，是企业筹资对内外环境的反应能力、适应程度及调整的余地。例如，当企业突然需要一笔现金时，企业如何有效采取行动以筹得款项。

财务弹性来源于现金流量和支付现金需要的比较。当企业的现金流量超过支付现金的需要,有剩余的现金时,企业的适应性就强。因此,通常用经营现金流量与支付要求(指投资需求或承诺支付等)进行比较来衡量企业的财务弹性。

一般来说,一个企业如果完全通过权益资本筹集资金显然是不明智的,因为该筹集方式使企业不能得到负债经营的好处,而且风险随着过度举债比例的增大而增加。相应的企业的危机成本及代理成本的增加,使债权人风险加大,从而使其在债务契约中加入诸多限制性条款,使得企业在投资、融资及股利分配等财务决策方面丧失部分弹性。企业保持适度的财务弹性,是灵活适应资本市场变动的必要条件,是合理运用财务杠杆收益的前提,是调整融资规模、融资结构的基础。

二、影响企业长期偿债能力的因素

分析一个企业的长期偿债能力,主要是为了确定该企业偿还债务本金和支付债务利息的能力。分析企业的长期偿债能力,除了用前文所述直接表达长期偿债能力的指标进行分析评价外,还应注意其他方面的影响因素。

(一)企业的资本结构

企业的资本结构是影响企业长期偿债能力的重要因素。企业筹资的渠道和方式尽管有多种,但企业全部资本归结起来不外乎是权益资本和债务资本两大部分。

权益资本和债务资本的作用不同。权益资本是企业创立和发展最基本的因素,权益资本越多,债权人越有保障;权益资本越少,债权人蒙受损失的可能性越大。在资金市场上,能否借入资金以及借入多少资金,在很大程度上取决于企业的权益资本实力。

由于单凭自有资金很难满足企业的需要,负债经营是企业普遍存在的现象。企业的债务资本在全部资本中所占的比重越大,财务杠杆发挥的作用就越明显。此外,债券利息允许在所得税前扣除,会降低融资资金成本。通常情况下,负债筹资的资金成本较低,弹性较大,是企业灵活调动资金余缺的重要手段。但是,负债是要偿还本金和利息的,无论企业的经营业绩如何,负债都有可能给企业带来财务风险。

因此,资本结构对企业长期偿债能力的影响,一方面体现在权益资本是承担债务资本的基础,权益资本越高对债务的保障程度就越高;另一方面体现在债务资本的存在可能带给企业财务风险,进而影响企业的偿债能力。

(二)企业的获利能力

企业能否有充足的现金流入供偿债使用,在很大程度上取决于企业的获利能力。短期债务可以通过流动资产变现来偿付,因为大多数流动资产的取得往往以短期负债为其资金来源。而企业的长期负债大多用于长期资产投资,在企业正常生产经营条件下,长期资产投资形成企业的固定资产能力,因此企业主要依靠生产经营所得作为偿债的资金来源。另外,企业支付给长期债权人的利息支出,也要从所融通资金创造的收益中予以偿付。可见,企业的长期偿债能力是与企业的获利能力密切相关的。企业的获利能力越强，长期偿债能力越强；反之，企业长期偿债能力越弱。如果企业长期亏损，则必须通过变卖资产才能清偿债务，最终要影响投资者和债权人的利益。因此，企业的获利能力是影响长期偿债能力的重要因素。

（三）长期经营性租赁

当企业急需某项设备而又缺乏足够的资金时，可以通过租赁方式解决。财产租赁有融资租赁与经营租赁两种形式。融资租赁的设备可视同企业的自有资产，相应的租赁费用作为长期负债处理。经营租赁的设备则不包括在企业固定资产总额中，如果该设备被长期占用，形成了一项长期固定的租赁费用，实际上也是一种长期筹资行为，但其租赁费用又不能作为长期负债处理。因此，长期经营性租赁若被忽略就会对企业的长期偿债能力产生负面影响。

三、评价偿债能力应注意的问题

目前分析企业偿债能力最常用的方法是以资产负债表为依据，通过计算流动比率、速动比率、现金比率、资产负债率、所有者权益比率、产权比率、利息保障倍数等一系列比率指标，并与有关评价标准进行比较来评价企业偿债能力的强弱，以期在总体上揭示企业的偿债能力。但随着市场经济的发展，特别是资本市场的进一步完善，除前面对每个指标具体分析时指出的局限性以外，这些指标在计算、分析、评价企业偿债能力上已显出诸多缺陷，报表信息使用者在分析、评价企业偿债能力时应该予以注意。

（一）要充分考虑企业资产质量和风险的影响

现行偿债能力指标没有充分考虑资产质量对企业偿债能力的影响，无法体现实质重于形式原则和稳健性原则。不少企业存在着诸如将长期积压的商品物资等依然作为流动资产核算并在资产负债表上列示的不良资产，因其质量较差，资产的实际价值明显低于账面价值，企业相应的短期偿债能力将会受到很大的影响。但目前在运用流动比率和速动比率分析企业短期偿债能力时，并没有考虑资产质量和风险对偿债能力的影响问题。

（二）要充分考虑会计要素计量属性的影响

根据《企业会计准则》，企业在对会计要素进行计量时，一般应当采用历史成本，采用重置成本、可变现净值、现值、公允价值计量的，应当保证所确定的会计要素金额能够取得并可靠计量。不同的计量属性导致计量的结果存在较大的差异，而目前在计算偿债能力比率指标过程中并未考虑会计要素计量属性的影响，削弱了分析结果的可靠性。

（三）要充分考虑表外事项对企业偿债能力的影响

企业未使用的银行贷款额度、可立即变现的长期资产、良好的长期筹资环境、金额较大的或有负债等表外事项，都没有通过流动比率和速动比率反映出来。特别是对外担保、未决诉讼事项等或有负债有很大的不确定性，是否发生取决于未来相关因素的变化。因此，在计算企业的短期偿债能力指标时，必须对影响或有负债发生的相关因素进行分析和预测，估计或有负债发生的可能性，并根据或有负债发生的可能性估算或有负债可能增加的流动负债，进而对短期偿债能力的分析结果做出调整。

（四）要充分考虑不同行业间的差别

处于不同行业的企业，偿债能力指标值差异较大，不具有横向可比性。因此，不同行业的企业短期偿债能力的比较，必须剔除偿债能力指标行业的差异。通常可将短期偿债能力指标值，分别扣减所在行业短期偿债能力指标平均值，再进行行业间短期偿债能力的比较。

（五）要充分利用现金流量表所揭示的信息

企业的现金流量，特别是经营活动现金流量，是偿还企业短期债务最直接的保证。如果经营活动现金流量超过流动负债，表明企业即使不动用其他的资产，仅以当期产生的经营活动现金流量就能够满足偿债的需要。因此，我们就可以利用经营活动现金流量与流动负债的比率来分析企业的短期偿债能力。相对于其他分析短期偿债能力的指标来说，这是一个比较保守的分析指标。如果该指标能达到 1∶1，就说明企业用经营活动产生的现金流量来偿还流动负债完全没有问题。

（六）要充分考虑资产负债表日后事项的影响

资产负债表日后事项是指资产负债表日至财务报告批准报出日之间发生的有利或不利事项。资产负债表日后事项包括资产负债表日后调整事项和资产负债表日后非调整事项。调整事项要进行调整的账务处理，同时调整财务报表相关项目的数字。非调整事项的发生不影响资产负债表日企业的财务报表数字，只说明资产负债表日后发生的某些情况。重要的非调整事项可能影响资产负债表日以后的财务状况和经营成果，应当予以适当的披露。

在对企业偿债能力进行分析时必须充分考虑资产负债表日后事项的影响，下面是分析者需要考虑的非调整事项：①资产负债表日后企业发生重大诉讼、仲裁、承诺；②资产负债表日后企业资产价格、税收政策、外汇汇率发生重大变化；③资产负债表日后因自然灾害导致企业资产发生重大损失；④资产负债表日后企业发行股票和债券以及其他巨额举债；⑤资产负债表日后企业资本公积转增资本；⑥资产负债表日后企业发生巨额亏损；⑦资产负债表日后发生企业合并或处置子公司；⑧资产负债表日后，企业利润分配方案中拟分配的以及经审议批准宣告发放的股利或利润。由于上述事项可能会使企业的资产、负债、所有者权益的数额与结构发生重大变化，增强或削弱企业的资本实力和企业再借债能力，对企业的偿债能力带来较大影响，因此在对企业的偿债能力进行分析时必须充分考虑这些非调整事项。

本 章 小 结

流动性是资产的一个重要特征，通常是指企业资产通过经营收入转换为现金的速度或者通过市场交易变现的容易程度。资产流动性的强弱直接影响企业的偿债能力,尤其是短期偿债能力。采用营运资金、流动比率、速动比率、现金比率四个指标可以分析企业的短期偿债能力。但这些指标在计算、分析、评价企业短期偿债能力上已显出诸多缺陷,分析时必须考虑其局限性。长期偿债能力是指企业对债务的承担能力和对偿还债务的保障能力。采用资产负债率、产权比率、所有者权益比率、权益乘数、利息保障倍数五个指标可以分析企业的长期偿债能力,但这些指标同样存在局限性。影响企业偿债能力的因素很多,可能使企业的实际偿债能力高于或低于财务报表中所反映的偿债能力,在偿债能力分析时要充分考虑这些影响因素,尽可能客观地评价企业的偿债能力。

复习思考题

1. 资产的流动性与短期偿债能力之间的关系如何?
2. 短期偿债能力指标分析的重点是什么?
3. 长期偿债能力指标分析的重点是什么?
4. 如何理解影响企业偿债能力的因素?
5. 评价偿债能力应注意的问题有哪些?

第六章

资本结构和资产结构的分析

【学习目标】

本章主要介绍基于资产负债表的资本结构、资产结构及二者匹配关系的分析。通过对本章的学习，了解资本结构的概念，理解影响最佳资本结构的宏观因素和微观因素，了解资产结构的概念、作用和优化的意义，掌握资产结构的具体分析方法，掌握资本结构和资产结构关系配合的几种类型及实际运用。

【关键概念】

资本结构（capital structure）　　资产结构（the structure of asset）　　关系（relationship）

厦门吉比特网络技术股份有限公司的资本结构与资产结构

厦门吉比特网络技术股份有限公司（603444.SH，以下简称厦门吉比特）是一家专业从事网络游戏创意策划、研发制作及商业化运营的国家级重点软件企业，于2017年1月在上海证券交易所主板上市，证券简称为吉比特，证券代码为603444。作为一家网络游戏研发和运营商，公司以提供"原创、精品、绿色"网络游戏为宗旨，致力于塑造内容健康向上、具有较高文化艺术品位与娱乐体验的精品原创网络游戏。公司自2004年成立以来深耕游戏市场，持续投入自主研发业务，拥有强大的自主研发能力，坚持游戏设计及应用创新、技术创新，持续加强研发中台建设。公司遵循"自下而上"，以制作人兴趣和能力驱动创新的研发理念，成功研发出《问道》端游、《问道手游》《一念逍遥》《异化之地》《奇葩战斗家》等多款游戏。雷霆游戏作为公司的自主运营平台，专注于网络游戏的推广和运营，坚持"精品化"路线，重视产品品质及玩家服务，运营的多款游戏获得良好的口碑与较高的人气。截至目前，公司已运营了《问道手游》《一念逍遥》《摩尔庄园》《鬼谷八荒（PC版）》《魔渊之刃》《最强蜗牛（港澳台版）》《不思议迷宫》《异化之地》《奇葩战斗家》等多款游戏。

根据厦门吉比特年报数据显示，2020年12月31该公司资本结构中的各项目都呈上升趋势。总资产规模达到53.88亿元，比2019年增长23.32%，其中流动资产32.56亿元，比2019年增长32.74%，而非流动资产21.31亿元，比2019年仅增长11.26%。公司负债总额为 11.40 亿元，比 2019 年增长 22.09%，其中流动负债 9.72 亿元，比 2019 年增长 21.01%。非流动负债 1.68 亿元，比 2019 年增长 28.77%。股东权益总额 42.48 亿元，与 2015 年相比增长 23.66%。

由上可知，该公司资本结构中的各项目都呈上升趋势，总体来看各项目增长幅度较为均衡，这些究竟说明了什么问题？该公司 2020 年度的资产结构和资本结构的匹配关系究竟属于何种类型？这需要分析该公司年末流动资产、非流动资产的数额与流动负债、非流动负债数额的匹配关系。

（资料来源：根据厦门吉比特网络技术股份有限公司公开披露的年报信息整理而成）

第一节 资本结构的分析

一、资本结构的含义

资本结构有广义概念与狭义概念之分。广义的资本结构是指企业全部资本的构成及其比例关系，全部资本既包括长期资本，也包括短期资本。狭义的资本结构是指企业各种长期资本的构成及其比例关系。本章中分析的主要是广义的资本结构，即除了分析流动负债、非流动负债、所有者权益各项目资本内部构成情况外，还分析债务资本与所有者权益资本的比例变动情况。在我国，由于目前企业的流动负债比例很大，如果单纯从长期资本的角度分析，难以得出正确的结论，因此从广义上理解资本结构的概念更有现实意义。

在分析企业的长期偿债能力时，资本结构问题十分重要，资本结构分析是判断长期偿债能力的一个重要因素。对企业债权人而言，资本结构分析的主要目的是判断自身债权的偿还保证程度，即确认企业能否按期还本付息。对企业投资人而言，资本结构分析的主要目的是判断自身所承担的终极风险与可能获得的财务杠杆利益，以确定投资决策。对企业的经营者来讲，资本结构分析的主要目的是优化资本结构和降低资本成本。

在企业的资金来源中，负债的比重越高，不能如期偿还债务本金、支付债务利息的可能性就越大，财务风险就越大。反之，所有者权益的比重越高，企业的稳定性越强，对债务的保证程度越高，财务风险越低。同时，负债的比重越高，企业的资金成本就越低，收益就越高；相反，所有者权益的比重越高，企业的资金成本就越高，收益就越低。因此，安排最佳的资本结构，就是要权衡负债与所有者权益的风险和成本，找到恰当的均衡点。

二、最佳资本结构的影响因素

一般认为，最佳资本结构的理论标准主要有两个：①不同来源的资金筹集成本和使用成本都较低，综合的加权平均资金成本最低；②股东财富最大，企业市场价值最大。此外，获取资金数量最充足，以确保企业生产经营和发展的需要，以及企业财务风险较小则是评价最佳资本结构的辅助条件。事实上，企业最佳资本结构受多种因素影响。由于企业面临的内外部环境总是不断变化和发展的，同一个企业在不同的资本市场、不同的时期，最佳资本结构的表现都不会相同。影响最佳资本结构的因素通常分为宏观和微观两大方面。

（一）宏观因素

1. 经济周期

在市场经济条件下，任何国家的经济都既不会较长时间地增长，也不会较长时间地衰退，而是在波动中发展的，这种波动大体上呈现出复苏、繁荣、衰退和萧条的阶段性周期循环。一般而言，在经济衰退、萧条阶段，由于整个宏观经济不景气，多数企业经营举步维艰，财务状况常常陷入困境，企业应尽可能压缩负债，甚至采用"零负债"策略。在经济复苏、繁荣阶段，由于经济走出低谷，市场供求趋旺，大部分企业销售顺畅，利润上升，企业应果断增加负债，迅速扩大规模，不能为了保持资本成本最小而放弃良好的发展机遇。

2. 国家各项宏观经济政策

国家通过货币、税收及影响企业发展环境的各种政策来调控宏观经济，也间接影响着企业的资本结构状况。例如，税收政策决定了不同的行业可能施行不同的税率，在某些所得税税率极低的行业，财务杠杆的作用不大，举债筹资带来的减税好处不多，企业的负债资金比重就较小。反之，在某些所得税税率较高的行业，财务杠杆的作用较大，举债筹资带来的减税好处就多，因此这类企业宜选择负债资金比重大的资本结构。

3. 金融市场因素

现代企业筹措资金总与金融市场密不可分，不论是向银行借款，还是发行债券或股票，金融市场的发育程度和运行态势将一定程度制约企业的筹资行为和资本结构。如果一国货币市场相对资本市场来说发达、健全，或是股票市场正处于低迷状况，企业可以适当提高负债的比重，以期达到最佳资本结构。此外，日益发展的金融市场催生了各种新的金融工具，如可转换企业债券，兼具债券和股票双重特性，对最佳资本结构的影响更为复杂。

4. 行业差别因素

不同行业的企业生产经营具有不同的特点，相应的最佳资本结构也有较大差异，主要体现在以下两方面。

①企业所处行业竞争程度不同。一个行业的竞争度越高，企业的数量越多，且进入市场的壁垒越低，则任何一个企业控制行业与市场的能力越弱，其面临的不确定性与市场风险越大，企业所受到的约束也就越强。为了抵御风险，求得稳定发展，这些企业往往采取低负债与高积累的资本结构策略。

②行业生命周期不同。处于不同行业生命周期阶段的企业经营风险等级也不相同，伴随着企业成长周期而发生的信息约束条件、企业规模和资金需求量均是影响企业最佳资本结构的重要因素。

（二）微观因素

1. 企业的资金成本

在市场经济条件下，资金的筹措和使用都不是无偿的。从单个资金成本看，普通股的成本最高，优先股成本次之，债券成本再次之，银行借款成本最低。事实上，企业不可能只依靠单一的资金来源和方式进行融资，而是采用多种筹资方式组合而成，这样，综合资金成本的高低就成为企业进行资本结构决策和选择最佳资本结构的重要因素。

2. 企业的资产结构

企业的资产结构是构成企业全部资产的各个组成部分在全部资产中的比例。不同类型的企业具有不同的资产结构，不同的资产结构会影响融资的渠道和方式，进而形成不同的资本结构。例如，企业持有的资产中固定资产较多，则需考虑固定资产具有投资大、投资回收期长的特点，一般应通过长期借款和发行股票筹集资金。高科技行业的企业负债较少，一般采用股权资本融资方式。

3. 企业的偿债能力

企业要根据自己的偿债能力来决定资本结构中的债务资本比例。如果企业通过流动比率、速动比率、资产负债率、利息保障倍数等指标的分析得知自身偿债能力相当强，则可在资本结构中适当加大负债的比率，以充分发挥财务杠杆作用，增加企业的盈利。相反，如果企业的偿债能力较弱，就不应该过度负债，而应该多考虑采用发行股票等权益性资本的融资方式。

4. 经营风险和财务风险

经营风险是指与企业经营相关的风险，它是由于企业生产经营上的原因而给企业息税前利润带来的不确定性。财务风险只发生在负债企业，就其产生的原因来看分为现金性财务风险和收支性财务风险。当企业负债经营时，不论利润多寡，债务利息总是固定不变的，当利润增加时，每一元利润所负担的利息就会相对地减少，从而使投资者收益有更大幅度的提高；反之亦然。因此，在资本总额、息前税前盈余相同的情况下，负债比例越高，财务杠杆系数越高，财务风险也越大。如果企业同时利用经营杠杆和财务杠杆，则同时存在经营风险和财务风险。

三、资本结构的具体分析

（一）流动负债的分析

对流动负债进行分析时，应考虑以下几个方面：①流动负债组成项目的性质和数额，进而判断企业流动负债的来源渠道及其偿还的紧迫程度；②与企业的经营形势相联系，结合企业的采购政策、付款政策、股利分配政策等分析流动负债占用的合理性；③与企业的流动资产构成及其实现的利润相联系，判断流动负债组成的变化。

1. 流动负债变化的原因

一般情况下，引起企业流动负债变化的原因主要有以下几点。

①流动资金需要。特别是季节性或临时占用流动资金的需要。

②节约利息支出。短期借款的利率通常会低于长期借款和长期债券的利率，企业为节约利息支出，可能会举借短期借款，因而引起流动负债变动。

③增加企业资金弹性。流动负债可以随借随还，有利于企业对资金存量进行调整。

2. 流动负债比较差异分析

流动负债比较差异分析是指选取企业不同时期的流动负债以及其具体项目的数据，分别对比两期的差异额和差异率，根据差异额和差异率的具体情况进行相关分析。

【例 6-1】 根据漳州片仔癀药业股份有限公司 2020 年的资产负债表资料，进行流动负债比较差异分析，计算的各项流动负债的差异如表 6-1 所示。

表 6-1 流动负债比较差异分析表

项目	2020 年年末/元	2020 年年初/元	差异额/元	差异率/%
短期借款	718 384 749	696 847 620	21 537 129	3.09
应付票据	18 519 183	54 500 000	−35 980 817	−66.02
应付账款	222 223 978	206 303 347	15 920 631	7.72
预收款项	3 284 390	201 757 108	−198 472 718	−98.37
合同负债	283 749 743	0	283 749 743	0
应付职工薪酬	87 851 340	100 917 861	−13 066 521	−12.95
应交税费	133 877 871	246 859 717	−112 981 846	−45.77
其他应付款	303 391 592	239 811 361	63 580 231	26.51
其中：应付利息	0	0	0	0
应付股利	5 863 977	841 850	5 022 127	596.56
其他流动负债	29 060 394	0	29 060 394	0
流动负债合计	1 800 343 240	1 746 997 014	53 346 226	3.05

计算表明：该公司 2020 年度的流动负债从年初的 1 746 997 014 元增加到 1 800 343 240 元，增长了 53 346 226 元，涨幅为 3.05%，说明该公司短期偿债压力小幅增加。从各项目的差异额来看，2020 年度内流动负债增长的主要原因是合同负债、其他应付款和其他流动负债的增长。从各项目的差异率看，该公司的短期借款基本保持平稳，只有小幅上涨，应付股利大幅上升，应付票据、预收款项和应交税费呈现出不同幅度的下降，应付账款和应付职工薪酬也有明显变化，要进一步结合该公司的经营状况进行具体分析。

3. 流动负债结构变动分析

流动负债结构变动分析是指选取企业不同时期流动负债的各项目，通过计算构成流动负债的各项目在流动负债中的比重及其变动的差异，根据结构及其变动差异进行相关分析。

【例 6-2】 根据漳州片仔癀药业股份有限公司 2020 年的资产负债表资料，进行流动负债结构变动的分析，计算的流动负债结构及其变动情况如表 6-2 所示。

表 6-2 流动负债结构变动分析表

项目	2020年年末/元	2020年年末比重/%	2020年年初/元	2020年年初比重/%	变动差异/%
短期借款	718 384 749	39.90	696 847 620	39.89	0.01
应付票据	18 519 183	1.03	54 500 000	3.12	−2.09
应付账款	222 223 978	12.34	206 303 347	11.81	0.53
预收款项	3 284 390	0.18	201 757 108	11.55	−11.37
合同负债	283 749 743	15.76	0	0	15.76
应付职工薪酬	87 851 340	4.88	100 917 861	5.78	−0.90
应交税费	133 877 871	7.44	246 859 717	14.13	−6.69
其他应付款	303 391 592	16.85	239 811 361	13.73	3.12
其中：应付利息	0	0	0	0	0
应付股利	5 863 977	0.33	841 850	0.05	0.28
其他流动负债	29 060 394	1.61	0	0	1.61
流动负债合计	1 800 343 240	100.00	1 746 997 014	100.00	

计算表明：该公司 2020 年年末流动负债主要由短期借款、应付账款、合同负债、其他应付款构成，其中短期借款占比 39.90%，应付账款占比 12.34%，合同负债占比 15.76%，其他应付款占比 16.85%；从变动差异上看，该公司流动负债 2020 年年末较年初有些项目占比变动幅度比较大，如合同负债 2020 年年末占比 15.76%，而年初占比为 0，占比上升 15.76%，由于短期借款属于期限较短的强制性债务，短期借款占比基本保持不变，公司的短期还款压力与上年相比基本持恒。此外应付票据占比下降 2.09%，预收款项占比下降 11.37%，应交税费占比下降 6.69%，这些也是占比变动幅度较为明显的项目。

（二）非流动负债的分析

对非流动负债进行分析时，应考虑以下几个方面。

①在非流动负债增长的同时，经济效益和利润明显提高，说明企业负债经营正确，企业财务状况发展良好。

②非流动负债的变化要与流动负债的变化结合起来分析。如果非流动负债增加而流动负债减少，说明企业生产经营资金有长期保证，是扩大业务的好机会。在这种情况下，如果销售收入增长，则表明企业能适时抓住机会，经营有道。

③考察企业非流动负债的关键是借款数量要适度，实现既能利用长期借款弥补资金缺口，获得杠杆效益，又不至于因此而使企业陷入财务困境。

④由于融资租赁对企业用做保证的自有资金的数量要求比长期借款要低，租赁公司承担的风险需要从企业支付较高的费用中补偿，因此，在分析时应特别关注企业运用融资租赁资金来源的风险性和稳定性。

1. 非流动负债变化的原因

一般情况下，引起非流动负债变化的原因主要有以下几点。

①企业对长期资金的需求。相对于股权筹资来说，长期债权筹资具有灵活、快速等特点，因此，当企业需要增加长期投资或长期占用资金时，首选的筹资方式就是债权筹资。

②调整企业资本结构和风险程度。不同的企业资本结构意味着不同的风险与成本的对应关系。随着企业承受风险能力的变化，企业需要通过增减长期负债来调整资本结构和风险程度，进而引起筹资规模的变动。

③银行信贷政策及资金市场的供求状况。一些企业的外部因素也影响着企业长期负债的增减，如银行的信贷政策、资金市场的供求变化、国家货币政策及预期利率的变动等。

2. 非流动负债比较差异分析

非流动负债比较差异分析，同流动负债比较差异分析一样，是将企业不同时期的非流动负债各项目对应比较，计算差异额和差异率来进行具体的分析。

【例6-3】 根据漳州片仔癀药业股份有限公司2020年的资产负债表资料，进行非流动负债比较差异分析，计算的非流动负债比较差异如表6-3所示。

表6-3 非流动负债变动情况分析表

项目	2020年年末/元	2020年年初/元	差异额/元	差异率/%
长期应付款	0	0	0	0
应付债券	0	0	0	0
长期应付职工薪酬	29 424 578	28 955 062	469 516	1.62
递延收益	14 679 999	14 716 604	−36 605	−0.25
递延所得税负债	47 472 688	47 825 529	−352 841	−0.74
其他非流动负债	57 093 678	2 544 669	54 549 009	2143.66
非流动负债合计	148 670 943	94 041 864	54 629 079	58.09

计算表明：该公司2020年年末的非流动负债从年初的94 041 864元上涨为148 670 943元，上涨了54 629 079元，涨幅为58.09%。从差异额看，2020年度内长期应付职工薪酬和其他非流动负债变化数额较大，其中其他非流动负债增加了54 549 009元。从差异率上看，大部分项目保持平稳，其他非流动负债变动幅度较大，增长幅度高达2143.66%，这主要是由于该公司在2020年度内计提了新型冠状病毒肺炎疫情应急储备金所引起的。此外，还应该结合其他的数据，如资产变动状况和销售状况结合，分析该公司非流动负债变动是否合理。

3. 非流动负债结构变动分析

非流动负债结构变动分析，与流动负债结构变动分析相同，是通过计算构成非流动负债的各项目在非流动负债中的比重来分析非流动负债各项目的相对增长速度的差异。

【例6-4】 根据漳州片仔癀药业股份有限公司2020年的资产负债表资料，进行流动负债结构变动的分析，计算的非流动负债结构及其变动情况如表6-4所示。

表 6-4 非流动负债结构变动分析表

项目	2020年末/元	2020年末比重/%	2020年初/元	2020年初比重/%	变动差异/%
长期应付款	0	0	0	0	0
应付债券	0	0	0	0	0
长期应付职工薪酬	29 424 578	19.79	28 955 062	30.79	−11.00
递延收益	14 679 999	9.87	14 716 604	15.65	−5.78
递延所得税负债	47 472 688	31.93	47 825 529	50.86	−18.93
其他非流动负债	57 093 678	38.40	2 544 669	2.71	35.69
非流动负债合计	148 670 943	100.00	94 041 864	100.00	0

计算表明该公司2020年年末非流动负债的主要构成为：长期应付职工薪酬、递延收益，以及递延所得税负债和其他非流动负债。其中长期应付职工薪酬占比19.79%，递延收益占比9.87%，递延所得税负债占比31.93%，其他非流动负债占比38.4%。

从变动差异看，2020年度该公司长期应付职工薪酬、递延所得税负债和其他非流动负债变动幅度较大，其中递延所得税负债年末较年初占比下降18.93%。一方面是由于自身数额的减少；另一方面是由于非流动负债合计数大幅增加，所以递延所得税负债所占比例下降。另外非流动负债合计数额的变化主要是受其他非流动负债和递延所得税负债项目的影响。

（三）所有者权益的分析

所有者权益由实收资本（股本）、资本公积、盈余公积和未分配利润组成。对所有者权益进行分析时，应考虑以下两个方面：分析所有者权益组成项目的性质和数额，判断企业所有者权益的来源渠道；结合企业的发展状况、盈利能力和股利分配政策，判断所有者权益项目结构的变化。

1. 所有者权益变动的原因

一般情况下，引起所有者权益变动的原因主要有以下两种。

①公司股本的变化。股本的变动常因企业增发新股、配股或者资本公积和盈余公积转增资本、派发股票股利而引起。股本变动会使企业所有者权益总额发生变动，而盈余公积和资本公积变动只会引起所有者权益内部结构的变化，其总额保持不变。

②未分配利润的变化。企业未分配利润发生变动取决于企业的生产经营绩效、盈利状况及股利分配政策。

2. 所有者权益比较差异分析

所有者权益比较差异分析就是在不同的时期分析所有者权益的具体项目，进而分析各项所有者权益的形成、近期发生的变化以及这种变化对企业偿债能力造成的影响。

【例6-5】根据片仔癀药业股份有限公司2020年的资产负债表资料，进行所有者权益比较差异分析，计算的所有者权益比较差异如表6-5所示。

表 6-5 所有者权益比较差异分析表

项目	2020 年年末/元	2020 年年初/元	差异额/元	差异率/%
实收资本（或股本）	603 317 210	603 317 210	0	0
资本公积	1 085 464 517	1 084 289 503	1 175 014	0.11
减：库存股	0	0	0	0
其他综合收益	311 574 579	257 501 789	54 072 790	21.00
盈余公积	885 172 456	685 647 531	199 524 925	29.10
未分配利润	4 976 641 262	4 000 594 662	976 046 600	24.40
归属于母公司股东权益合计	7 862 170 024	6 631 350 694	1 230 819 330	18.56
少数股东权益	394 385 507	338 406 820	55 978 687	16.54
所有者权益合计	8 256 555 531	6 969 757 514	1 286 798 017	18.46

计算表明：该公司 2020 年度，所有者权益总额从年初的 6 969 757 514 元增长到年末的 8 256 555 531 元，增长了 1 286 798 017 元，涨幅为 18.46%，说明公司的资本实力有所增强。从差异额看，所有者权益增长的原因是由资本公积、其他综合收益、盈余公积、未分配利润和少数股东权益增长形成的。从差异率看，除实收资本、资本公积和库存股项目几乎没有变动外，归属于母公司所有者权益其他项目都有比较大的变动，其中其他综合收益上升 21%，盈余公积上升了 29.1%，未分配利润上升了 24.4%。公司本期收购控股子公司片仔癀（漳州）医药有限公司少数股东的股权，支付的投资款与按收购股权比例计算应享有子公司合并日开始持续计算的净资产份额差额增加资本公积 1 175 013.96 元，取整即为表 6-5 中的 1 175 014 元。

3. 所有者权益结构变动分析

所有者权益项目结构变动分析，与流动负债和非流动负债结构变动分析一样，是在不同时期通过计算构成所有者权益的各项目在所有者权益所占的比重，来分析说明企业所有者权益结构及其增减变动的情况。

【例 6-6】 根据漳州片仔癀药业股份有限公司 2020 年的资产负债表资料，进行所有者权益结构变动的分析，计算的所有者权益结构及其变动情况如表 6-6 所示。

表 6-6 所有者权益结构变动分析表

项目	2020 年年末/元	2020 年年末比重/%	2020 年年初/元	2020 年年初比重/%	变动差异/%
实收资本（或股本）	603 317 210	7.31	603 317 210	8.66	−1.35
资本公积	1 085 464 517	13.15	1 084 289 503	15.56	−2.41
减：库存股	0	0	0	0	0
其他综合收益	311 574 579	3.77	257 501 789	3.69	0.08
盈余公积	885 172 456	10.72	685 647 531	9.84	0.88
未分配利润	4 976 641 262	60.28	4 000 594 662	57.40	2.88
归属于母公司股东权益合计	7 862 170 024	95.22	6 631 350 694	95.14	0.08
少数股东权益	394 385 507	4.78	338 406 820	4.86	−0.08
所有者权益合计	8 256 555 531	100.00	6 969 757 514	100.00	0

计算表明：该公司 2020 年年末所有者权益主要构成为股本、资本公积、盈余公积及未分配利润，其中未分配利润占比最大为 60.28%；资本公积次之，占比为 13.15%。从差异率看，盈余公积和未分配利润占比小幅上升说明了该公司所有者权益的质量得到提高，对该公司抗风险和偿债能力的提高起到积极作用。

（四）资本结构变动分析

1. 总负债结构变动分析

总负债结构变动分析是指通过比较不同时期的流动负债和非流动负债的结构变动情况，分析企业偿债能力的变化以及从整体上看，企业目前对流动负债和非流动负债的依赖情况。

【例 6-7】 根据漳州片仔癀药业股份有限公司 2020 年的资产负债表资料，进行总负债结构变动的分析，计算的总负债结构及其变动情况如表 6-7 所示。

表 6-7 总负债结构变动分析表

项目	2020 年年末/元	2020 年年末比重/%	2020 年年初/元	2020 年年初比重/%	变动差异/%
流动负债	1 800 343 240	92.37	1 746 997 014	94.89	−2.52
非流动负债	148 670 943	7.63	94 041 863	5.11	2.52
负债合计	1 949 014 183	100.00	1 841 038 877	100.00	0

计算表明：2020 年年末，该公司总负债从年初的 1 841 038 877 元增加到年末的 1 949 014 183 元，总负债总额变动较大。另外，流动负债占总负债 92.37%，与 2020 年年初相比流动负债占比下降 2.52%，而非流动负债与 2020 年年初相比占比上升了 2.52%，这说明该公司面临的长期偿债压力和财务风险有一定程度的上升。

2. 负债与所有者权益结构变动分析

负债与所有者权益结构变动分析是指通过比较不同时期的负债与所有者权益的结构变动情况，分析企业资本结构的变化。

【例 6-8】 根据漳州片仔癀药业股份有限公司 2020 年的资产负债表资料，进行负债与所有者权益结构变动的分析，计算的负债与所有者权益结构变动情况如表 6-8 所示。

表 6-8 负债及所有者权益结构变动分析表

项目	2020 年年末/元	2020 年年末比重/%	2020 年年初/元	2020 年年初比重/%	变动差异/%
负债	1 949 014 183	19.10	1 841 038 877	20.90	−1.80
所有者权益	8 256 555 531	80.90	6 969 757 514	79.10	1.80
负债和所有者权益合计	10 205 569 714	100.00	8 810 796 391	100.00	0

计算表明：2020 年年末该公司负债从年初的 1 841 038 877 元上升到年末 1 949 014 183 元，所有者权益总额从年初的 6 969 757 514 元上升到年末的 8 256 555 531 元，由于负债绝对数的增加小于所有者权益绝对数的增加，表现为负债占比下降 1.8%，说明该公司偿

债压力比去年年初有所减小。

综合以上对漳州片仔癀药业股份有限公司 2020 年度资产负债表关于资本结构的分析，可以知道其资本结构中的负债和所有者权益都有所增长。虽然流动负债下降 2.52%，非流动负债有所上升 2.52%，但因非流动负债增加的绝对数大于流动负债减少的绝对数，所以总体来说负债总额和 2020 年年初相比仍然增加。所有者权益增长 1.8%，主要来自于其他综合收益和留存收益的增加。尽管该公司 2020 年年末的总负债水平比年初略微下降，但结合第五章中对该公司流动性与偿债能力指标分析情况来看，该公司负债水平较低，整体偿债能力极强。至于判断该公司的资本结构是否属于最佳资本结构，还需进一步计算该公司综合的加权平均资金成本，考察该公司的股东财富或是公司市场价值是否达到最大。

第二节 资产结构的分析

一、资产结构的含义

（一）资产结构的基本特征

所谓资产结构，是指企业各项资产之间的比例关系或各项资产占总资产的比重，如流动资产、长期股权投资、固定资产、无形资产等项目之间的比例关系，或各项目占总资产的比重。资产结构具有以下基本特征。

1. 整体性和封闭性

企业各种类型的资产都是企业资产总额中的有机组成部分，各类资产作为资产总额的构成要素，既具有独自的特定功能，又相互依存、相互制约。资产结构是一种封闭结构，表明在资产总额确定的前提下，各类资产所占比重之和恒等于 1。这一特征不会因资产总额的增加或减少而变化。

2. 动态性和层次性

资产结构是一种动态结构，即不同资产的结构比例不是固定的，而是不断变化的。同一类资产在不同时点、不同时期占总资产的比例总是变化的。资产结构的层次性表现在资产总额可划分为若干大类，每一大类下又可分为若干小类或项目。比如，资产总额划分为流动资产和非流动资产两大类，而流动资产又可划分为货币性流动资产与非货币性流动资产等。

（二）不同资产结构下的收益与风险水平

由于流动资产和非流动资产具有不同的特征，二者在资产盈利能力和风险上存在差别。企业流动资产较少，意味着企业将较大份额资金运用到盈利能力较高的非流动资产上，从而使企业整体盈利水平上升。企业的流动资产越少，则到期无力偿债的危险性也越大。根据资产负债表中流动资产与非流动资产的比例关系，资产结构可分为保守型资产结构、风险型资产结构、中庸型资产结构三种资产结构，形成不同的收益与风险水平。

1. 保守型资产结构的收益与风险水平

保守型资产结构中流动资产占总资产的比重偏大。因资产流动性较好，从而降低了企业的风险，但因为收益水平较高的非流动资产比重较小，企业的盈利水平降低了。因此，企业的风险和收益水平都较低。

2. 风险型资产结构的收益与风险水平

风险型资产结构中流动资产占总资产的比重偏小。因资产流动性和变现能力较弱，从而提高了企业的风险，但因为收益水平较高的非流动资产比重较大，企业的盈利水平提高了。因此，企业的风险和收益水平都较高。

3. 中庸型资产结构的收益与风险水平

中庸型资产结构介于保守型和风险型之间。该结构反映企业资产流动性、盈利水平和风险程度都比较适中。

二、资产结构反映的信息

（一）企业风险水平

流动资产能在短期内完成周转，实现其价值，企业对其预测往往较容易且准确，所以这类资产的经营风险相对较小。固定资产则需要在较长时期内周转才能实现其价值，在这一较长时期内，市场变幻莫测，企业进行市场预测往往较困难且不准确，因此这类资产的经营风险相对较大。使用寿命有限的无形资产无论企业是否盈利，它的价值转移和成本摊销都照样发生，作为一种固定的费用，其经营风险比实物资产更大。综上可知，分析企业的资产结构有助于了解企业的风险水平。

（二）企业收益状况

企业资产对收益形成的影响有三种不同类型。①直接形成企业收益的资产。②对企业一定时期的收益不产生影响的资产。③抵扣企业一定时期收益的资产。因此，从这个角度来说，分析该企业的资产结构，就可大体推断出企业当期或以后时期收益形成的情况。

（三）企业资产的流动性

在正常情况下，企业的流动资产比非流动资产的流动性强，货币资产、金融资产比非货币资产、实物资产的流动性强。资产的流动性与资产的风险性及收益性均具有密切的联系。整体而言，流动性大的资产风险相对较小，收益相对较高；反之，则风险较高，收益较低。可见，企业资产结构不同对企业资产的流动性影响不一样，进而对企业的风险和收益也有不同影响。

（四）企业资产的弹性

资产弹性是指资产占用总量和结构能够随时调整的可能性。由于市场的波动和季节性转换，企业的资产占用总量和结构也应做相应调整，而这种调整必须建立在资产弹性的基础上。资产结构对资产弹性具有很大的影响。企业资产中固定资产所占比重越大，随时调整其占用量与结构的难度便越大，资产弹性越小。反之，企业资产中金融资产所占比重越大，则资产占用总量和资产结构的调整难度越小，资产弹性越大。如果企业的资产结构缺乏弹性，则企业资产的内部结构难以随时进行适当调整，企业还将面临难以满足临时支付的需要，以至带来不能及时偿付的风险。但如果企业的资产弹性过大，企业没有投入生产经营的资产，就会丧失大量的周转利益，使企业产生巨大的机会成本。

三、优化资产结构的意义

对于企业来说，拥有多少资产也就意味着进行了多大规模的投资，资产规模作为一个存量概念，它在一定程度上表明企业的实力，但资产的组合即资产结构决定了企业如何利用这些存量资产发挥出最大的效益。合理的资产配置比拥有多大规模的资产更为关键，因为它关系到企业如何运用这些已拥有的资产。因此，优化资产结构，首先是保证企业生产经营顺利进行的前提。其次是优化资产结构可以促进企业提高资金效率，为创造更多的盈利提供条件。最后是优化资产结构可以使资产的获利能力和偿债能力达到最佳点，即使企业有足够的流动资产作为偿债的物质保证，又避免过多地占用流动资产影响企业的获利能力。

（一）影响资产结构优化的因素

1. 内部因素

（1）经营管理水平

经营管理水平高的企业抵抗风险的能力较强，一般会采用具有高风险、高收益的风险型资产结构。相反，经营管理水平低的企业承受风险能力较差，一般采用低风险、低收益的保守型资产结构。

（2）风险偏好

在负债规模相同的情况下，为保证债务契约的履行，风险回避型企业倾向保留更多的流动资产用于满足债务需求，使资产结构保持流动性，而风险追求型企业则可能保留较少的流动资金来满足偿债要求，使资产结构保持盈利性。

（3）资本结构

在企业资本总额一定的情况下，如果短期举债增多，企业会面对在短时间内偿还本金及利息的压力，财务风险增大，企业就会留存大量偿债能力较强的流动资产，以保证短期债务的偿还。

（4）盈利状况

当企业盈利能力强、销售顺畅时，企业资金周转速度很快，流动资产的数量会相对减少，比重相对下降。同时，企业销售规模不断上升，并带动生产规模的上升，从而使得企业固定资产规模不断扩大，比重相对上升。换言之，如果企业能够相应的提高流动资产周转率,则流动资产的投资不需要按比例增加,从而使得流动资产与非流动资产之间的比率变小。

(5)企业规模

多数情况下,规模较大、自有资本实力雄厚、与银行保持着良好的长期信贷关系且经营状况良好的企业,流动资产的比重要小一些。在我国,企业资产规模越大,就越有可能利用资产的规模效应,扩大生产能力,从而使公司的长期资产投资增多。

知识链接 6-1

风 险 偏 好

风险偏好(risk appetite),是指为了实现目标,企业或个体投资者在承担风险的种类、大小等方面的基本态度。风险就是一种不确定性,投资实体面对这种不确定性所表现出的态度、倾向便是其风险偏好的具体体现。风险偏好的概念是建立在风险容忍度概念基础上的。不同的行为者对风险的态度是存在差异的,一部分人可能喜欢大得大失的刺激,另一部分人则可能更愿意"求稳"。根据投资体对风险的偏好可将其分为风险回避者、风险追求者和风险中立者。

(1)风险回避者。风险回避者选择资产的态度是:当预期收益率相同时,偏好于具有低风险的资产;对于具有同样风险的资产,则钟情于具有高预期收益率的资产。

(2)风险追求者。与风险回避者恰恰相反,风险追求者通常主动追求风险,喜欢收益的动荡胜于喜欢收益的稳定。他们选择资产的原则是:当预期收益相同时,选择风险大的,因为这会给他们带来更大的效用。

(3)风险中立者。风险中立者通常既不回避风险,也不主动追求风险。他们选择资产的惟一标准是预期收益的大小,而不管风险状况如何。

---

2. 外部因素

(1)行业特征

行业特征是影响企业资产结构的关键外部因素,是企业所在行业对企业经济行为或资源配置的综合要求。企业所处行业不同,资产构成往往存在重大差异,因而可以从行业性质对企业资产结构进行剖析。例如处于制造行业的企业,主要通过降低产品成本获取利润,通过扩大生产规模获得规模经济,以成本优势来获取盈利。

(2)经济波动

长期来看,经济发展都会有波动,企业资产结构必然会受到影响。经济出现衰退的情况下,企业销售下降,进而生产和采购减少,整个循环中的资产减少,企业会产生过剩的货币资产。如果企业预知不景气的时间很长,还会推迟固定资产的重置,折旧积存的现金会增加。所以,在经济收缩期,企业流动资产会大量增加。反之,经济繁荣时期,企业对未来充满信心,会加大对内投资和对外投资的力度,无疑会大大增加企业的非流动资产。

（二）优化资产结构的原则

1. 充分考虑企业的风险与报酬

资产的流动性越大，风险水平越低，相应的盈利能力也越低；反之，资产的流动性越小，风险越高，相应的盈利能力也越高。因此，企业将资金投放于不同的资产会产生不同的盈利能力和风险水平，在进行资产组合时，应对风险与报酬进行全面综合的考虑。

2. 考虑行业特点

不同的行业，其流动资产和非流动资产的构成以及流动资产与非流动资产内部的构成必然会有差异。例如制造业、零售业、建筑业或是服务业，其内部流动资产和非流动资产的构成往往有很大的差异，带有明显的行业特点。因此，企业在进行资产组合时，还应充分考虑本行业的经营特点，不能一概而论。

3. 考虑不同企业的经营规模

企业的经营规模也常成为影响资产组合的一个重要因素。一般来说，随着生产经营规模的扩大，流动资产的比重会相对下降。

4. 考虑利率因素的影响

通常情况下，当利率上升时，企业为减少利息支出应尽量控制对流动资产的投资，降低流动资产在全部资产中占的比重。当利率下降时，企业则可适当放宽对流动资产的投资，以提高总资产的流动性，降低风险。

四、资产结构的具体分析

（一）流动资产的分析

1. 流动资产项目变动的原因

一般情况下，引起流动资产主要项目变动的情况包括以下几种。

（1）货币资金的余缺

货币资金不足可能是因为销售收入、应收账款等未能及时收回，或者企业资金的调度不合理。货币资金多余则可能是未按时上缴各种税费，或是企业有多余的资金未能合理利用。

（2）应收账款的增减

宽松的企业信用政策和销售规模的扩大会使应收账款增加，而企业较高的管理水平会加速应收账款的周转，将因此造成损失的可能性降低。另外，企业及时对坏账进行处理，也会相应减少应收账款的数量。

（3）存货的增减

企业扩大生产规模或是销售不畅时，存货项目都会明显增长；如果存货处于下降趋势，说明企业可能正在调整经营策略。

2. 流动资产比较差异分析

流动资产比较差异分析，就是把不同时期流动资产各项目的数额进行对比，计算出差异额和差异率，分析流动资产具体项目增减变化的合理性。

【例 6-9】 根据漳州片仔癀药业股份有限公司 2020 年的资产负债表资料，进行流动资产比较差异分析，计算的各项流动资产的差异如表 6-9 所示。

表 6-9 流动资产比较差异分析表

项目	2020 年年末/元	2020 年年初/元	差异额/元	差异率/%
货币资金	5 168 461 764	4 263 374 136	905 087 628	21.23
交易性金融资产	13 366	19 217	−5 851	−30.45
应收票据	40 290 163	10 592 586	29 697 577	280.36
应收账款	509 476 864	469 873 994	39 602 870	8.43
应收款项融资	24 576 075	6 460 909	18 115 166	280.38
预付款项	165 176 930	189 190 517	−24 013 587	−12.69
其他应收款	70 109 709	204 253 226	−134 143 517	−65.68
存货	2 190 938 901	2 096 988 370	93 950 531	4.48
其他流动资产	126 998 447	111 546 959	15 451 488	13.85
流动资产合计	8 296 042 219	7 352 299 914①	943 742 305	12.84

计算表明：该公司流动资产从 2020 年年初的 7 352 299 914 元增长到年末的 8 296 042 219 元，增加了 943 742 305 元，涨幅为 12.84%。从差异率可以看出，导致资产总额增长的主要原因是货币资金、应收票据、应收款项融资和其他流动资产的上升，其中货币资金上升了 21.23%，应收票据上升了 280.36%，应收款项融资上升了 280.38%，其他流动资产上升 13.85%；下降幅度较大的为其他应收款，下降了 65.68%。而从差异额看，货币资金大幅增加，在很大程度上提高了流动资产的流动性，但不容忽视的是，流动资产中质量不太高的应收账款、存货、其他流动资产三者的总额也在增加，且其绝对数的增长小于货币资金的。故总体上看该公司 2020 年度内的流动性有所增强。

3. 流动资产结构变动分析

流动资产结构变动分析是指在不同时期的流动资产基础上，通过计算构成流动资产的各项目在流动资产中的比重，来分析流动资产各项目相对增长速度的差异，进而分析流动资产的内部结构变动原因及其对企业短期偿债能力的影响。

【例 6-10】 根据漳州片仔癀药业股份有限公司 2020 年的资产负债表资料，进行流动资产结构变动的分析，计算的流动资产结构及其变动情况如表 6-10 所示。

计算表明：该公司 2020 年年末，流动资产的主要构成为货币资金、应收账款、预付款项和存货。其中货币资金占比 62.3%，应收账款占比 6.14%，预付款项占比 1.99%，存货占比 26.41%。货币资金和存货合计占流动资产很大一部分，共计 88.71%，特别是货币资金占比为 62.3%，其流动性最强，表明该公司偿债能力极强。

---

① 由于报表项目的数据均取整至元，合计数产生的尾差不属计算错误。

表 6-10　流动资产结构变动分析表

项目	2020 年末/元	2020 年末比重/%	2020 年初/元	2020 年初比重/%	变动差异/%
货币资金	5 168 461 764	62.30	4 263 374 136	57.99	4.31
交易性金融资产	13 366	0	19 217	0	0
应收票据	40 290 163	0.49	10 592 586	0.14	0.34
应收账款	509 476 864	6.14	469 873 994	6.39	−0.25
应收款项融资	24 576 075	0.30	6 460 909	0.09	0.21
预付款项	165 176 930	1.99	189 190 517	2.57	−0.58
其他应收款	70 109 709	0.85	204 253 226	2.78	−1.93
存货	2 190 938 901	26.41	2 096 988 370	28.52	−2.11
其他流动资产	126 998 447	1.53	111 546 959	1.52	0.01
流动资产合计	8 296 042 219	100.00	7 352 299 914①	100.00	0

2020 年度内，流动资产年末各组成部分变动较年初差异不大，其中货币资金占比上升 4.31%，存货占比下降 2.11%，流动资产结构变动对该公司短期偿债能力的提高有一定帮助。

（二）非流动资产的分析

1. 非流动资产项目变动的原因

一般情况下，引起非流动资产主要项目变动的情况包括以下几种。

①长期股权投资。企业对一个新的项目进行投资或者对原投资项目追加投资企业长期股权投资核算所采用的会计方法改变，以及被投资单位生产经营业绩和股利分配政策等都会引起长期股权投资的增减变化。

②固定资。企业的生产经营决策、现有固定资产的使用情况、折旧和减值都可能使固定资产增加或减少。

③无形资产。无形资产增加的主要原因有投资者投入无形资产、企业外购无形资产及接受无形资产等。无形资产减少的主要原因有企业对外投资转出无形资产以及无形资产摊销和减值。

2. 非流动资产比较差异分析表

非流动资产比较差异分析就是把不同时期非流动资产各项目的数额进行对比，计算出差异额和差异率，分析非流动资产具体项目增减变化的合理性。

【例 6-11】根据漳州片仔癀药业股份有限公司 2020 年的资产负债表资料，进行非流动资产比较差异分析，计算的非流动负债比较差异如表 6-11 所示。

计算表明：该公司 2020 年度内，非流动资产从年初的 1 458 496 474 元上升为 1 909 527 495 元，上升了 451 031 021 元，上升幅度为 30.92%，有较大的增长幅度。从差异额上看，非流动资产增加的主要原因是其他非流动金融资产、固定资产、无形资产和

---

① 由于报表项目的数据均取整至元，合计数产生的尾差不属计算错误。

其他非流动资产增长的绝对数值较大。从差异率看，非流动资产各组成部分出现了比较大的变化，其中较为明显的有其他非流动资产，差异率为2190.04%，在建工程差异率为 −90.8%，无形资产差异率为 66.63%，长期待摊费用差异率为 50.54%，上述变化可能与该公司的经营策略相关。

表 6-11 非流动资产比较差异分析表

项目	2020年年末/元	2020年年初/元	差异额/元	差异率/%
长期股权投资	481 200 023	474 649 828	6 550 195	1.38
其他权益工具投资	437 351 347	421 547 831	15 803 516	3.75
其他非流动金融资产	60 650 458	0	60 650 458	0
投资性房地产	28 698 401	34 062 367	−5 363 966	−15.75
固定资产净额	260 728 589	229 592 875	31 135 714	13.56
在建工程	1 025 917	11 156 864	−10 130 947	−90.80
生产性生物资产	13 207 853	12 648 279	559 574	4.42
无形资产	259 378 767	155 664 275	103 714 492	66.63
长期待摊费用	49 415 901	32 826 255	16 589 646	50.54
递延所得税资产	85 409 783	76 196 973	9 212 810	12.09
其他非流动资产	232 460 456	10 150 927	222 309 529	2190.04
非流动资产合计	1 909 527 495	1 458 496 474	451 031 021	30.92

3. 非流动资产结构变动分析

非流动资产结构变动分析是通过计算构成流动资产的各项目在非流动资产中的比重，来分析非流动资产各项目相对增长速度的差异，进而分析非流动资产的内部结构变动原因。

【例 6-12】根据漳州片仔癀药业股份有限公司 2020 年的资产负债表资料，进行流动负债结构变动的分析，计算的非流动负债结构及其变动情况如表 6-12 所示。

表 6-12 非流动资产结构变动分析表

项目	2020年年末/元	2020年年末比重/%	2020年年初/元	2020年年初比重/%	变动差异/%
长期股权投资	481 200 023	25.20	474 649 828	32.54	−7.34
其他权益工具投资	437 351 347	22.90	421 547 831	28.90	−6.00
其他非流动金融资产	60 650 458	3.18	0	0	3.18
投资性房地产	28 698 401	1.50	34 062 367	2.34	−0.83
固定资产净额	260 728 589	13.65	229 592 875	15.74	−2.09
在建工程	1 025 917	0.05	11 156 864	0.76	−0.71
生产性生物资产	13 207 853	0.69	12 648 279	0.87	−0.18
无形资产	259 378 767	13.58	155 664 275	10.67	2.91
长期待摊费用	49 415 901	2.59	32 826 255	2.25	0.34
递延所得税资产	85 409 783	4.47	76 196 973	5.22	−0.75
其他非流动资产	232 460 456	12.17	10 150 927	0.70	11.48
非流动资产合计	1 909 527 495	100.00	1 458 496 474	100.00	0

计算表明：2020 年年末，该公司非流动资产主要构成包括长期股权投资占比 25.20%，其他权益工具投资占比 22.90%，固定资产净额占比 13.65%，无形资产占比 13.58%。从差异率上看，差异率变化幅度最大为其他非流动资产，增长了 11.48%，长期股权投资下降了 7.34%，其他权益工具投资下降了 6.00%，其他非流动金融资产上升了 3.18%，无形资产上升了 2.91%。说明该公司减少了对长期股权投资、其他权益工具投资的投资力度，同时加大了对无形资产和其他非流动资产的投资。

（三）总资产结构变动的分析

总资产结构变动分析是通过计算流动资产和非流动资产在资产中的比重，来分析流动资产与非流动资产相对增长速度的差异，进而分析资产结构变动对资产流动性的影响。

【例 6-13】根据漳州片仔癀药业股份有限公司 2020 年的资产负债表资料，进行总资产结构变动的分析，计算的总资产结构及其变动情况如表 6-13 所示。

表 6-13　总资产结构变动分析表

项目	2020 年年末	2020 年年末比重（%）	2020 年年初	2020 年年初比重（%）	差异（%）
流动资产	8 296 042 219	81.29	7 352 299 914	83.45	-2.16
非流动资产	1 909 527 495	18.71	1 458 496 474	16.55	2.16
资产合计	10 205 569 714	100.00	8 810 796 388[①]	100.00	0

计算表明：2020 年年末，该公司流动资产占比 81.29%，非流动资产占比 18.71%，年末与年初相比变化不大。从差异率上看，资产各组成部分变化幅度不大，其中流动资产占比下降了 2.16%，非流动资产占比增长了 2.16%，说明该公司资产流动性略有降低，但总体来说影响不大。

综合以上分析可知，2020 年漳州片仔癀药业股份有限公司的流动资产和非流动资产都呈上升趋势，导致总资产增加，说明该公司目前的经营状况良好，偿债能力较强。从具体项目分析中得知，该公司流动资产中的货币资金、应收票据、应收账款、存货的绝对数值都增长较快，同时非流动资产中的其他非流动资产、无形资产、长期待摊费用、固定资产也都呈现较大的涨幅，说明该公司目前的经营情况良好，正在加大对外投资的规模。

第三节　资本结构和资产结构关系的分析

企业的资本和资产分别代表企业资源的来源和运用。资源的来源和运用不仅在金额上恒等，在期限上也应该相匹配，只有这样才能达到真正的平衡。对资本结构和资产结构的匹配性研究，主要是对企业长期、短期资金结构与资产匹配关系进行研究，并通过对匹配关系的分析，达到揭示企业风险状况的目的。因此，企业在安排资产结构时，不仅要考虑资产结构对企业资产流动性、风险和收益的影响，以及行业、规模等影响资产结构的因素，还应该将资产结构和资本结构结合起来，使其在期限上相互匹配。一般来

---

① 由于报表项目的数据均取整至元，合计数产生的尾差不属计算错误。

说，资本结构和资产结构的匹配关系有以下几种类型。

一、保守型结构

（一）保守型结构特征

保守型结构是指企业在资本结构安排中，主要采取权益资本融资，且在债务资本融资中又以长期债务为主。在这种资本结构下，企业的流动资产大大超过非流动资产，且对流动负债的依赖性很低，从而减轻了短期偿债的压力，但实务中这种结构较少被企业使用。保守型结构见图6-1。

图6-1　保守型结构

（二）保守型结构的风险与收益

（1）企业偿债风险极低

只要企业的生产经营活动没有过高的风险，其偿债风险就极低。因此，即使提高非流动资产的比例，资产风险加大，两方面综合起来，较大的资产风险会被极小的偿债风险中和，从而使企业总体风险水平降低，不至于导致企业通过清算资产偿还到期债务。

（2）资金成本较高

相对于其他结构形式，这一形式的资金成本较高，因为权益资本和长期债务的融资成本都较高。

（3）筹资结构弹性弱

一旦企业进入用资淡季，对资金存量就不易做出调整。尽管企业可以通过将闲置资金投资于证券市场获取收益，但这种投资的收益也不一定能弥补相应的高成本。

二、稳健型结构

（一）稳健型结构的特征

稳健型结构是指企业在资本结构安排中，采取非流动资产的资金需要依靠长期资本来解决，流动资产的资金需要则依靠流动负债和非流动负债共同解决。在这种资本结构下，企业的融资风险、融资成本和收益水平都是处于中等水平，这是一种能为大多数企业普遍采用的资产与权益对称结构。稳健型结构见图6-2。

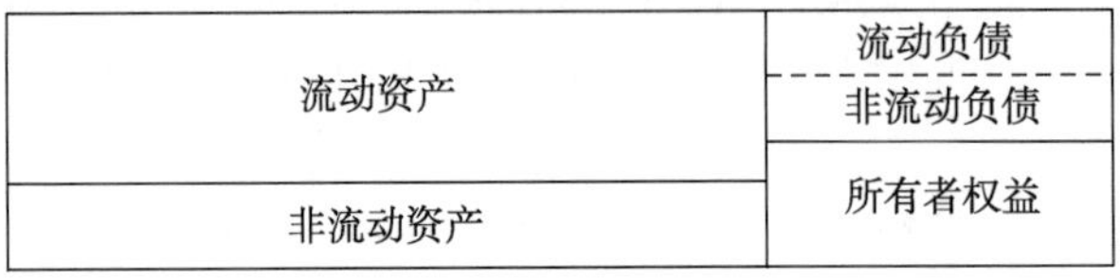

图6-2　稳健型结构

（二）稳健型结构的风险与收益

（1）企业偿债风险较小

稳健型结构使企业保持优异的财务信誉，能够通过流动资产的变现满足偿还流动负债的需要。

（2）资金成本较低且具有可调性

企业可以通过调整流动负债与非流动负债的比例，使负债成本达到企业目标要求。

（3）弹性强

无论是资产结构还是资本结构，都具有一定的弹性，特别是当流动资产需要减少时，企业可通过偿还流动债务来调整。一旦流动资产的需要再次产生时，企业又可以通过重新举借流动负债来满足。

三、平衡型结构

（一）平衡型结构的特征

平衡型结构是指企业在资本结构安排中，采取以流动负债来满足全部流动资产的资金需要，以非流动负债以及所有者权益来满足非流动资产的资金需要，同时，非流动负债和所有者权益之间的比率不影响判断这一结构。在这种资本结构下，企业的融资风险、融资成本和收益水平都高于稳健型结构，因此这种结构只适用于经营状况良好，且具有较好成长性的公司。平衡型结构见图6-3。

流动资产	流动负债
非流动资产	非流动负债 所有者权益

图 6-3　平衡型结构

（二）平衡型结构的风险与收益

（1）企业偿债风险偏高

企业的流动资产对应所有的流动负债的比例是1∶1，一旦两者出现时间上的差异或数量上的差异，如营业收入未能按期取得现金、应收账款没能足额收回等，就会使企业面临资金周转困难，并有可能陷入财务危机。

（2）资产结构制约负债成本

负债政策要依据资产结构变化进行调整，如果流动资产增加，就需要同时增加流动负债，因此，与其说负债结构制约负债成本，不如说资产结构制约负债成本。

四、风险型结构

（一）风险型结构的特征

风险型结构是指企业在资本结构安排中，采取不仅用流动负债满足全部流动资产的资金需要,还用于满足部分非流动资产的资金需要。在这种资本结构下,企业偿债风险很大,但融资成本相对较低。这一结构只适用于处在发展壮大时期的企业,而且只能在短期内采用。风险型结构见图6-4。

图6-4　风险型结构

(二)风险型结构的风险与收益

(1)财务风险较大

较高的资产风险与较高的筹资风险不能匹配。流动负债和非流动资产在流动性上并不对称,如果通过非流动资产的变现来偿还短期内到期的债务,必然给企业带来巨大的偿债压力。

(2)融资成本较低

相对于其他结构而言,风险型结构中流动负债所占比例较高,相应地降低了企业融资成本。

(3)企业存在破产的潜在危险

由于企业时刻面临偿债压力,一旦市场发生变动或意外事件发生,就可能引发企业的经营风险,使企业因资金周转不灵而陷入财务困境,造成企业因不能偿还到期债务而破产清算。

【例6-13】根据漳州片仔癀药业股份有限公司2020年的资产负债表资料,以及前述相关分析,进行资本结构和资产结构匹配关系的分析如表6-14所示。

表6-14　资产、负债、所有者权益金额一览表　　　　　　　　　　　单位:元

项　目	2020年年末	2020年年初
流动资产合计	8 296 042 219	7 352 299 914
非流动资产合计	1 909 527 495	1 458 496 474
流动负债合计	1 800 343 240	1 746 997 014
非流动负债合计	148 670 943	94 041 863
所有者权益合计	8 256 555 531	6 969 757 514

根据前述分析可知,该公司2020年年末的资产结构和资本结构的匹配关系是典型的稳健型结构。理由是,从2020年年末看,该公司年末流动资产的总额为8 296 042 219元,远大于流动负债与非流动负债的总额1 949 014 183元,流动资产的资金需要依靠负债和部分长期资本共同解决。同时,该公司非流动资产的总额为1 909 527 495元,所有者权益的数额为8 256 555 531元,非流动资产的资金需要依靠长期资本来解决。

稳健型结构是大多数企业普遍采用的资产与权益对称结构,在这种资本结构下,企业的融资风险、融资成本和收益水平都是处于中等水平。

本 章 小 结

广义的资本结构分析，除了分析流动负债、非流动负债、所有者权益各项目资本内部构成情况外，还分析债务资本与所有者权益资本的比例变动情况。最佳资本结构应是资金成本最低且财务风险最小的资本结构，但事实上，这种资本结构是不存在的。资本结构的分析将分别按照流动负债、非流动负债、所有者权益进行比较差异分析和结构变动分析，以及总负债结构变动分析和负债与所有者权益结构变动分析。资产结构是指企业资产各项资产之间的比例关系，以及各项资产占总资产的比重。资产结构对企业经营具有非常重要的作用，保持良好的资产结构可以使企业有足够的流动资产作为偿债的物质保证，同时避免过多地占用流动资产影响企业的获利能力。企业资产变动分析和结构分析的目的是通过了解资产规模、资产结构以及其他方面的相关因素的评价来判断这些变化对企业是有利还是不利。对资本结构和资产结构的匹配性研究，主要是对企业长期、短期资本结构与资产匹配关系进行研究，以达到揭示企业风险状况的目的。

复习思考题

1. 资本结构的含义是什么？影响企业最佳资本结构的因素有哪些？
2. 资本结构理论的发展经历了那些阶段？
3. 如何进行企业的资本结构分析？
4. 如何进行企业的资产结构分析？
5. 如何理解资本结构和资产结构的匹配性？

第七章

盈利能力与质量的分析

【学习目标】

本章主要介绍以利润表和现金流量表等为中心的盈利能力与质量的分析。通过对本章的学习,能从经营盈利能力、资产盈利能力、资本盈利能力三个不同的角度理解与分析盈利能力,明晰反映盈利能力的各项指标的含义,理解与掌握理解资产运营能力的分析,理解盈利质量及其基本特征,掌握盈利质量分析的方法。

【关键概念】

盈利能力(profitability) 运营能力(operation capability)
盈利质量(quality of earnings) 基本每股收益(basic earning per share)
稀释每股收益(dilute earning per share) 市盈率(price earning radio,PE)

存货计提存疑遭深交所问询 三木集团房地产业务高企如何转型

为应对房地产业务压力,立足于福建省的福建三木集团股份有限公司(以下简称三木集团)目前力求实现多种经营,投资、物管、进出口为其发力之处。但值得注意的是,当下三木集团在一定程度上面临着消化库存的压力、现金减少、负债攀升等令三木集团偿债能力问题凸显,而其存货计提减值相关问题,还遭深交所问询。此外,其他业态相对公司房地产业务的占比,以及未来成长性如何等问题,仍令投资者关心。

存货高企,遭遇问询

三木集团成立于1984年,于1996年在深交所上市。目前,公司围绕房地产业务形成四大板块,分别为房地产开发、进出口贸易、物业管理、创业投资。从收入构成看,"商品房及土地开发"虽然仅占2020年收入的12.87%,但与房地产相关的"建筑、金属材料"一项占比高达34.47%,且营收金额同比增长70.67%。"房住不炒"的政策一定程度上抑制了炒房投机之举,在购房需求有所下降的背景下,房地产企业存货增长明显,去库存压力加大。从财务数据看,2021年第一季度,三木集团存货为39.78亿元,同比上涨44.54%。实际上,近年来三木集团存货不断攀升,2019年为26.6亿元,2020年为38.5亿元。从存货分类来看,正在开发中的房地产商品占了大头。2020年,公司存货中的"开发成本"约为26亿元,"开发产品"约10.66亿元。所谓"开发产品",一般是指企业开发完成,可以出售的商品;"开发成本"多是指在建中的产品。

三木集团存货金额虽高,但跌价计提比例较低,对10.66亿元的"开发产品"仅有257万元的跌价准备余额,对"开发成本"则并未计提跌价准备。2021年6月10日,深交所就此问题,要求公司补充披露存货跌价准备测算过程,说明跌价准备计提的充分性。深交所的质疑并非无因,从行业一般规律看,企业所开发的产品握在手里时间越长,也就意味着越难出售,跌价压力也就越大。

财报数据显示,三木集团部分产品竣工数年,仍被列入存货之中。例如"人才公寓一期"于2013年9月竣工,账面余额约3 792万元,去年未计提跌价准备。"武夷山自游小镇"于2017年8月竣工,迄今也有约4年时间,账面余额约3 075万元,去年未计提跌价准备。此外,仍在开发的产品中,也有部分建设周期较长,例如"三木·空港小镇"于2015年开工,预计今年3月完成,"三木·海立方"于2020年动工,预计今年4月完成。

现金减少,负债攀升

对于三木集团来说,存货中的"开发成本",不仅给公司带来存货跌价的潜在风险,这些持续开发的项目,也在一定程度上使公司现金流承压。目前公司所投入的一些项目,所需资金不少。例如"长乐翡丽府"预计投资金额超过13亿元,"永泰愉景公馆"为9亿元,"漳州印象西湖"项目投资相对较少,也达到约5.5亿元的规模。三个新增房地产开发项目共计新增存货15.67亿元。

这些项目对公司现金流的影响不容忽视,2020年度,公司经营活动现金流量净额-18.21亿元,同比大幅减少33.14亿元,其中就包含上述新增三个房地产开发项目,增加现金流出15.31亿元,另外公司去年可出售货值减少,致使2020年公司经营活动现金流量净额同比减少33.14亿元。现金的减少,令三木集团偿债能力问题凸显出来。截至今年一季度末,三木集团现金及现金等价物余额仅3.58亿元,流动负债余额则高达56.45亿元。对此,深交所发函问询公司:"是否存在短期偿债压力?"

实际上,近年来三木集团负债金额持续走高,同花顺显示,从短期借款来看,2018年底约为8.43亿元,2019年为9.94亿元,2020年攀升至21.94亿元。从长期借款来看,2018年约18.35亿元,今年一季度约20.41亿元,同比上升38.39%。通过举债持续投入的同时,三木集团毛利率却持续下滑。同花顺显示,公司2018年毛利率约为8.89%,2019年约为8.72%,2020年约为5.69%,2021年第一季度约为3.31%。公司主营的地产业务下滑显著,截至2020年,三木集团房地产业务的毛利率较上一年下滑19.74%。

对于交易所关心的债务问题,三木集团表示,截至2021年第一季度末,公司短期有息负债余额共计20.58亿元,均为金融机构借款,未超过金融机构对公司授信总额度,并称:"公司建立了严格的偿债保障措施和风险管控措施,截至目前公司未发生债务违约的情形。"

(资料来源:https://baijiahao.baidu.com/s?id=1705398700475961855&wfr=spider&for=pc,投资者网)

第一节 盈利能力的分析

一、盈利分析概述

（一）盈利能力的含义

盈利能力是指企业在一定时期内获取利润的能力，又称企业的资金增值能力，通常表现为企业在一定时期内收益额的大小与水平的高低。利润是企业内外有关各方都关心的中心问题，利润是投资者取得投资收益、债权人收取本息的资金来源，是经营者经营业绩和管理效能的集中表现，是各部门生产经营效果的综合表现，也是职工集体福利设施不断完善的重要保障。

（二）盈利能力分析的目的

从企业经营管理者的角度来看，企业从事经营活动，其直接目的是最大限度地赚取利润并维持企业持续稳定的经营和发展。持续稳定的经营和发展是获取利润的基础，而最大限度地获取利润又是企业持续稳定发展的目标和保证。只有在不断地获取利润的基础上，企业才可能发展。盈利能力较强的企业比盈利能力软弱的企业具有更大的活力和更好的发展前景，因此，盈利能力是企业经营管理人员最重要的业绩衡量标准和发现问题、改进企业管理的突破口。对企业经营管理者来说，进行企业盈利能力分析的目的具体表现在以下两个方面。

①利用盈利能力的有关指标反映和衡量企业经营业绩。企业经营管理者的根本任务，就是通过自己的努力使企业赚取更多的利润。各项收益数据反映着企业的盈利能力，也表现了企业经营管理者工作业绩的大小。用已达到的盈利能力指标与标准、基期、同行业平均水平、其他企业相比较，则可以衡量经营管理者工作业绩的优劣。

②通过盈利能力分析发现经营管理中存在的问题。盈利能力是企业各环节经营活动的集中表现，企业经营的好坏都会通过盈利能力表现出来。通过对盈利能力的深入分析，企业管理者可以发现经营管理中的重大问题，进而采取措施解决问题，提高企业收益水平。

对于债权人来讲，利润是企业偿债的重要来源，特别是对长期债务而言。另外，虽然企业短期偿债能力取决于企业的资产结构状况和变现能力，但企业流动资产和现金流入量的程度，最终取决于企业的获利规模。所以，盈利能力的强弱直接影响企业的偿债能力。企业举债时，债权人势必要审查企业的偿债能力，而偿债能力的强弱最终取决于企业的盈利能力。因此，分析企业的盈利能力对债权人也是非常重要的。

对于股东（投资者）而言，企业盈利能力的强弱更是至关重要的。在市场经济下，股东往往会认为企业的盈利能力比财务状况、营运能力更重要，因为股东的直接目的就是获得更多的利润。对于信用相同或相近的几个企业，人们总是将资金投向盈利能力强的企业。股东关心企业赚取利润的多少并重视对利润率的分析，是因为他们的股息与企业的盈利能力是紧密相关的。此外，企业盈利能力增加还会使股票价格上升，从而使股东们获得资本收益。

二、企业盈利能力的分析

盈利能力分析主要是通过研究利润表中有关项目之间对比关系，以及利润表中有关项目和资产负债表中有关项目之间的联系，来评价企业当期的经营成果和未来盈利能力的发展趋势。盈利能力的分析是企业财务分析的重点，财务结构分析、偿债能力分析等，其根本目的是通过分析及时发现问题，改善企业财务结构，提高企业偿债能力、经营能力，最终提高企业的盈利能力，促进企业持续稳定发展。在进行盈利能力分析时，我们常用一些相对数指标来衡量与评价收益而不是用绝对数。因为尽管利润额的分析可以说明企业财务成果的增减变动状况及其原因，为改善企业经营管理指明方向，但是，由于利润额受企业规模或投入总量的影响较大，一方面使不同规模的企业之间不便于对比，另一方面它也不能准确地反映企业的盈利能力和盈利水平。所以，仅进行利润额分析一般不能满足各方面对财务信息的要求，还必须对利润率进行分析。

利润率指标从不同角度或从不同的分析目的看，可有多种形式。在不同的所有制企业中，反映企业盈利能力的指标形式也不同。在这里，我们对企业盈利能力的分析将从经营盈利能力、资产盈利能力、资本盈利能力三个方面进行衡量与评价。需要说明的是，由于新会计准则下的利润表相关项目指标的名称与口径已经有了较大的改变，可能会导致下述指标的计算公式与一些传统指标的名称与口径不尽一致。

（一）经营盈利能力分析

经营盈利能力分析是指通过对企业生产过程中的产出、耗费和利润之间的比例关系的分析，来研究和评价企业获利能力，其衡量指标主要有营业毛利率、营业利润率、营业净利率和成本费用利润率等。

1. 营业毛利率

营业毛利率是企业一定时期营业毛利额与营业收入之间的比率。通俗地讲，营业毛利率是反映企业每 1 元营业收入中含有多少毛利额。衡量企业盈利能力的大小不能单看营业收入，因为营业收入中还包括营业成本。只有扣除了这一成本之后，才能用以补偿企业的各项期间费用。没有足够大的毛利率便不能形成企业的盈利。营业毛利率的计算公式如下。

$$营业毛利率 = \frac{营业毛利额}{营业收入} \times 100\% = \frac{营业收入 - 营业成本}{营业收入} \times 100\% \quad (7-1)$$

从上式可以看出，营业毛利率越高，营业成本占营业收入的比重越小，扣除各项营业成本后的利润就越高，企业的盈利能力就越强。营业毛利率通常随行业的不同而高低各异，但是，同一行业企业的营业毛利率一般相差不大。与同行业平均毛利率和行业先进水平进行比较，可以评价企业在同行业中所处的位置，可以揭示企业在定价政策或生产成本控制方面存在的问题，从而找出提高盈利能力的途径。企业对存货计价方法和固定资产折旧方法的会计处理对营业成本也会产生影响，从而影响营业毛利率。营业毛利率发生变化应从各生产成本项目进行分析，原辅材料的涨跌、工人工资的增减、水电费及其他制造费用的变化等，薄利或厚利的不同品种产品销量的变化都会对毛利率产生影响。

2）营业利润率

营业利润率是指企业一定时期营业利润与营业收入的比率。它是衡量企业经营效率的指标，反映了在不考虑非营业成本的情况下，企业管理者通过经营获取利润的能力。其计算公式如下。

$$营业利润率 = \frac{营业利润}{营业收入} \times 100\% \qquad (7-2)$$

营业利润率越高，说明企业通过经营获取的利润越多，企业的竞争能力越强，发展能力越强，企业的盈利能力也越强。

3）营业净利率

营业净利率是指企业一定时期净利润与营业收入的比率。它反映企业营业收入创造净利润的能力，通俗地说，它反映企业每 1 元营业收入与其成本费用之间可以"挤"出多少净利润。其计算公式如下。

$$营业净利率 = \frac{净利润}{营业收入} \times 100\% \qquad (7-3)$$

从公式可以看出，只有当净利润的增长速度快于营业收入的增长速度时，营业净利率才会上升。在分析该比率时应注意，营业收入包含主营业务收入和其他业务收入，利润的形成也并非都由营业收入产生，还受到投资收益、营业外收支等因素的影响。还要注意的是，净利润是否受到了大额的非常项目损益或大额的投资收益的影响，应在分析报告中另加说明，金额不大可以忽略不计。当然，利润主要应来自企业营业收入，才具有可持续性。

对上市公司的分析要注意投资收益、营业外收入等一次性的偶然收入。一次性的收入突增，包括利用资产重组、非货币资产置换、股权投资转让、资产评估、非生产性资产与企业建筑物销售所得收入调节盈余，即公司可能用这些手段调节利润。

营业净利率是企业销售的最终获利能力指标，比率越高，说明企业的获利能力越强。但是它受行业特点影响较大，通常来说，越是资本密集型企业，营业净利率就越高；反之，资本密集程度较低的企业，营业净利率也较低。该比率分析应结合不同行业的具体情况进行。

4）成本费用利润率

成本费用利润率是企业一定期间的利润总额与成本、费用总额的比率。成本费用利润率指标表明企业每付出 1 元成本费用可获得多少利润，体现了经营耗费所带来的经营成果。其计算公式如下。

$$成本费用利润率 = \frac{利润总额}{成本费用总额} \times 100\% \qquad (7-4)$$

其中，

成本费用总额 = 营业成本 + 营业税金及附加 + 销售费用 + 管理费用 + 财务费用。

该项指标越高，表明企业为取得利润所付出的代价越小，成本费用控制得越好，企业的盈利能力就越强，同时企业的经济效益越好。

【例 7-1】 根据三木集团 2019—2020 年度的利润表资料（见表 7-1），计算其经营盈利能力指标（见表 7-2），并简要对其经营盈利能力进行分析与评价。

表 7-1　三木集团 2019—2020 年度利润表资料

项　目	2019 年 12 月 31 日	2020 年 12 月 31 日
一、营业总收入（万元）	**637 685.47**	**843 907.09**
营业收入（万元）	637 685.47	843 907.09
二、营业总成本（万元）	**631 961.17**	**843 754.84**
营业成本（万元）	582 083.05	795 907.77
营业税金及附加（万元）	17 669.30	14 631.42
销售费用（万元）	10 116.97	9 401.73
管理费用（万元）	12 479.08	11 283.69
财务费用（万元）	9 612.76	12 530.23
其中：利息费用（万元）	10 358.68	—
利息收入（万元）	3 018.95	—
三、其他经营收益		
加：公允价值变动收益（万元）	276.81	1 595.02
加：投资收益（万元）	6 206.37	14 758.11
其中：对联营企业和合营企业的投资收益（万元）	4 020.78	12 724.60
资产处置收益（万元）	−64.04	2 023.50
资产减值损失（万元）	—	—
信用减值损失（万元）		
其他收益（万元）	452.90	596.30
四、营业利润（万元）	**12 971.99**	**19 611.14**
加：营业外收入（万元）	428.24	268.26
减：营业外支出（万元）	853.61	336.68
五、利润总额（万元）	**12 546.63**	**19 542.72**
减：所得税费用（万元）	4 418.34	5 207.67
六、净利润（万元）	**8 128.29**	**14 335.05**
（一）按经营持续性分类		
持续经营净利润（万元）	8 128.29	14 335.05
（二）按所有权归属分类		
归属于母公司股东的净利润（万元）	4 113.39	4 714.47
少数股东损益（万元）	4 014.90	9 620.58
扣除非经常性损益后的净利润（万元）	4 298.76	3 104.74
七、每股收益		
一、基本每股收益（元）	0.09	0.101 3
二、稀释每股收益（元）	0.09	0.101 3
八、其他综合收益（万元）	**−0.25**	**−0.26**
归属于母公司股东的其他综合收益（万元）	−0.14	−0.14
归属于少数股东的其他综合收益（万元）	−0.11	−0.12
九、综合收益总额（万元）	**8 128.04**	**14 334.79**
归属于母公司所有者的综合收益总额（万元）	4 113.25	4 714.47
归属于少数股东的综合收益总额（万元）	4 014.78	9 620.58

表 7-2　三木集团 2020 年经营盈利能力指标计算表

经营盈利能力指标	指标计算过程与结果
营业毛利率	$\dfrac{843\,907.09 - 795\,907.77}{843\,907.09} \times 100\% = 5.69\%$
营业利润率	$\dfrac{19\,611.14}{843\,907.09} \times 100\% = 2.32\%$
营业净利率	$\dfrac{14\,335.05}{843\,907.09} \times 100\% = 1.70\%$
成本费用利润率	$\dfrac{19\,542.72}{843\,754.84} \times 100\% = 2.32\%$

从表 7-1、表 7-2 可以看出，三木集团 2020 年的经营盈利能力不太好。相对于 2020 年绿地控股的营业利润率 6.94%、成本费用利润率 7.20% 及其房地产业务的毛利率 26.39% 与万科集团的营业利润率 19.08%、成本费用利润率 22.77% 及其房地产及相关业务的毛利率 22.6% 来说，三木集团 2020 年的经营盈利能力不算太出色。

（二）资产盈利能力分析

资产盈利能力分析是指分析企业利用经济资源创造利润的能力，其衡量指标主要有总资产利润率、总资产报酬率和总资产净利率等。

1. 总资产利润率

总资产利润率是指企业的利润总额与企业平均资产总额的比率，即过去所说的资金利润率。它反映企业综合利用所拥有的全部经济资源所获得的效果，是一个综合性的效益指标，也是衡量企业利用债权人和所有者权益总额取得盈利的重要指标。其计算公式如下。

$$总资产利润率 = \frac{利润总额}{平均资产总额} \times 100\% \qquad (7\text{-}5)$$

$$平均资产总额 = \frac{年初总资产 + 年末总资产}{2}$$

2. 总资产报酬率

总资产报酬率又称资产所得率，是指企业一定时期内获得的报酬总额与资产平均总额的比率。它表示企业包括净资产和负债在内的全部资产的总体盈利能力，用以评价企业运用全部资产的总体盈利能力，是评价企业资产运营效益的重要指标。其计算公式如下。

$$总资产报酬率 = \frac{息税前利润总额}{平均资产总额} \times 100\% \qquad (7\text{-}6)$$

其中，

息税前利润总额 = 利润总额 + 利息支出 = 净利润 + 所得税 + 利息支出。

总资产报酬率表示企业全部资产获取收益的水平，全面反映了企业的盈利能力和投入产出状况。企业的所有者和债权人对该指标都非常关心。该指标越高，表明企业投入产出的水平越好，企业的资产运营越有效，经营管理水平越高，整个企业的盈利水平也越强。通过对该指标的深入分析，可以增强各方面对企业资产经营的关注，促进企业提高单位资产的收益水平。一般情况下，企业可据此指标与市场资本利率进行比较，如果该指标大于市场利率，则表明企业可以充分利用财务杠杆，进行负债经营，获取尽可能多的收益。

3. 总资产净利率

总资产净利率是指净利润与平均资产总额的比率，它反映企业每1元受托资产（不管资金来源）中得到的净利润。其计算公式如下。

$$总资产净利率 = \frac{净利润}{平均资产总额} \times 100\% \tag{7-7}$$

这一比率越高，表明资产利用的效率越高，说明企业在增收节支和节约资金使用等方面取得了良好的效果，否则相反。可将上式做如下分解。

$$总资产净利率 = \frac{净利润}{营业收入} \times \frac{营业收入}{平均资产总额} = 营业净利率 \times 总资产周转率 \tag{7-8}$$

上述关系式揭示了两条改善总资产净利率的途径：一是增加营业净利率；二是加快总资产周转率。这个指标能从盈利能力和营运能力两方面反映企业的经营业绩，是一个较为全面的指标。企业的资产周转速度越快，营业净利率越高，则总资产净利率就越高。因此，企业提高总资产净利率可以从两方面着手：一方面是加强资产管理，提高资产利用率；另一方面是加强销售管理，增加营业收入，提高利润水平。

总资产净利率是一个综合指标。企业总资产来源于股东投入资本和举债两个方面，利润的多少与资产的多少、资产的结构、经营管理水平有着密切的关系。一般来说，重工业固定资产投资规模大，资产周转较慢，营业净利率较高。轻工业和商业固定资产投资较少，资产周转较快，营业净利率较低。各行业趋向于一个平均的总资产净利率，因为资本总是从低利润行业向高利润行业流动，直到投资利润和投资风险相对均衡，这是市场经济社会资本运动的规律。由于投资的信息不对称、主观惯性偏好及流动时滞性等原因，股市上各行业及同行业各企业的总资产净利率是不相同的。为了正确评价企业经济效益的高低，挖掘提高利润水平的潜力，可以用该项指标与本企业前期、计划、本行业平均水平和本行业先进水平进行对比，分析形成差异的原因。

【例7-2】根据三木集团2020年度的利润表及2020年12月31日的资产负债表（来源于三木集团公开披露的年报）的相关数据，计算其资产盈利能力相关指标，如7-3所示。

表7-3 三木集团2020年资产盈利能力指标计算表

资产盈利能力指标	指标计算过程与结果
总资产利润率	$\dfrac{19542.72}{(853993.57+918226.77)/2} \times 100\% = 2.21\%$
总资产报酬率	$\dfrac{19542.72+0}{(853993.57+918226.77)/2} \times 100\% = 2.21\%$
总资产净利率	$\dfrac{14335.05}{(853993.57+918226.77)/2} \times 100\% = 1.62\%$

从表 7-3 可以看出,三木集团的资产盈利能力不是太理想,低于万科集团 3.17% 的总资产利润率、3.41% 的资产报酬率、3.30% 的总资产净利润率。

(三)资本盈利能力分析

资本盈利能力分析是指分析企业的所有者通过投入资本在生产经营过程中所取得利润的能力,其主要指标有净资产收益率、资本收益率、每股收益、市盈率等。

1)净资产收益率

净资产收益率又称股东权益报酬率、净值报酬率、权益报酬率、权益利润率、净资产利润率,是指一定时期企业净利润与平均净资产的比率,也是指利润额与平均股东权益的比值。其计算公式如下。

$$净资产收益率 = \frac{净利润}{平均净资产} \times 100\% \qquad (7-9)$$

其中,

$$平均净资产 = \frac{股东权益年初数 + 股东权益年末数}{2}。$$

净资产收益率是评价企业自有资本及其积累获取报酬水平的最具综合性和代表性的指标,反映了企业资本经营的综合效益,体现了自有资本获得净收益的能力,是衡量上市公司盈利能力的重要指标。该指标越高,说明投资带来的收益越高;该指标越低,说明企业自有资本的获利能力越弱。

2)资本收益率

资本收益率又称资本利润率,是指企业一定时期净利润(即税后利润)与平均资本(即资本性投入及其资本溢价)的比率。它反映企业运用资本获得收益的能力,也是财政部对企业经济效益的一项评价指标。其计算公式如下。

$$资本收益率 = \frac{净利润}{平均资本} \times 100\% \qquad (7-10)$$

其中,

$$平均资本 = \frac{\left[\begin{array}{c}实收资本\\(股本)年初数\end{array} + \begin{array}{c}资本公积\\年初数\end{array}\right] + \left[\begin{array}{c}实收资本\\(股本)年末数\end{array} + \begin{array}{c}资本公积\\年末数\end{array}\right]}{2}$$

其中,资本公积仅包括资本溢价(或股本溢价)。

资本收益率越高,说明企业自有投资的经济效益越好,投资者的风险越小,值得投资和继续投资,对股份有限公司来说,就意味着股票升值。因此,资本收益率是投资者和潜在投资者进行投资决策的重要依据。如果资本收益率高于债务资金成本率,则适度负债经营对投资者来说是有利的;反之,如果资本收益率低于债务资金成本率,则过高的负债经营就将损害投资者的利益。

3)每股收益

每股收益又称每股利润、每股盈余,是公司某一时期净收益与股份数的比率。它反映普通股的股东持有每一股所享有的利润额或承担的亏损额。它是测定股票投资价值的重要指标之一,是分析每股价值的一个基础性指标,是综合反映企业获利能力的重要指标。

我国2006年颁布的《企业会计准则》将上市公司定期计算和披露的每股收益类型调整为基本每股收益和稀释每股收益。按照《企业会计准则》的规定,企业应当按照归属于普通股股东的当期净利润,除以发行在外普通股的加权平均数计算基本每股收益。其计算公式为:

$$基本每股收益 = \frac{归属于普通股股东的当期净利润}{发行在外普通股的加权平均数} \quad (7-11)$$

其中,

发行在外普通股的加权平均数 = 期初发行在外普通股股数 + 当期新发行普通股股数 × (已发行时间 ÷ 报告期时间) − 当期回购普通股股数 × (已回购时间 ÷ 报告期时间) 其中,已发行时间、报告期时间和已回购时间一般按照天数计算;在不影响计算结果合理性的前提下,也可以采用简化的计算方法,如可按月份计算。

企业存在稀释性潜在普通股的,应当分别调整归属于普通股股东的当期净利润和发行在外普通股的加权平均数,并据以计算稀释每股收益。潜在普通股是指赋予其持有者在报告期或以后期间享有取得普通股权利的一种金融工具或其他合同,包括可转换公司债券、认股权证、股份期权等。稀释性潜在普通股是指假设当期转换为普通股会减少每股收益的潜在普通股。

计算稀释每股收益,应当根据下面两个方面对归属于普通股股东的当期净利润进行调整:①当期已确认为费用的稀释性潜在普通股的利息。②稀释性潜在普通股转换时将产生的收益或费用。上述调整应当考虑相关的所得税影响。

计算稀释每股收益时,当期发行在外普通股的加权平均数应当为计算基本每股收益时普通股的加权平均数与假定稀释性潜在普通股转换为已发行普通股而增加的普通股股数的加权平均数之和。

计算稀释性潜在普通股转换为已发行普通股而增加的普通股股数的加权平均数时,以前期间发行的稀释性潜在普通股,应当假设在当期期初转换;当期发行的稀释性潜在普通股,应当假设在发行日转换。

认股权证和股份期权等的行权价格低于当期普通股平均市场价格时,应当考虑其稀释性。计算稀释每股收益时,增加的普通股股数按下列公式计算。

$$增加的普通股股数 = 拟行权时转换的普通股股数 − 行权价格 × \frac{拟行权时转换的普通股股数}{当期普通股平均市场价格} \quad (7-12)$$

企业承诺将回购其股份的合同中规定的回购价格高于当期普通股平均市场价格时,应当考虑其稀释性。计算稀释每股收益时,增加的普通股股数按下列公式计算:

$$增加的普通股股数 = 回购价格 × \frac{承诺回购的普通股股数}{当期普通股平均市场价格} − 承诺回购的普通股股数 \quad (7-13)$$

稀释性潜在普通股应当按照其稀释程度从大到小的顺序计入稀释每股收益,直至稀释每股收益达到最小值。

另外,我国上市公司财务指标中常用摊薄每股收益取代稀释每股收益。摊薄每股收益是指是指按年末的普通股总数计算出来的每股收益,等于净利润除以年末总股本。

每股收益反映了每股创造的税后利润,比率越高,表明每股创造的利润越多。每股收益是衡量上市公司盈利能力的最重要的财务指标,它反映着普通股的获利水平。

4)市盈率

市盈率指在一个考察期(通常为12个月)内,普通股每股市价相对于每股收益的倍数。它反映投资者对每1元净利润所愿意支付的价格,可以用来估计股票的投资报酬和风险。它是市场对企业的共同期望指标,市盈率越高,表明市场对企业的未来越看好。其计算公式如下。

$$市盈率 = \frac{普通股每股市价}{普通股每股收益} \quad (7-14)$$

市盈率是衡量上市公司盈利能力的一个重要比率,是国际上通用的衡量股票投资价值和投资风险的重要工具。一般而言,对已持有股票的投资者,市盈率越高,则获利越多;对拟购买股票的投资者,市盈率则越低越好,过高则表明该股票风险很大。但是,当一个企业的每股收益很小甚至发生亏损时,市价却不会降至0,这时很高的市盈率不能说明任何问题。

【例7-3】仍以三木集团2020年度的利润表及2020年12月31日的资产负债表(来源于三木集团公开披露的年报)的相关数据为基础,计算其资本盈利能力相关指标,如表7-4所示。

表7-4　三木集团2020年资本盈利能力指标计算表

资本盈利能力指标	指标计算过程与结果
净资产收益率	$\frac{14\,335.05}{(171\,281.50 + 188\,856.59)/2} \times 100\% = 7.96\%$
资本收益率	$\frac{14\,335.05}{465\,51.96} \times 100\% = 30.79\%$
每股收益	基本每股收益 = 0.101 3 元 稀释每股收益 = 0.101 3 元
市盈率	$\frac{4.1}{0.101\,3} = 40.47\%$

由于2019年和2020年三木集团实收资本(股本)保持不变,且均无资本(股本)溢价形成的资本公积,因此表中公式的计算就很简化。同时,由于三木集团不存在稀释性潜在普通股,因此稀释每股收益等于基本每股收益,每股收益数据直接取自于三木集团2020年年度报告。目前(2021年10月11日)三木集团的股价大约为3.4元,2020年12月31日前其股价约为4.10元。根据三木集团2021年半年报计算的每股收益为0.0406元。为避免分子、分母为不同时点的数据,因此表7-4中计算三木集团2020年市盈率指标时,分子中的每股市价、分母中的每股收益均采用2020年年末数据。如果根据目前三木集团的股价3.4元和2021年半年报的每股收益0.0406元计算,市盈率则为83.74%。

从表7-4可以看出,2020年三木集团的资本盈利能力还是不错的,净资产收益率、资本收益率都较高,市盈率也适中。但根据三木集团2021年半年报计算的总资产利润率为 0.1883%，总资产净利润率为 0.1984%，净资产收益率为 1.34%，市盈率为 83.74%，因此，从目前情况来看，三木集团的经营营利能力不尽如人意。如果目前想要投资三木集团，是存在一定风险的。

第二节　资产运营能力的分析

一、资产运营能力分析概述

运营能力也称营运能力，是指企业在外部市场环境的约束下，对其从各种渠道筹集到的有限的资金进行有限配置和利用的能力。资产运营状况如何，直接关系到资本增值的程度，还会影响到企业的偿债能力。如果企业的资产运营能力低，那就表明企业资金积压、沉淀严重，资产不能发挥应有的效能，企业就不能创造出足够的利润和现金流量来支付费用、扩大再生产和偿还债务，其偿债能力和盈利能力也会随之降低。

二、资产运营能力的衡量与评价

资产运营能力的强弱关键取决于资产的周转速度。一般来说，资产周转速度越快，资产的使用效率越高，企业资产运营能力就越强。资产周转速度是指一定时期资产的周转额（收入额或费用额）与同一时期资产的平均占用额之间的比例关系。它有周转率和周转期（或天数）两种表示方式。周转率是指一定时期资产的周转额（收入额或费用额）与同一时期资产的平均占用额之间的比率。它反映企业资产在一定时期内周转的次数，意味着资产的利用程度与效率。周转次数越多，说明周转速度越快，企业资产运营能力越强。周转率的反向指标即周转期。周转期也称周转天数，是周转率的倒数与计算期天数的乘积，表示资产周转一次所需的时间的长短，意味着资金回收的快慢。周转期越短，周转天数越少，说明资产周转速度越快，企业资产运营能力越强。各项资产的周转率指标用于衡量企业运用资产赚取收入的能力（周转速度快，则从内涵上相对地扩大了资产的投入），经常和反映盈利能力的指标结合在一起使用，可全面评价企业的盈利能力。

（一）流动资产周转情况分析

反映流动资产周转情况的指标主要有应收账款周转率、存货周转率、流动资产周转率。

1. 应收账款周转率

应收账款周转速度通常用一定时期企业的赊销收入净额与应收账款平均余额之间的比例关系来衡量。它反映企业在某一特定时期内收回赊销账款的能力，可以用应收账款周转率和应收账款周转期来衡量。其计算公式如下。

$$应收账款周转率（周转次数）=\frac{赊销收入净额}{应收账款平均余额} \qquad (7-15)$$

$$应收账款周转期（周转天数）=\frac{应收账款平均余额\times 365}{赊销收入净额} \qquad (7-16)$$

其中，

$$赊销收入净额 = 营业收入 - 现销收入$$

$$应收账款平均余额 = \frac{期初应收账款 + 期末应收账款}{2}。$$

一般而言，在一定时期内，企业的应收账款周转率越高，周转次数越多，周转期越短，表明企业应收账款回收速度越快，企业经营管理的效率越高，资产流动性越强，短期偿债能力越强。较高的应收账款周转率，也意味着企业的收账费用和坏账损失可以有效地减少。

应收账款是由于赊销引起的，当赊销比现销更有利时，周转天数就不是越短越好。一个企业收现时间的长短通常与企业的信用政策相关。如果一个企业采用了比较严格的信用政策、信用标准和付款条件，可能会限制企业销售量的扩大，从而影响盈利水平。这种情况下，计算出的应收账款周转率可能会较高，同时，存货的周转率会偏低。

2. 存货周转率

存货周转率是一定时期内营业成本与存货平均余额之间的比率。存货周转率是反映企业存货周转速度的指标，也是衡量企业生产经营过程各环节中存货运营效率的综合性指标。其计算公式如下。

$$存货周转率（次数）= \frac{营业成本}{存货平均余额} \tag{7-17}$$

$$存货周转期（周转天数）= \frac{存货平均余额 \times 365}{营业成本} \tag{7-18}$$

其中，

$$存货平均余额 = \frac{期初存货 + 期末存货}{2}。$$

存货周转速度的快慢不仅关系到存货供、产、存、销各个环节管理效率的高低，而且直接关系到企业的偿债能力与盈利能力。一定时期内，企业存货的周转率越高，周转次数越多，周转天数越短，就表明企业存货资产占用水平越低，存货变现能力越强。反之，如果企业存货的周转率过低，则表明存货的管理效率较低，存货呆滞、积压过多，存货占用资金较多，企业的利润率较小。不过，存货周转率过高，也可能说明企业在管理方面存在一些问题。例如企业存货资金投入过少，甚至可能会因存货储备不足而影响生产或销售业务的进一步发展，特别是那些采购困难的存货，或者采购次数过于频繁、批量过小，从而导致采购成本增加。

3. 流动资产周转率

流动资产周转率指企业一定时期内营业收入同流动资产平均总额的比率，流动资产周转率是评价企业资产利用率的另一重要指标。其计算公式如下。

$$流动资产周转率 = \frac{营业收入}{流动资产平均总额} \tag{7-19}$$

$$流动资产周转期（周转天数）= \frac{流动资产平均总额 \times 365}{营业收入} \tag{7-20}$$

其中，

$$流动资产平均总额 = \frac{期初流动资产总额 + 期末流动资产总额}{2}。$$

一般情况下，该指标越高，表明企业流动资产周转速度越快，利用越好。从流动资产周转天数看，全部流动资产周转一次所需要的天数越少，表明企业流动资产在生产、销售等各个阶段占用的时间越短。生产经营等任何一个环节工作效率的提高与管理水平的改善，都可能反映到流动资产周转天数的缩短上来。在较快的周转速度下，流动资产会相对节约，相当于流动资产投入的增加，在一定程度上增强了企业的盈利能力；而周转速度慢，则需要补充流动资金参加周转，会形成资金浪费，削弱企业盈利能力。

（二）非流动资产周转情况分析

非流动资产是指除流动资产以外的所有资产，主要包括固定资产、长期投资、无形资产等。非流动资产的周转情况的分析主要是对固定资产的周转情况进行分析。

固定资产周转情况的分析主要是通过固定资产周转率或周转期指标进行。固定资产周转率是企业一定时期内营业收入与固定资产平均净值的比率，它反应了企业固定资产的利用程度。其计算公式如下。

$$固定资产周转率 = \frac{营业收入}{固定资产平均净值} \qquad (7-21)$$

$$固定资产周转期（周转天数）= \frac{固定资产平均净值 \times 365}{营业收入} \qquad (7-22)$$

其中，

$$固定资产平均净值 = \frac{期初固定资产净值 + 期末固定资产净值}{2}$$

固定资产净值 = 固定资产原值 − 累计折旧 − 固定资产减值准备。

一般而言，固定资产周转率越高，周转天数越短，说明企业固定资产利用率越高，管理效果越好。如果固定资产周转率与同行业平均水平相比偏低，则说明企业对固定资产的利用率较低，可能会影响企业的获利能力。

固定资产周转率这一指标的分母（即固定资产周转期的分子）采用的是"固定资产净值"，因此指标的比较将受到折旧方法和折旧年限的影响，应注意其可比性问题。当企业固定资产净值率过低(如因资产陈旧或过度计提折旧)，或者当企业属于劳动密集型企业时，固定资产周转率就可能没有太大的意义。

（三）总资产周转情况分析

总资产周转率是指企业在一定时期营业收入同平均资产总额的比率，可以用来反映企业全部资产的利用效率与管理水平。其计算公式如下。

$$总资产周转率 = \frac{营业收入}{平均资产总额} \qquad (7-23)$$

$$总资产周转期（周转天数）= \frac{平均资产总额 \times 365}{营业收入} \qquad (7-24)$$

其中，

$$平均资产总额 = \frac{期初资产总额 + 期末资产总额}{2}。$$

总资产周转率是考察企业资产运营效率的一项重要指标，体现了企业经营期间全部资产从投入到产出的流转速度，反映了企业全部资产的管理质量和利用效率。通过该指标的对比分析，可以反映企业本年度以及以前年度总资产的运营效率和变化，发现企业与同类企业在资产利用上的差距，促进企业挖掘潜力、积极创收、提高产品市场占有率、提高资产利用效率。一般情况下，总资产周转率越高，周转期越短，表明企业总资产周转速度越快，运用全部资产创造的营业收入越多，资产利用效率越高。

【例 7-4】根据上述公式，查阅三木集团 2018—2020 年的年报数据及 2021 年半年报数据（来源于三木集团公开披露的年报、半年报），计算其相关运营能力指标，如表 7-5 所示。

表 7-5　三木集团 2018—2020 年及 2021 年上半年运营能力指标

运营能力指标	2018 年	2019 年	2020 年	2021 年上半年
应收账款周转率（次）	87.359	119.028 5	351.642 7	33.568 1
应收账款周转天数（天）	4.120 9	3.024 5	1.023 8	5.362 2
存货周转率（次）	2.988	2.287	2.445 8	0.861 5
存货周转天数（天）	120.481 9	157.411 5	147.191 1	208.937 9
流动资产周转率（次）	1.461 7	1.167 1	1.406 1	0.558 8
流动资产周转天数（天）	246.288 6	308.456 9	256.027 3	322.118 8
固定资产周转率（次）	14.174 1	11.726 6	15.903 3	7.398 4
总资产周转率（次）	0.946 4	0.781 8	0.952 4	0.389 5
总资产周转天数（天）	380.388 8	460.475 8	377.992 4	462.130 9

从表 7-5 可以看出，从 2018 年到 2020 年，三木集团应收账款的周转速度大大加快，这说明其加强了对应收账款的管理，加快了资金的回笼，或者说实行了相对严格的信用政策。但 2021 年上半年应收账款的周转速度大大减缓，存货的周转速度 2020 年有所变慢、2021 年上半年大大变慢，流动资产的周转速度相应也变慢了。与此同时，固定资产的周转速度 2021 年上半年大幅降低，因此，导致 2021 年上半年三木集团总资产的周转也变慢了。运营能力的降低，最终会影响其盈利能力。应进一步深入分析原因，看"房住不炒"的政策及新冠肺炎疫情是否对三木集团的运营能力造成了影响。

第三节　盈利质量的分析

盈利能力分析描述了企业赚取利润的能力，是企业财务成果和经营绩效的综合体现。但不管是用绝对值还是用相对值所表示的盈利能力，都只能说明企业对可支配的经济资源进行运作和利用后的结果，既不能对这一结果所具有的信息提供相应的质量保证，也不能表明究竟是什么因素的驱动导致企业在某一分析期内具有较强或较弱的利润获取能力。因此可以说，盈利能力是一个企业盈利水平的外在表象。它是以权责发生制为基础，以利润表所列示的各项财务数据为基本依据，通过一系列财务指标的计算与分析得到的，反映企业在一定时期内获取利润的能力。盈利质量则是企业盈利水平的内在揭示，盈利质量才能真正反映企业的竞争力，创造企业的长期价值。盈利质量分析就是在盈利能力评价的基础上，对企业盈利水平进一步修复和检验，对企业盈利状况进行多视角、多方位的综合分析，从而对企业真正的盈利能力与水平进行诊断与评价。企业的发展最终取决于盈利的增加和盈利的质量。质是量的基石，企业的盈利质量最终会转化为资产质量和资本结构质量，有了好的盈利质量，才能保证企业的健康成长与持续发展。因此，只有充分研究企业的盈利质量，才能更好地揭示其财务质量。

一、高质量盈利的基本特征

盈利质量是指企业财务报告上所披露的盈利（即会计利润）与企业真正的业绩之间的相关性，且能为企业创造稳定的自由现金流。高质量盈利意味着企业的盈利应具备可靠性、稳定性、持续性、趋高性四个方面的特征。

（一）盈利的可靠性

盈利的可靠性是指企业盈利的确定必须以实际发生的经济业务为基础并遵循会计准则和会计制度，从而使企业财务报告上披露的盈利数据，够给被信息使用者能予充分信赖。

首先，盈利可靠性要求企业在计量、确认与列报盈利时要从客观实际发生的经济业务出发进行核算，并且整个核算过程要贯彻一个原则——严格遵循会计制度和会计准则，排除一切可避免的误差，保证内容真实、准确。其次，盈利的信息要能让人充分信赖就需要具备可证实性、可预测性两种特征。最后，盈利的可靠性要求盈利具有可预测性，亦即利用企业过去的盈利状况，可以相当准确地预测未来的盈利发展。

（二）盈利的稳定性

盈利的稳定性是指企业盈利水平变动的基本态势比较稳定。一个企业在一定的盈利水平基础上，不断上扬，应是企业盈利稳定性的现实表现，是企业可持续发展战略的体现。相反，如果企业盈利水平很高，但缺乏稳定性，则是一种不好的经营状况，盈利质量不会太好。

盈利的稳定性首先取决于收支结构的稳定性。当收入和支出同方向变动时，只有收入增长不低于支出增长，或者收入下降不超过支出下降，盈利才具备稳定性。当收入和支出反方向变动时，收入增长而支出下降，盈利稳定；反之，盈利不稳定。盈利结构也会影响盈利的稳定性。由于企业一般会力求保持主营业务利润稳定，因此企业主营业务利润的变动性相对非主营业务来说较小。另外，盈利商品的品种结构也会影响盈利的稳定性，如果企业的盈利主要是由"明星（stars）"类和"现金牛（cash cow）"类产品带来，则盈利较稳定。

> **知识链接 7-1**
>
> **波士顿矩阵**
>
> 波士顿矩阵（BCG matrix）又称波士顿咨询集团法、四象限分析法等，是由美国著名的管理学家、波士顿咨询公司创始人布鲁斯·亨德森于 1970 年首创的一种用来分析和规划企业产品组合的方法。这种方法的核心在于，要解决如何使企业的产品品种及其结构适合市场需求的变化，只有这样，企业的生产才有意义。市场引力与企业实力两个因素相互作用，会出现四种不同性质的产品类型，形成不同的产品发展前景：①销售增长率和市场占有率"双高"的产品群（明星类产品）；②销售增长率和市场占有率"双低"的产品群（瘦狗类产品）；③销售增长率高、市场占有率低的产品群（问号类产品）；④销售增长率低、市场占有率高的产品群（现金牛类产品）。

（三）盈利的持续性

盈利的持续性是指从长期来看，企业的盈利水平仍能保持目前的发展态势。盈利的稳定性与持续性的区别是：盈利的持续性是指目前的盈利水平能较长时间地保持下去，而盈利的稳定性则是指盈利在持续时不发生较大的向下波动。可见，盈利的持续性是指总发展趋势，而盈利的稳定性是指总发展趋势中的波动性。

企业盈利结构对盈利的持续性有很大的影响。企业的业务一般可分为长久性部分和临时性部分。长久性的业务是企业设立、存在和发展的基础，企业正是靠它们才能保持盈利水平持久。临时性的业务是由于市场或企业经营的突然变动或突发事件所引起的，由此产生的利润也不会持久。

（四）盈利的趋高性

盈利的趋高性是指企业在保持现有盈利水平的同时，还能保持一种不断增长上升的趋势，也就是说企业不仅在当期也应该在未来具备较高的盈利能力。量是质的前提，如果企业的净利润总是负数，没有一定的盈利能力，盈利的质量就无从谈起。盈利的趋高性不仅要求企业当期和未来盈利的绝对值较大，而且要求企业在净资产收益率、总资产报酬率、毛利率等相对数指标在同行业中也处于平均水平之上。

保持盈利趋高性的关键在于企业经营上要密切关注企业产品的品种结构，在产品变成瘦狗类之前就要努力开发新产品，做好经营上的调整准备。对企业外部信息使用者、特别是投资者而言，分析企业盈利能力是否具备趋高性时要注意目前该企业所处的生命周期。

二、盈利质量的分析

（一）信号分析法

对企业盈利质量进行分析是一个复杂的过程。对企业盈利质量进行分析要密切注意一些"信号"。因为，如果一个企业盈利质量不佳，必然反映到企业的各个方面。对于企业的财务信息使用者而言，可以从以下一些信号来判断企业的盈利质量可能不佳甚至恶化。

1. 企业扩张过快

企业发展到一定程度后，必然要在业务规模、业务领域等方面寻求扩张。然而，如果企业在一定时期内扩张太快，涉及的领域过多，那么该企业很可能面临资金分散、管理难度加大、管理成本提高，从而导致这个时期企业的盈利质量趋于恶化。

2. 企业酌量性固定成本反常降低

酌量性固定成本也称为选择性固定成本或任意性固定成本，是指企业管理层的决策可以改变其支出数额的固定成本，如广告费、职工教育培训费、技术研究开发费用等。如果相对于企业总规模或者营业收入规模而言，酌量性固定成本却在降低，可能是企业为了保证当期的盈利规模而降低或推迟了本应发生的支出。

3. 企业会计政策和会计估计非正常变更

由于不同企业经济环境的差异，会计准则在会计政策和会计估计上赋予了企业较大的判定与选择空间，以期企业能根据实际情况选择最适宜的。当会计政策的调整和会计估计的变更能使企业扭亏为盈或能使企业收益达到某些合同规定时，这很可能就是会计政策和会计估计的非正常变更，被认为是企业盈利质量恶化的一种信号。

4. 企业应收账款规模不正常增加

应收账款应该与企业的营业收入保持一定的对应关系，但同时与企业的信用政策有关。应收账款的不正常增加，有可能是企业为了增加营业收入而放宽信用政策的结果。过宽的信用政策，可以刺激企业营业收入迅速增长，但企业也面临着未来发生大量坏账的风险。

5. 企业存货周转过于缓慢

存货周转速度快，说明存货变现能力强，其意义相当于流动资金投入的扩大，在某种程度上增强了企业的盈利能力，盈利质量相对较高。存货周转速度慢，则需补充流动资金投入运营，从而形成资金的占用与浪费，会降低企业盈利能力。

6. 企业无形资产规模的不正常增加

根据会计准则的规定，企业内部研究开发项目的支出，应当区分研究阶段支出与开发阶段支出。财务报表上作为"无形资产"列示的基本上应该是企业外购和开发阶段形成的无形资产。如果企业无形资产不正常增加，则有可能是企业为了减少研究支出对利润表的影响而将"研究支出"作为"开发支出"而形成无形资产价值。

7. 企业的业绩过度依赖非营业业务以及投资收益与公允价值变动损益

新《企业会计准则》将公允价值计量变动带来的收益与投资活动带来的收益纳入营业利润的范畴，与企业从事正常经营活动取得的盈利一同视为营业利润。在分析企业与营业利润有关指标及趋势时，应将公允价值变动收益和投资收益因素进行剔除，以便更好地反映企业的盈利能力。营业外收支净额多数是由诸如非流动资产处置损益以及补贴收入等一些偶尔发生的非正常损益项目引起的，通常情况下难以持久。在企业主要利润增长点潜力挖尽的情况下，企业为了维持一定的利润水平，有可能通过非营业利润来弥补经常性损益的不足。

8. 企业计提的各种准备过低

在企业期望利润高估的会计期间，企业往往选择计提较低的准备和折旧，这就等于把应当由现在或以前负担的费用、损失人为地推移到未来期间，从而导致企业后劲不足。

9. 企业过度负债、财务状况不佳

一个盈利能力强、盈利质量高的企业，一般来说，由于盈利能有充足的现金流量尤其是经营活动产生的现金流量作支撑，通常偿债能力较强。对于那些早已过了高速成长期的却负债历年来持续增长且数额巨大的企业要警惕，其历年业绩存在持续虚增的可能。

10. 企业的现金流量表现与利润不够匹配

一个盈利质量优良的企业应该创造出比较充裕的自由现金流量，特别是经营性活动产生的现金净流量应该是正值，而且具有稳定性和持续性，只有伴随着现金注入的利润才具有高质量。如果一个企业连续几个计年度的净利润都为正值，而经营性活动产生的现金净流量却总为负值，那么，要么说明该企业对应收账款管理不善，造成现金回笼情况差；要么说明企业利用权责发生制对会计利润进行了盈余管理，甚至有可能出现了利润操纵行为。

11. 企业有足够的可供分配的利润，但不进行现金股利分配

股利主要有现金股利和股票股利有两种主要形式。由于现金股利的发放来源于上市公司的净自由现金流量，因而现金股利的发放水平和上市公司的经营业绩之间存在着紧密的关系。所以，在对上市公司盈利质量进行评价时，应将其是否发放股利、发放何种股利、发放股利方式与其收益质量联系起来。

12. 财务报表公布时间偏晚、注册会计师变更、审计报告出现异常

财务状况不佳的企业，或者注册会计师和公司管理层在某些重大会计、审计问题上意见很难达成一致的企业，其年报公布日期很容易偏晚。除非因为审计准则和相关职业道德的要求而不得不实行回避等原因，以及当注册会计师与企业管理层因为财务报表存在重大意见分歧、难以继续合作的时候，注册会计师可能认为审计风险过大，从而主动要求解除审计聘约。否则，应分析企业更换会计师事务所的原因。审计报告是注册会计师对上市公司进行审计后得出的结论，如果审计报告有异常的措辞，则表明注册会计师与企业管理当局在报表某些方面存在分歧，企业盈利质量令人怀疑。

（二）结构分析法

企业的盈利结构是指构成企业盈利的各种不同性质的盈利的有机搭配和比例。从质的方面来理解，表现为企业的利润是由什么样的盈利项目组成，不同的盈利项目对企业盈利能力的评价有着极为不同的作用和影响。从量的方面来理解，则表现为不同的盈利

占总利润的比重，不同的盈利比重对企业盈利所起的作用和影响程度也是不同的。

1. 对《企业会计准则》中利润表的认识是结构分析法的前提

2006年《企业会计准则》的颁布实施，表明我国的会计理念已从损益表观向资产负债表观转变。这种转变将为企业盈利能力分析与盈利质量分析带来更高的难度，同时对报表使用者的专业水平也提出更高的要求。例如，可供出售金融资产在非处置当期公允价值的变动直接计入所有者权益，而不计入当期损益，将在一定程度上影响报表使用者对盈利能力指标的判断。公允价值计量属性的引入以及我国目前的公允价值取得环境、债务重组收益的确认等，将给企业带来调节利润的空间，对盈利能力的分析产生不利的影响。利润表中不再区分主营业务和其他业务，将公允价值变动损益、投资收益纳入营业利润范畴，将对报表使用者对企业的盈利质量的判断带来更高的难度。

2. 盈利结构对盈利质量的影响

如前所述，企业盈利质量就是指盈利的可靠性、稳定性、持续性和趋高性。企业的盈利总额可以揭示企业的盈利总水平，却不能表明总盈利是怎样形成的，即它无法揭示总盈利的内在质量。因而，盈利质量这一对财务报表使用者来说最为重要的信息，只能通过盈利结构分析来满足。盈利结构对企业盈利质量的影响，具体说来表现在以下几个方面。

（1）盈利结构对盈利水平的影响

首先，企业生产经营的各种产品(商品)具有不同的盈利水平，盈利水平相对较高的商品的生产经营比重越大，总盈利水平越高；反之，总盈利水平则会越低。其次，企业的不同的生产经营业务有着不同的盈利水平。一般而言，主营业务是形成企业利润的主要因素，企业一定时期主营业务越扩展，主营业务利润占总利润的比重越高，则企业的总利润水平也会相应提高。总之，收入水平高而相应成本费用水平较低的商品、业务、项目在盈利结构中所占的比重越大，企业现在或未来的盈利水平也将较高；反之，盈利水平则会较低。通过对盈利结构的分析，报表使用者不仅应把握其变动对盈利水平的现实影响，还应预计其对未来盈利水平变动趋势的影响。

（2）盈利结构对盈利稳定性的影响

首先，盈利的稳定性受制于企业收支结构的稳定性。当收支同方向变动时，如果收入增长低于支出增长，或者收入下降高于支出下降，企业财务都可能会面临因货币资金短缺而形成的周转和付现压力。其次，盈利的稳定性受制于产品或劳务项目的稳定性。长久发生的收支业务和商品是企业保持盈利水平持久或增长的前提，所以，这部分业务所提供的利润占总利润的比重越大，表明企业的盈利水平保持持续稳定增长的可能性越大；反之亦然。由此可以看出，企业主营商品的盈利水平，从根本上决定了企业利润的多少，如果主营商品的经营状况稳定，则主营商品利润也相对稳定。企业的主营商品比重越大，则企业的盈利稳定性也会随之提高。

（3）盈利结构对财务安全性的影响，从而影响盈利的持续性与趋高性

企业财务的安全性受到企业盈利能力的重要影响，盈利能力强的企业往往现金流量充足，可以满足企业偿债的需要，并且财务形象好，易于筹措资金。企业的盈利结构作为影响企业利润的重要因素，对财务的安全性和稳定性也有着重要的影响。企业一旦陷

入财务困境,则盈利很难持续与趋高。因而,在分析企业财务安全性时,除了要对企业的盈利总水平进行考察外,还要结合盈利结构进行进一步分析。例如,一个企业有较高的当期盈利水平,从而拥有充足的现金流量用于支付到期债务,仅从财务报表的总量分析和比率分析的数字中,报表使用者可能会简单地认为该企业是一个盈利能力较强、财务安全性良好的企业,但当结合盈利结构对该企业进行进一步分析时,却可能发现企业的当期盈利主要是依靠临时性商品、业务和项目收支取得的。这样看来,该企业的长期的盈利能力将不能永久保持,企业可能很快就会面临财务困境,特别是在当期的高盈利水平导致企业和潜在投资者盲目乐观地按现有水平组织融资和投资的情况下,一旦企业盈利水平有所下降,企业将会陷入更大的财务困境。

3. 盈利的结构分析

(1)盈利结构的内在质量分析

企业盈利结构的内在质量分析,就是对利润自身结构的协调性进行分析与评价。在对各项费用开支的合理性和核心利润与投资收益是否存在互补性等基本问题做出初步判断之后,还需要就如下几个方面展开质量分析。

①企业自身经营活动的盈利能力。这方面主要可以通过营业毛利率、营业利润率、营业净利率和成本费用利润率等指标来加以分析与评价。然而,由于营业收入、营业成本等通常与企业所采用的会计原则、会计估计以及盈余管理方法关系密切,通过计算简单的比率和进行规模比较仅能做出初步的方向性判断,尚不足以对经营活动的盈利质量做出客观评价。而且,由于不同类别的业务对企业的意义是不一样的,对企业盈利质量的稳定性与持续性会产生影响。因而,还要进一步对盈利形成的相关项目进行解读与分析。例如,在分析营业收入时,应进一步分析(可借助于会计报表附注披露的相关信息)营业收入的品种结构、营业收入的地区结构、与关联方交易实现的收入占总收入的比例、地方或部门保护主义对企业业务收入实现的贡献。同时,报表使用者还应重点关注主营业务收入(在现行会计准则下,该数据来源于财务报表附注),因为只有主营业务收入才是企业得以生存、发展的基础。可以通过计算主营业务收入利润率、主营业务收入增长比率、主营业务收现比等指标,并与同行业进行对比,来分析企业的主营业务收入创造利润的能力与收回现金能力以及市场竞争力。在对营业成本进行质量分析,应关注成本计算是否真实、营业成本水平的下降是否为暂时性因素所致、关联方交易和地方或部门保护主义对企业"低成本"的贡献有多大。在对企业的销售费用与管理费用的质量进行分析时,主要应关注销售费用与管理费用的控制是否具有短期行为。在对企业的财务费用的质量进行分析时,主要应考虑企业是否"过少"地负债以及是否过分依赖于短期借款。

②企业资产管理质量和盈余管理倾向。这方面主要可以通过考察"资产减值损失"项目的规模大小来加以分析与评价。虽然在经营活动中资产出现减值是很正常的现象,但高水平的企业管理者,会适时增加优良资产,适时处置或者售出不良资产,并在整个过程中充分获取利润,实现企业资产的保值和增值。经常出现大规模资产减值损失,常常是企业正在进行盈余管理的信号,或者反映了企业在债权管理、存货管理、固定资产管理和投资管理等方面存在着管理疏漏或者重大决策失误。因此,该项目在利润表中的

单独披露，为信息使用者分析判断企业可能存在的资产管理质量问题和可能的盈余管理倾向创造了条件。

③企业利润结构的波动性。这种波动性主要可以通过考察"公允价值变动损益"项目的规模大小来初步进行分析与判断。由于公允价值变动损益属于未实现的资产持有损益，并不会为企业带来相应的现金流入或流出，因此尽管交易性金融资产等项目采用公允价值计量模式后会大大提高会计信息的相关性，但也将导致企业当期业绩更大程度地受到市价波动的影响，增加其未来发展的不确定性。如果此项变动引起的损益在净利润中所占的比重过大，则在一定程度上说明企业的主体经营活动的盈利能力较差，未来利润结构的波动性将会很大。

④企业盈利结构的持续性。该项可以通过直接比较营业利润与营业外收支净额的相对规模来加以初步分析与评价。现行准则下的"营业利润"项目可视为企业从事正常经营活动和投资活动所带来的财务成果，一般应具有较强的持续性。而营业外收支净额多数是由诸如非流动资产处置损益以及补贴收入等一些偶尔发生的非正常损益项目引起，通常情况下难以持久。因此，可通过考察营业外收支净额在利润总额中所占比重，来初步判断企业利润结构的持续性。

⑤企业盈利的实现质量。该项主要可以通过将包括资产减值损失和公允价值变动损益在内的未实现损益与利润表中的已实现损益进行比较来加以考察。如上所述，由于未实现损益并不能带来相应的现金流量，如果企业利润结构中未实现损益所占比重过大，势必会影响到企业利润获取现金的能力，致使企业造成大量的资产泡沫和利润泡沫，并在一定程度上会影响企业的盈利质量。

（2）盈利结构的资产增值质量分析

企业盈利结构的资产增值质量分析，就是对利润结构与资产结构的匹配性进行分析与评价。按照会计准则所确定的利润，应该是建立在资产真实价值基础上的资产利用效果的最终体现，应该体现企业资产在价值转移、处置以及持有过程中的增值质量。盈利质量与对应的资产质量密切相关，资产增值是企业投资人、经营管理者以及其他利益相关人士共同热心探求的目标，是企业持续发展的必然要求。通过分析盈利结构与资产结构的匹配性，便可以考察企业经营资产与投资资产的相对增值质量，从而作为预测企业可持续发展潜力的重要依据。

①经营资产的增值质量分析。这方面主要可以通过计算经营资产报酬率来进行分析与评价。除了一般性地比较同一企业不同年度、不同企业之间的经营资产增值能力以外，还应注意的是：对于经营资产而言，由于其种类繁多，不同经营资产的利润贡献方式可能存在较大差异。例如在企业从事一般经营活动的同时兼营投资性房地产业务的情况下，投资性房地产业务的租金收入（其租金收入属于营业收入）与普通产品销售（营业）收入对利润的贡献方式就显然不同，因此应特别关注经营资产的结构性差异对企业利润贡献造成的不同影响。

②投资资产的增值质量分析。这方面主要可以通过计算投资资产报酬率来进行分析与评价。除了一般性地比较同一企业不同年度、不同企业之间的投资资产增值能力以外，还应注意的是：由于不同形态的投资资产产生的投资收益在确认和计量方法上存在着较

大差异，如金融资产处置收益、长期股权投资转让收益、成本法、权益法确认的投资收益以及利息收益等。因此，应特别关注不同投资资产在利润确认方面所存在的差异。

（3）盈利结构的现金获取质量分析。

企业盈利结构的现金获取质量分析，就是对盈利结构与对应的现金流量结构的趋同性进行分析与评价。

①企业从事经营活动所产生的营业利润的现金获取质量分析。企业从事经营活动所产生的营业利润是指利润表中的营业收入扣除营业成本、营业税金及附加与三项期间费用，同时剔除了资产减值损失后的营业利润。这部分与经营活动产生的现金净流量进行比较，便可以揭示出企业自身经营活动产生的营业利润所获取现金的能力。

②投资收益的现金获取质量分析。由于公允价值变动损益属于未实现损益不会带来相应的现金流量，因此在分析中应将其予以剔除。同样，投资资产减值损失也与现金流量无关，也不用考虑其现金流量问题。这就是说，在分析投资收益产生的现金流量能力时，只需要考虑利润表中的"投资收益"项目。而在年度内有投资转让的情况下，由于投资收益中所包含的金融资产处置收益和长期股权投资转让收益最终一般都会带来现金流入，因此，只需重点考察按成本法和权益法确认的投资收益以及利息收益带来现金流入量的能力即可。具体做法是将扣除金融资产处置收益和长期股权投资转让收益后的投资收益与相应的现金回款金额进行比较。相应的现金回款金额的计算公式为：

相应的现金回款金额 = 取得投资收益收到的现金 +（年末"应收股利"
+ 年末"应收利息"）-（年初"应收股利" + 年初"应收利息"）

【例 7-5】 以三木集团 2018—2020 年度的利润表的相关数据为基础，编制其盈利结构对比分析表，如表 7-6 所示。

表 7-6　三木集团 2018—2020 年度盈利结构对比表

时间	2018 年（万元）	2019 年（万元）	2020 年（万元）	环比增长率	
				2019 年	2020 年
营业收入	701 256.51	637 685.47	843 907.09	-9.97%	24.44%
营业利润	19 454.71	12 971.99	19 611.14	-49.97%	33.85%
利润总额	19 320.12	12 546.63	19 542.72	-53.99%	35.80%
净利润	3 137.70	8 128.29	14 335.05	61.40%	43.30%

【例 7-6】以下是三木集团 2016—2021 年各季度经营活动产生的现金流量净额数据，如表 7-7 所示。

从表 7-6 可以看出，三木集团近三年营业收入变动幅度较大，营业利润、利润总额和净利润有更明显的波动，尤其是 2019 年的净利润、利润总额和营业利润相较 2018 年均有较大幅度波动。我们仔细分析三木集团的盈利结构发现，三木集团 2019 年的营业收入比 2018 年仅下降了 9.97%，而营业利润却下降了 49.97%，利润总额更是下降了 53.99%，净利润反而上涨了 61.40%；2020 年，三木集团营业收入、营业利润、利润总额及净利润相较 2019 年均有了较大幅度的增长。

为何存在 2019 年营业利润和利润总额大幅下降而净利润却大幅上涨的情形呢？

表 7-7 2016—2021 年各季度经营活动产生的现金流量净额　　　　　　单位：万元

年份 \ 截止时间	3 月 31 日	6 月 30 日	9 月 30 日	12 月 31 日
2016 年	−27 751.43	−73 113.84	−18 704.11	24 073.08
2017 年	−15 066.87	21 474.71	43 985.53	30 323.04
2018 年	38 303.36	28 006.81	91 996.34	78 707.56
2019 年	47 625.82	85 707.94	119 579.32	149 332.89
2020 年	−25 990.76	−64 571.51	−133 041.64	−182 110.51
2021 年	8 683.69	−19 897.75		

2020 年的利润增长又是否可持续呢？仔细查阅三木集团 2018—2020 年的年报，可以发现：三木集团 2019 年营业税金及附加较 2018 年上涨了 155.48%，从而导致虽然其投资收益由 2018 年的 −1 417 万元上涨至 2019 年的 6 206 万元，其营业利润在营业收入降低的基础上仍然进一步下降。而三木集团 2019 年的所得税费用较 2018 年下降了 72.70%，导致 2019 年的净利润反而相较 2018 年增长了 61.40%。从 2020 年和 2019 年的利润表可以看到，2020 年三木集团有一笔高达 14 758 万元的投资收益，再加上营业税金及附加减少、公允价值变动收益增加，从而导致三木集团 2020 年相对于 2019 年，营业利润、净利润营业收入有了大幅度的增长。再进一步查阅三木集团 2017 年利润表，可以看到 2018 年其净利润较 2017 年下降的原因源于所得税费用的减少。因此，我们可以判断三木集团的营业利润不具有持续性，质量并不高。

三木集团的公允价值变动收益这种非经常性损益与投资收益及所得税费用的增减变动对净利润的变动影响较大。其中，2019 年净利润的增长得益于所得税费用的减少，2020 年净利润的增长受惠于投资收益的大幅增加。另外，2020 年的营业收入、营业利润、利润总额较大幅度的增长主要是在 2019 年下降的基础上实现的。再进一步查阅三木集团 2021 年度第一季度季报和半年报，可以发现其营业利润、利润总额和净利润主要依靠投资收益支撑。如果不是第一季度高达 5 983.35 万元及上半年高达 6 246.87 万元的投资收益，那么 2021 年三木集团第一季度和第二季度净利润将均为负数。因此，可以说三木集团盈利不够稳定，其盈利质量是不高的，也没有趋高的表现，其盈利能力也有待未来会计期间的考察。

同时，进一步看三木集团近六年分季度的现金流量表相关数据，可以发现：三木集团 2017 年后三季度及 2018 年、2019 年现金流量是比较充裕的，而 2020 年四个季度"经营活动产生的现金流量净额"均为负值，经营活动现金流入、流出的缺口不断攀升，2021 年第一季度有所改善，但第二季度又为负值。这说明目前三木集团自身经营活动产生的营业利润所获取现金的能力并不高，其盈利结构的现金获取质量堪忧。这也不难解释为什么本章开篇的引导案例里三木集团为何因存货跌价计提比例较低而遭遇深交所发函问询公司"是否存在短期偿债压力？"了。这并非三木集团这家老牌房地产企业第一次被监管部门盯上，早在 2015 年年初，其就因信息披露违规被证监会立案调查，2017 年 5 月 13 日三木集团亦受到深交所问询，要求对其 2016 年年报的大额非经常性损益与其他应收款的变化、现金流量变化等 13 项问题进行说明。

本 章 小 结

盈利能力是指企业在一定时期内获取利润的能力，又称企业的资金增值能力，通常表现为企业在一定时期内收益额的大小与水平的高低。对企业盈利能力的分析不仅要关注利润额这个绝对数的分析，更应该通过一系列相对数指标对企业的经营盈利能力、资产盈利能力、资本盈利能力以及盈利质量等方面进行分析。由于资产运营状况如何，不仅直接关系到资本增值的程度，影响到企业的偿债能力，同时还会影响到企业的盈利能力与盈利质量，因而，对企业盈利能力与质量进行分析时，不应忽视对资产运营能力的分析。然而，以权责发生制为基础衡量的盈利能力只是一个企业盈利水平的外在表象，要真正揭示一个企业的盈利能力，还须对其盈利的质量进行深入分析。高质量盈利意味着企业的盈利应具备可靠性、稳定性、持续性、趋高性四个方面的特征。对企业盈利质量的分析可以通过信号分析法和结构分析法进行。信号分析法是指通过企业传递的各种非正常信号判断企业是否存在盈利恶化的现象；结构分析法是指通过解读利润表及相关附注，对企业的盈利结构进行深入分析，来全方面分析与评价企业盈利的质量。

复习思考题

1. 分析、评价一个上市公司的盈利能力需要关注哪些指标？为什么这些指标在非上市公司可能不能利用？

2. 为什么有的公司公布的每股收益在同行业中很高，却不愿意向股东支付现金股利？请列出两个可能的原因。

3. 什么是市盈率？它有何作用？

4. 为什么要进行企业运营能力分析？

5. 指出商业企业和制造企业在存货周转速度上的区别。

6. 什么是盈利的质量？盈利结构对盈利质量有何影响？

7. 为什么在对企业盈利能力进行分析时，不仅要关注最后结果（净利润）的多寡，更要关注形成盈利的过程？

8. 仔细阅读本章引导案例和文中、文后的阅读材料，对三木集团（000632）2016—2020年连续五年的盈利能力和利润质量进行分析。

第八章

现金流量结构与质量的分析

【学习目标】

本章主要介绍基于现金流量表的现金流量结构与现金流量质量的分析。通过对本章的学习,了解企业处于不同生命周期的现金流量的特征,理解与掌握现金流量的结构分析,能够解读与剖析现金流量质量。

【关键概念】

现金流量（cash flow）
企业生命周期（enterprise life cycle）
经营活动产生的现金流量（cash flow from operating activities）
投资活动产生的现金流量（cash flow from investing activities）
筹资活动产生的现金流量（cash flow from financing activities）
现金流量净额（net cash flow）

累计分红超 200 亿元　福耀玻璃"达则兼济天下"

2021 年 3 月 30 日,福耀玻璃工业集团股份有限公司(以下简称福耀玻璃)发布 2020 年年报,并披露 2020 年度利润分配方案,拟向全体股东每 10 股分配现金股利 7.5 元(含税),共派发股利 18.81 亿元,占公司当年合并报表中归属于母公司股东净利润的比例高达 72.34%。

自 1993 年上市以来,福耀玻璃在打造综合竞争力、不断发展壮大的同时,一直坚持高比例现金分红,给予投资者丰厚的投资回报。数据显示,公司累计向投资者派发现金红利 193.72 亿元(含 2021 年 H 股增发后,已宣告未发放的现金红利 19.57 亿元),股票股利 14.06 亿元,合计 207.78 亿元,占累计至 2020 年实现的归属于母公司所有者净利润 322.13 亿元的 64.50%。其中,公司自 1993 年起累计发放的 A 股股息高达 182.24 亿元,是公司在 A 股募集资金 6.96 亿元的 26.2 倍。2015 年登陆港交所以来,公司累计发放的 H 股股息为 25.53 亿元,是 2015 年及 2021 年境外 H 股募集资金 103.25 亿元(折合人民币)的 0.25 倍。截至目前,公司 A+H 累计派息(207.78 亿元)是 A+H 总募集资金 110.21 亿元的 1.89 倍。

福耀玻璃出台了制定了《福耀玻璃工业集团股份有限公司未来三年（2021—2023年度）股东分红回报规划》，并将很高的现金分红占比写到了公司章程中。公司在 2021 年 5 月第二次修订的公司章程中写道：公司具备现金分红条件的，应当采用现金分红进行利润分配。如果公司采用股票股利进行利润分配的，应当具有公司成长性、每股净资产的摊薄等真实合理因素。根据差异化的现金分红政策，公司规定每年以现金方式分配的利润应不少于当年实现的可供分配利润的 20%。

福耀玻璃能长期坚持高比例分红的基础源于其强大的核心竞争力。资料显示，福耀玻璃成立于 1987 年，1993 年 6 月在上海证券交易所主板上市；2015 年 3 月，公司在港交所主板挂牌，是全球领先、专注于汽车安全玻璃解决方案的大型跨国公司。目前，公司已在天津、上海、重庆、福建等十几个省市建立了现代化的生产基地，在国内形成了一整套贯穿东南西北、合纵连横的产销网络体系；同时，公司还在美国、俄罗斯、日本、韩国、澳大利亚、德国等多个国家和地区设立了子公司和商务机构。

在业内人士看来，福耀玻璃在综合分析经营发展实际、股东要求和意愿、社会资金成本、外部融资环境等因素的基础上，并充分考虑公司未来发展需要的情况下，实行积极、持续、稳定的利润分配政策，充分重视对投资者的合理投资回报，兼顾公司的实际经营情况和可持续发展，已经建立起一套稳定、科学的发展与回报机制。

福耀玻璃表示，高比例分红基于公司良好的经营业绩，公司将持续以智识引领发展，以创新为驱动，不断致力于提升汽车玻璃在环保、节能、智能、集成方面的科技附加值，不断提升公司综合竞争力，为股东创造价值。

（资料来源：https://baijiahao.baidu.com/s?id=1700960256675270907&wfr=spider&for=pc.）

第一节 现金流量与企业生命周期

一、现金流量对财务报表使用者的重要意义

现金流量是企业一定时期的现金流入和流出的数量，通常是由经营活动、投资活动和筹资活动引起的。对于企业经营管理者而言，从企业处于不同生命周期其现金流量的增减变化情况，可使企业管理者掌握准确的现金流入、流出信息，保持适当的现金日常持有量，调度好资金的使用，发现企业内部隐藏的风险因素，从而提高资金使用效率，化解投资、资信、财务和资金调度等方面的风险，保证企业财务行为的最优化。对于投资者而言，他们之所以愿意为企业的高盈利能力支付高股价是预期该企业能够产生持续的现金流量，即使短期内不支付现金股利，投资者也相信企业如果能够创造稳定的现金流量，迟早会以现金股利的方式回报给他们。对债权人而言，持续、稳定的现金流量是企业能够按时还本付息的根本保证，其重要性远高于担保、抵押、质押。

二、企业生命周期各阶段性现金流量的特征

企业的生命周期是指企业从成立到成长、壮大、衰退直至破产或解散、清算完毕的

整个时期，一般可分为初创期、成长期、成熟期与衰退期四个不同阶段。当企业经历这种周期性浮沉兴衰时，作为企业发展流动着的血液的现金流量也在不断发生变化，这种变化日益受到企业经营管理者的重视并通过编制现金流量表得到体现。在企业生命周期的四个阶段中，企业从经营活动、投资活动和筹资活动中获得的现金流量均呈现不同的特征。

（一）企业初创期的现金流量特征

处于这一阶段的企业资源通常很有限，赚取收入不容易，而资金需求量却又非常大。处于初创期的企业的现金流量的特征是：由于产品认可度较低，没有稳定的市场，经营风险较高，因而经营活动现金流量净额常常为负。与此同时，这一时期投资活动活跃，企业需要大量现金构建固定资产和无形资产等长期资产，同时还要垫付一部分流动资金，使得投资活动现金流量净额也为负。投资活动消耗的现金流量远大于经营活动产生的现金流量，这使得经营活动现金流量和投资活动现金流量的合计值，很容易形成很大的负值。此外，企业在初创期存在大量筹资需求，这一阶段的一切投入，除自有资本外，大部分靠举债融资，因此筹资活动现金流量净额为正。

（二）企业成长期的现金流量特征

这个阶段中企业的产品或服务得到市场的认可，随着产品销售规模的扩大，知名度的提高，市场份额将逐渐扩大。同时，由于规模经济的效益使得经营成本逐渐降低，经营活动中大量货币流入，企业的生产经营日益壮大，经营活动产生的现金流量相较初创期将大为改观，现金流量净额应该变为正数，并逐步增大。此阶段是企业高速成长阶段，企业必将扩大生产线，加大投资力度，投资活动现金流量净额仍然可能为负数，但投资活动产生的现金流出呈减缓趋势。由于企业已经开始产生利润，成长初期由于迅速扩张仍然需要大量外部融资，到成长期的后期，企业融资规模将逐步降低，筹资活动的现金流量净额有所下降，但仍然应为正数。

（三）企业成熟期的现金流量特征

企业在本阶段产品市场份额逐步稳定，市场容量日趋饱和，企业面临的市场竞争日益白热化。因此，处在成熟期初期的产品的销售额虽然仍在增加，但销售速度放慢，随后将出现缓慢下降的趋势。这阶段企业拥有稳定的市场份额，产品成本降低余地也不大，经营活动将产生大量稳定的现金流。同时，面对日渐险恶的市场环境，企业进入投资的回收期，投资支出逐渐减少，投资活动的现金流量净额迅速增长。此时，企业拥有大量现金使得债务股权融资减少，开始偿还前期债务，并向所有者支付股利，以回馈股东，筹资活动产生的现金流量快速下降，甚至可能表现为负值。

（四）企业衰退期的现金流量特征

企业在这一阶段由于消费者偏好转移及科技的推动，新一代产品进入市场，旧有产品的销售额显著下降，产品老化，没有创新，价格降至最低可能也无法挽留固定消费者，甚至出现市场萎缩，产品接近淘汰。经营活动产生的现金流量净额急剧下降，甚至可能降为负数。投资活动现金流量净额由于企业的战略撤退会持续下降，但由于这一阶段投资支出由于经营风险和投资风险的巨大而非常少，使其净额不会变为负数。同时，由于这一阶段的低盈利能力导致在现有的行业内难以为继，微薄的净利润和折旧等无法满足再投资所需的现金，为弥补现金流量不足，企业常常要增加债务或清理证券和财产，从而产生大额的筹资活动产生的现金流入量，筹资活动现金流量净额仍为负值，但筹资需求将随着企业经营规模的裁减等原因而逐步缩小。不同于成熟阶段的企业将大量的现金以支付股利的形式返还给投资者，以供其运用于更高回报的项目，衰退阶段的企业大都倾向于保留股利和举债以维持生存。

> **知识链接 8-1**
>
> 艾迪思的企业生命周期理论
>
> 美国艾迪思研究所伊查克·艾迪思（Ichak Adizes）博士对企业的生命过程做过深入的研究。其企业生命周期理论影响很大并被广泛接受。该理论主要从企业生命周期的各个阶段分析了企业成长与老化的本质及特征。艾迪思把企业生命周期形象地比作人的成长与老化过程，认为企业的生命周期包括三个阶段十个时期：成长阶段，包括孕育期、婴儿期、学步期、青春期；成熟阶段，包括盛年期、稳定期；老化阶段，包括贵族期、内耗期或官僚化早期、官僚期和死亡期。每个阶段的特点都非常鲜明，并且都面临着死亡的威胁。
>
> 孕育期是指创办企业的人都拥有雄心勃勃的创业计划，并且愿意对风险做出承诺，这样一个企业就诞生了。学步期是企业迅速成长的阶段，创业者这时相信他们做什么都是对的，因为他把所有的事情都看作机会，这常常会种下祸根。青春期是企业成长最快的阶段，规模效益开始出现，市场开拓能力也迅速加强，市场份额扩大，产品品牌和企业的名声已为世人所知晓；企业度过青春期，终于进入盛年期和稳定期，这是企业生命周期中最理想的状态。在盛年期，企业的灵活性和可控性达到平衡，企业非常重视顾客需求、注意顾客满意度，并且对未来趋势的判断能力突出。
>
> （资料来源：http://finance.sina.com.cn/roll/20040514/1015760693.shtml）

第二节　现金流量结构的分析

现金流量结构可以划分为现金流入结构、现金流出结构和现金净流量结构。现金流量的结构分析就是以这三类结构中某一类或一类中某一个项目占其总体的比重以及将每一类现金流入流出进行对比所做的分析，也称为现金流量的比重分析。通过现金流量结构的分析可以具体了解企业现金来自何处，主要用往何方，以及净流量如何构成，同时可以进一步分析个体（即项目）对总体所产生的影响、发生变化的原因和变化的趋势，从而有利于信息使用者对现金流量做出更准确的判断和评价，从而抓住企业现金流量管理的重点。因此，现金流量结构的分析有着重要的意义。

一、现金流入结构的分析

现金流入结构反映经营活动、投资活动和筹资活动的现金流入在全部现金流入中的构成和所占的比重,以及这三类活动中的各个项目在该类现金流入中的构成和所占的百分比。因此,现金流入结构的分析包括总流入结构以及经营活动、投资活动、筹资活动三项活动流入的内部结构分析。其计算公式如下。

$$现金总流入结构比率 = \frac{各类活动现金流入量}{总现金流入量} \times 100\% \qquad (8-1)$$

$$现金流入内部结构比率 = \frac{某单项活动现金流入量}{某类活动现金流入量} \times 100\% \qquad (8-2)$$

一般而言,经营活动现金流入占总现金流入比重大的企业,特别是销售商品、提供劳务收到的现金占经营活动现金流入的比例特别大的企业,经营状况良好,财务风险低,现金流入结构较为合理。但是,对于经营风格差异较大的企业来说,这一比重可能存在着较大的差异,不便于比较。

二、现金流出结构的分析

现金流出结构反映经营活动、投资活动和筹资活动的现金流出在全部现金流出活动中的构成和所占的比重,以及这三类活动中的各个项目在该类现金流出中的构成和所占的比重。因此,现金流出结构的分析包括总流入结构以及经营活动、投资活动、筹资活动三项活动流出的内部结构分析。其计算公式如下。

$$现金总流出结构比率 = \frac{各类活动现金流出量}{总现金流出量} \times 100\% \qquad (8-3)$$

$$现金流出内部结构比率 = \frac{某单项活动现金流出量}{某类活动现金流出量} \times 100\% \qquad (8-4)$$

一般而言,企业经营活动产生的现金流出量在企业总现金流出量中所占比重较大,而且具有一定的稳定性,各期变化幅度不会太大,而投资活动和筹资活动产生的现金流出量从量上看会因企业财务策略的不同而存在较大差异。同时,相较于经营活动产生的现金流出量的稳定性来说,投资活动和筹资活动产生的现金流出量常常波动较大,具有偶发性。因此,在对企业现金流出结构进行分析时,应结合企业具体情况,不同时期不能采用同一衡量标准。

三、现金净流量结构的分析

现金净流量结构又称现金余额结构,是指经营活动、投资活动和筹资活动产生的现金流量净额在全部现金净流量中所占的比重。它反映企业的现金净流量是如何形成和分布的,可以看出经营活动、投资活动和筹资活动对现金净流量的贡献程度,从而说明现金净流量的形成原因是否合理。其计算公式如下。

$$现金净流量结构比率 = \frac{各类活动现金净流量}{总现金净流量} \times 100\% \qquad (8-5)$$

四、现金流入流出比分析

现金流入流出比是指一定会计期间某类活动现金的流出取得了多少现金流入。流入流出比,按照现金流的主要来源与去向分为经营活动的现金流入流出比、投资活动现金的流入流出比、筹资活动的现金流入流出比。其计算公式为

$$现金流入流出比 = \frac{各类活动现金流入量}{各类活动现金流出量} \times 100\% \quad (8\text{-}6)$$

一般而言,经营活动的现金流入流出比越大越好。投资活动现金的流入流出比在企业成长期比值通常比较小,因为这一阶段往往需要大量现金投出。相反,当企业处于衰退期或缺少投资机会时,此比值应该大一些才比较好,因为企业此时主要是为了尽快收回投资或减少投资。

筹资活动的现金流入流出比在企业处于成长期与扩张期时比值比较大属于一种正常现象,因为这表示企业正在积极筹集资金以满足发展的需要。相反,如果企业处于成熟期,则此比值要小一些,因为此时企业现金流一般很充裕,不再需要从外部大量筹集资金,而且开始偿还前期债务。

【例 8-1】 根据福耀玻璃 2020 年的现金流量表资料(见表 8-1),计算其现金流量的内部结构、现金流入结构、现金流出结构、现金净流量结构与现金流入流出比,并据以分析福耀玻璃现金流量结构的合理性。

表 8-1 福耀玻璃 2020 年现金流量结构与现金流入流出比分析表

项目	现金流量(万元)	现金流量结构(%)				现金流入流出比(%)
		内部结构	流入结构	流出结构	现金净流量结构	
一、经营活动产生的现金流量						
销售商品、提供劳务收到的现金	2 038 455.84	95.42				
收到的税费返还	19 352.71	0.91				
收到的其他与经营活动有关的现金	78 416.11	3.67				
经营活动现金流入小计	2 136 224.66	100.00	51.17			
购买商品、接受劳务支付的现金	987 016.32	61.36				
支付给职工以及为职工支付的现金	400 896.61	24.92				
支付的各项税费	168 403.75	10.47				
支付的其他与经营活动有关的现金	52 131.77	3.24				
经营活动现金流出小计	1 608 448.45	100.00		39.31		1.33
经营活动产生的现金流量净额	527 776.21				1159.22	
二、投资活动产生的现金流量						
收回投资所收到的现金						
取得投资收益所收到的现金	490.00	0.13				
处置固定资产、无形资产和其他长期资产所收回的现金净额	3 326.90	0.90				
处置子公司及其他营业单位收到的现金净额						
收到的其他与投资活动有关的现金	367 575.36	98.97				

续表

项目	现金流量（万元）	现金流量结构（%）				现金流入流出比（%）
		内部结构	流入结构	流出结构	现金净流量结构	
投资活动现金流入小计	371 392.26	100.00	8.90			
购建固定资产、无形资产和其他长期资产所支付的现金	177 254.30	36.32				
投资所支付的现金	5 800.00	1.19				
取得子公司及其他营业单位支付的现金净额						
支付的其他与投资活动有关的现金	305 000.00	62.49				
投资活动现金流出小计	488 054.30	100.00		11.93		0.76
投资活动产生的现金流量净额	-116 662.03				-256.24	
三、筹资活动产生的现金流量						
吸收投资收到的现金						
其中：子公司吸收少数股东投资收到的现金						
取得借款收到的现金	1 366 921.81	82.00				
发行债券收到的现金						
收到其他与筹资活动有关的现金	300 000.00	18.00				
筹资活动现金流入小计	1 666 921.81	100.00	39.93			
偿还债务支付的现金	1 757 150.95	88.08				
分配股利、利润或偿付利息所支付的现金	221 921.35	11.12				
其中：子公司支付给少数股东的股利、利润						
支付其他与筹资活动有关的现金	15 801.48	0.79				
筹资活动现金流出小计	1 994 873.78	100.00		48.76		0.84
筹资活动产生的现金流量净额	-327 951.97				-720.32	
四、汇率变动对现金及现金等价物的影响	-37 633.84				-82.66	
五、现金及现金等价物净增加额	45 528.37					
合计			100.00	100.00	100.00	

根据表 8-1，我们可以得出如下的结论。

① 从现金流入结构看，福耀玻璃经营活动产生的现金流入占全部现金流入的比重为 51.17%，筹资活动产生的现金流入则占总现金流入的 39.93%，投资活动的现金流入仅占总现金流入的 8.90%。这说明福耀玻璃 2020 年的现金流入主要依靠经营活动产生，同时，筹资活动产生的现金流入占总现金流入超过三成，有一定的还本付息的压力，存在一定的财务风险。再进一步看现金流入的内部结构，福耀玻璃销售商品、提供劳务收到的现金占经营活动产生的现金流入的 95.42%，说明其经营活动的收益绝大部分是靠销售商品和提供劳务创造的，其经营活动非常正常。取得借款收到的现金占全部筹资产生的现金流入的 82%，这说明福耀玻璃 2020 年的筹资主要是依靠借款（或发行债券）。

② 从现金流出结构看，福耀玻璃经营活动产生的现金流出占全部现金流出的比重为 39.31%，与其经营活动产生的现金流入占全部现金流入的比重 61.46% 比较，经营活动对

福耀玻璃的现金流量的贡献比较大。投资活动的现金流出占总现金流出的 11.93%，其中，购建固定资产、无形资产和其他长期资产所支付的现金占投资活动现金流出的 36.32%，支付的其他与投资活动有关的现金流出占投资活动现金流出的 62.49%，支付的其他与投资活动有关的现金主要包括捐赠现金支出、融资租赁租赁费，但从福耀玻璃 2020 年度年报无从得知该支付的其他与投资活动有关的现金流出原因。其投资活动的现金流出结构说明目前福耀玻璃没有大规模的对外投资，主要是对内的项目投资。筹资活动产生的现金流出则占总现金流出的 48.76%，其中，偿还债务所支付的现金占全部筹资活动产生的现金流出的 88.08%，分配股利、利润或偿付利息所支付的现金占全部筹资活动产生的现金流出的 11.12%，这和福耀玻璃筹资主要依靠举债、同时较注重回报投资者的发展策略是一致的。

③ 从现金净流量结构看，福耀玻璃 2020 年经营活动产生的现金流量净额对福耀玻璃全部现金净流量的贡献非常大，对现金流量净额的贡献高达 1 159.22%。筹资活动是现金净流量减少的最主要原因，主要是偿还债务导致现金流出。投资活动对 2020 年现金流量净额的贡献为 -256.24%，主要是支付的其他与投资活动有关的现金增加。另外，汇率变动对现金流量净额有 -82.66% 的贡献，主要是受人民币汇率波动影响，这恰好说明福耀玻璃海外业务增长态势不错。

④ 从现金流入流出比看，福耀玻璃 2020 年经营活动产生的现金流入流出比为 1.33，表明其经营活动中每 1 元的现金流出，可以带来 1.33 元的现金流入，这说明福耀玻璃经营活动的效益较好。福耀玻璃 2020 年投资活动产生的现金流入流出比为 0.76，表明目前投资福耀玻璃正处于扩大投资规模的时期，没有收缩的迹象。福耀玻璃 2020 年筹资活动产生的现金流入流出比为 0.84，表明其处于发展成熟时期，偿还到期债务较多。

总之，2020 年福耀玻璃现金流入的 50% 以上都来自经营活动产生的现金流，近 40% 来自筹资活动，投资流动产生的现金流入很少，说明福耀玻璃是一个较健康的正在稳步发展与扩张的企业，内部造血机制良好，同时依靠一定的外部输血以满足不断投资与发展的动机。当然，分析一个企业的现金流量结构，不能仅仅分析这个企业某一年的情况，应该对其多年的现金流量结构进行综合分析，还应将其现金流量结构与现金流入流出比与同行业进行比较，这样才可以得到更准确的判断与评价。

第三节 现金流量质量的分析

一、现金流量的质量特征

现金流量质量是指企业的现金流量能够按照企业的预期目标进行运转的质量。高质量的现金流量应当具有如下特征。

（一）企业现金流量的结构与状态体现了企业发展战略的要求

处于不同生命周期的企业的现金流量会呈现不同的特征，高质量的现金流量一定是与企业所处的生命周期相匹配的，并且其结构与状态体现这一阶段企业发展战略的要求。

在企业不同的生命周期，企业发展战略不同，其关注的目标和重点会有所不同，现金流量循环也会呈现出不同的特点。成功的管理者必须能够准确分析和识别企业在生命周期的不同阶段的特点及定位，并能够根据对现金流量的需要，做出合适的资本结构与资产结构选择。

（二）经营活动的现金流量应与企业经营活动产生的利润有一定的对应关系，并能为企业的扩张提供现金流量的支持

在企业稳定发展阶段，其经营活动产生的现金流量净额仅仅大于零还不足以说明其现金流量的质量高。只有经营活动产生的现金流量大于零并在补偿当期的非现金消耗性成本后仍有剩余，才意味着企业通过正常的商品购、产、销所带来的现金流入量，不但能够支付因经营活动而引起的货币流出、补偿全部当期的非现金消耗性成本，而且还有余力为企业的投资等活动提供现金流量的支持。

（三）投资活动产生的现金流量能体现企业长期发展的要求

投资活动产生的现金流量在整体上反映了企业利用现金资源的扩张状况，既体现企业经营活动发展和企业扩张的内在需求，也反映了企业在对外扩张方面的努力与尝试。通常，一个企业要发展，长期资产的规模必须增长。一个投资活动中对内投资的现金净流出量大幅度提高的企业，往往意味着该企业面临着一个新的发展机遇，或者一个新的投资机会。反之，如果企业对内投资中的现金净流入量大幅度增加，表示该企业正常的经营活动没有能够充分地吸纳其现有的资金，从而需要通过对外投资寻求获利机会。

（四）筹资活动的现金流量能适应经营活动和投资活动对现金流量的需求

筹资活动产生的现金流量，既可能是企业经营活动、投资活动的"因"，也可能是企业经营活动、投资活动的"果"。当企业经营活动、投资活动需要资金时，筹资活动应能及时、足额地筹集到相应的资金。当企业经营活动、投资活动产生大量现金流入时，筹资活动应该及时地清偿相关债务，避免不必要的利息支出。也就是说，企业筹资活动产生的现金流量应该从总体上适应企业经营活动、投资活动的需要，并且没有不当的融资行为。

二、现金流量质量的分析

（一）现金流量的总量分析

现金流量的总量分析是指对企业一定期间内的现金持有总量进行分析，进而从总量上分析现金流量的适当性，从而评价现金流量的质量。主要是通过现金流量表上的"现金及现金等价物净增加额"是正值还是负值来判断一定期间内的现金流量是流入还是流出，并进而结合企业所处的生命周期分析企业现金流量的质量，评价企业的偿债能力与盈利能力。

当"现金及现金等价物净增加额"为正数时，表明企业期末现金大于期初现金量，

即当期有现金净流入。然而，现金总量上出现净流入并不一定意味着企业现金流量的质量很好，也可能隐藏着危机。以下几种情况可导致当期现金净流入。①经营活动现金流入大大高于现金流出，并有较大额度积累，完全可以对外投资或归还到期债务。②经营活动正常，对外投资得到高额回报，暂时不需要外部资金。企业为减少资金占用，正积极归还银行借款、偿付债券本息。③经营持续稳定，投资项目成效明显但未到投资回收高峰，企业信誉良好，外部资金亦不时流入。④经营每况愈下，经营活动产生的现金流量严重不充裕，甚至经营活动产生的现金净流量可能为负数，企业不得不尽力收回对外投资，同时必须大额度筹集维持生产所需的资金，以维持日常运营之需，企业正面临较大的财务风险。前三种情况，说明企业目前现金流量的质量比较高，偿债能力与盈利能力都比较理想。最后一种情况，则表明企业的现金流量质量堪忧。

当"现金及现金等价物净增加额"为负数时，表明企业期末现金小于期初现金量，即为当期有现金净流出。究其原因，可能有以下几点。①经营正常、投资和筹资亦无大的起伏波动，企业只能依靠前期积累来维持日常经营活动，偿还债务。这时需要详细分析企业现金流入和现金流出的具体内容。②现金净流量总额出现负增长，现金流量内部结构呈现的升降规律与前述的企业不同生命周期的现金流量特征表现一致，则很可能是正常情况。可以运用结构分析法结合企业的生命周期分析企业现金流量的构成情况。

当"现金及现金等价物净增加额"为零时，表明企业期末现金状况与期初相同。但也仅仅只能表明在某一时点现金余额的状态是一致的，至于现金流量的质量是否完全相同，则要具体分析现金流量的构成及造成现金净流量为零的原因。

这就是说，上述三种情况，无论出现哪种情况，都不能简单地得出结论，认为企业现金流量的质量好或恶化或维持不变，都需要进一步分析导致现金净流量出现这一结果的原因，这就需要对现金流量的结构进行深入分析。

（二）现金流量的结构分析

现金流量结构非常重要，因为相同的现金净流量可能由于来源不同而意味着不同的财务状况与迥异的现金流量质量。对现金流量的结构分析主要有定性分析和定量分析。

1. 现金流量结构的定性分析

（1）各类现金流量的定性分析

首先，应关注经营活动现金流量的够用程度。经营活动产生的现金流量是整个现金流量分析的重点，这是因为经营活动发生的现金流量产生于企业正常的生产经营业务，代表着企业自身的"造血功能"，是确保企业可持续发展的根本。经营活动应该是企业一切活动的核心和重点，企业的投资活动和筹资活动要为经营活动服务。作为一个健康运转的企业，经营活动应当是现金流量的主要来源。经营活动的现金流量，最好能够补偿固定资产折旧与无形资产摊销费用、支付现金股利与支付利息费用。如果经营活动现金流量难以完成上述支付，则可能说明企业或者收款出现了问题,或者付款出现了问题。当然,也有可能是企业编错了报表。对经营活动产生的现金流量具体分析如下。①如果经营活动产生的现金流量小于零，一般意味着企业经营过程的现金流转存在问题，经营中"入不敷出"。②如果经营活动产生的现金流量等于零,则意味着企业经营过程中的现金"收支平衡",从短期看,可以维持;但从长期看,则可能难以持续经营。③如果经营活动产生的现金流量大于零但不足以补偿当期的非现付成本,这与情形②只有量的差别,但没有质的差别。④如果经营活动产生的现金流量大于零并恰能补偿当期的非现付成本,则说明企业能在现金流转上维持"简单再生产"。⑤如果经营活动产生的现金流量大于零并在补偿当期的非现付成本后还有剩余,这意味着企业经营活动产生的现金流量将会对企业投资发展作出贡献。

其次,对投资活动产生的现金流量质量进行定性分析,应关注投资活动的现金流出量与企业投资计划的吻合程度。作为投资流出,除了短期投资以外,不论是购建固定资产、无形资产,还是对外股权和债权投资支出,都不应该是企业"心血来潮"的结果,而应该是在进行充分的研究与论证以后决策的结果。一般来说,投资活动的现金流出量代表了企业的扩张态势,因此在观察现金流量表的投资活动产生的现金流量时,还应该仔细研究投资活动中的对内投资和对外投资的关系。另外,在分析投资活动产生的现金流量时,还应该联系筹资活动产生的现金流量来综合考查。在经营活动产生的现金流量不变时,如果投资活动的现金净流出量主要依靠筹资活动产生的现金净流入量来解决,则说明企业的规模扩大主要是通过从外部筹资来完成的,这意味着企业正在扩张。如果投资活动产生的现金流量小于零,意味着投资活动本身的现金流转"入不敷出",这通常是正常现象,表明企业可能采取了扩大生产,或参与资本市场运作,但须关注投资支出的合理性和投资收益的实现状况。如果投资活动产生的现金流量大于或等于零,这可能是非正常现象,说明企业可能为解决资金不足的问题,正在对长期资产进行处置以变现,或者企业正在进行战略性收缩,好收回部分投资或者投资支出很少等。但不能一概而论,因为也可能是企业资本运作收效显著,取得的投资回报比较丰厚。

最后,对筹资活动产生的现金流量质量进行定性分析,还要分析企业的融资政策、企业采用的是何种筹资方式、融入融出的内因以及对整个经济活动的影响。一般说来,企业采用何种融资方式,最主要的是取决于资本成本的高低。尤其当企业在面临经营危机和财务危机时,主要通过外部筹资来满足这一需要,以使生产继续下去和避免倒闭。如果筹资活动的现金净流量为正数,表明企业为满足发展和投资的需要,需要通过银行及资本市场筹资一定数量的资金,此时,要关注所筹集资金的投资动向。如果筹资活动的现金净流量为负数,则可能表明企业自身资金周转进入良性循环,正处于还本付息的阶段,企业债务负担已经减轻;但筹资活动的现金流量为负数也有可能反映企业银行信誉已经丧失,资金筹集出现困难。

(2)三类现金流量结果组合后的综合定性分析

在现金流量表上,每一类现金净流量都有可能出现正值(用"+"表示)或负值(用"-"表示),现金净流量也会相应出现"正"或"负"。将这三种现金净流量及其变化的结果进行排列组合,就形成14种可能的情况。下面用表格的方式对其构成关系进行定性分析,以评价每种组合下企业现金流量的质量,见表8-2。

表 8-2　三类现金流量结果组合后的综合定性分析

不同类别的现金净流量			现金净流量	不同组合现金流量的质量分析
经营活动	投资活动	筹资活动		
+	+	+	+	表明企业经营情况良好，投资收益良好或正在收回部分投资，但仍在继续筹资。这时需要了解企业是否有良好的投资机会与效益，注意是否存在资金的浪费；或者企业是否正处于战略转型期，一边收回部分投资一边筹资以伺机更好的扩张；或者企业目前已经开始出现危机，所以未雨绸缪，积极筹资，并收缩投资。因此，现金流量的三个组成部分均为正值时并不意味着现金流量的质量一定好
+	+	−	+	表明企业进入成熟期，企业经营、财务状况良好。企业产品拥有稳定的市场份额或销售市场，经营活动正产生大量稳定的现金流。企业进入投资的回收期，开始偿还前期债务，并向所有者支付股利，以回馈股东
+	−	+	+	表明企业处于成长期的后期，仍在迅速扩张与发展中。产品销售规模扩大，经营活动产生的现金流量净额逐步增大。由于扩大生产线、加大投资力度的需要，企业仅靠经营活动现金流量净额不能完全满足追加投资的需要，仍然需要一些外部筹资
+	−	+	−	表明企业处于成长期的初期，正在迅速扩张与发展。产品销售规模扩大，经营活动产生的现金流量净额有所增大，但远不能满足投资的需要。企业需要大量外部筹资，但资金仍有缺口。此时要分析企业投资项目的未来报酬率
+	−	−	+	表明企业经营状况良好，可以在偿还前期债务的同时继续扩大投资。但此种情况下应密切关注企业经营状况的变化，防止由于其恶化而导致企业陷入财务困境
+	−	−	−	表明企业经营状况还不错，然而不能同时满足偿还前期债务与继续扩大投资的需要，也有可能是盲目的投资或不当的资金管理导致经营活动产生的现金流被蚕食，从而资金流存在缺口，出现财务危机
+	+	−	−	表明企业经营状况尚可，投资效益要么不错，要么正在收回投资，以偿还大量到期债务。然而，由于还本付息的压力过于沉重，经营活动和投资活动的现金流入都很难应付财务危机
−	+	+	+	表明企业靠举债维持经营所需资金，财务状况可能恶化。此时应分析投资活动现金流入增加是来源于投资收益还是来源于投资的收回，如果是后者，企业可能正面临严峻的形势
−	−	+	+	可能出现两种情况：①企业正处于初创期，产品认可度较低，企业需要大量现金构建固定资产和无形资产等长期资产，同时还要垫付一部分流动资金，以开拓市场。投资活动消耗的现金流量远大于经营活动产生的现金流量，所以企业需要筹集大量资金。筹资活动产生的现金流量金额巨大可以弥补经营活动和投资活动所带来的资金不足。②企业正入入衰退期，产品销量不畅，市场萎缩，不得不开始寻找转型机会或投资机会。为弥补日常经营现金流量的不足及再投资所需的现金，企业只能靠举债维持。如果不能适时战略转型成功（或有新的产品满足市场的需要，或开发了新的市场），那么企业前景堪忧
−	+	−	+	说明企业目前主业不兴，完全依靠对外投资收益来支撑企业的生产经营与债务的偿付。企业可能只是一种暂时的风光或维持，因为单纯依靠投资收益毕竟不稳定
−	+	+	−	说明企业经营目前陷入困难，主要依靠对外投资收益或收回投资，甚至不得不继续举债来维持企业的生产经营活动，然而，仍然难以满足企业正常运转的需要
−	−	+	−	表明企业可能处于初创期。由于产品认可度较低，没有稳定的市场，企业经营风险较高，因而经营活动现金流量净额常常为负。与此同时，这一时期投资活动活跃，企业需要大量现金构建固定资产和无形资产等长期资产，同时还要垫付一部分流动资金，使得投资活动现金流量净额也为负。投资活动消耗的现金流量远大于经营活动产生的现金流量，这使得经营活动现金流量和投资活动现金流量的合计值，很容易形成很大的负值。因此，筹资需求非常迫切。然而，资金依然不能满足需要，所以这一阶段财务管理的主要任务是筹集大量资金

续表

不同类别的现金净流量			现金净流量	不同组合现金流量的质量分析
经营活动	投资活动	筹资活动		
−	+	−	−	表明企业已进入衰退期,已很难通过经营取得净现金流入。为偿还债务,并维持企业的运转,企业不得不大量收回投资。或者,企业目前主业不兴,完全靠对外投资收益来支撑企业的生存。如果属于前一种情况,则可能企业会面临破产。如果属于后一种情况,则企业可以暂时风光或已是苟延残喘,因为单纯依靠投资收益毕竟不稳定
−	−	−	−	这种情况往往会在盲目扩张的企业发生。由于企业对市场预测失误,造成新的产品得不到市场认可,经营活动产生的现金流入小于流出;投资效益低下,致使投出的大量资金难以收回;财务状况举步维艰,难以偿还到期债务

【例 8-2】 根据 2016—2020 年福耀玻璃的相关现金流量情况(未将汇率变动的影响额纳入表中,但计算时已考虑),进行现金流量结构的定性分析,判断其现金流量的质量状况,见表 8-3。

表 8-3　福耀玻璃 2016—2020 年的现金流量结构

年份	不同类别活动产生的现金净流量(万元)			现金净流量(万元)
	经营活动	投资活动	筹资活动	
2016	363 697.49	− 317 323.16	42 448.86	129 260.12
2017	479 651.21	− 351 388.50	− 145 583.43	− 49 453.87
2018	580 786.13	− 332 778.42	− 308 000.41	− 34 663.94
2019	512 691.48	− 312 529.78	− 11 553.63	199 501.23
2020	527 776.21	− 116 662.03	− 327 951.97	45 528.37

从表 8-3 可以看出,福耀玻璃 2016 年的现金流量结构处于"+、−、+、+"的状态,表明企业处于成长期的后期,仍在迅速扩张与发展中。可能由于扩大生产线、加大投资力度或海外投资的需要,仅靠经营活动现金流量净额不能完全满足追加投资的需要,仍然需要一些外部筹资。2017 年、2018 年福耀玻璃的现金流量结构都处于"+、−、−、−"的状态,说明表明企业经营状况还不错,然而不能同时满足偿还前期债务与继续扩大投资的需要,从而资金流存在缺口,好在福耀玻璃前期积累了较充足的现金流,虽然存在一定的财务风险,但远不至于出现财务危机。2019 年、2020 年福耀玻璃两年的现金流量结构都处于"+、−、−、+"的状态,表明企业经营状况良好,经营活动产生了较充沛的现金流,可以在偿还前期债务的同时继续扩大投资。总的来说,2016—2020 年的 5 年内,福耀玻璃经营活动产生的现金净流量均为正数,投资活动产生的现金净流量均为负数,筹资活动产生的现金净流量则是有负有正。这说明福耀玻璃处于发展势头良好的成长、扩张时期,其经营活动产生的现金净流量一直很稳定,并不断在扩大对内对外的投资,从而有的年份需要融资以供投资所需的资金,有的年份则在偿还债务。

2. 现金流量结构的定量分析

现金流量结构的定量分析是指以现金流量表中的类别和项目为基础,分别计算出各类或各项目在其总体中的比重，通过对其比重变化及变动程度的分析，从量上对现金流量质量做出判断和评价的一种分析法。此分析已在本章第二节详述。

（三）现金流量的趋势分析

现金流量的趋势分析是通过观察连续数期的会计报表，比较各期的有关项目金额，分析某些指标的增减变动情况，并在此基础上判断现金流量变化趋势与现金流量质量是否稳定、持续的一种分析方法。运用趋势分析法一般通过计算趋势百分比来进行，趋势百分比有两种，即定基百分比和环比百分比。下面主要采用定基百分比对福耀玻璃的现金流量进行趋势分析。

【例 8-3】根据福耀玻璃 2016—2020 年的现金流量相关资料(请读者自行查阅福耀玻璃 2016—2019 年现金流量表)，对福耀玻璃的现金流量进行趋势分析（未将汇率变动的影响额纳入表中，但计算时已考虑）。其中表 8-4、表 8-5、表 8-6 均是以 2016 年作为基期进行计算的。

表 8-4 福耀玻璃 2016—2020 年现金流入的定基趋势分析表

项目	2016 年	2017 年	2018 年	2019 年	2020 年
经营活动产生的现金流入	100%	119.46%	133.34%	133.32%	120.97%
投资活动产生的现金流入	100%	112.08%	474.33%	668.74%	624.89%
筹资活动产生的现金流入	100%	105.71%	134.66%	167.96%	165.48%
现金总流入	100%	119.46%	133.34%	133.32%	236.39%

表 8-5 福耀玻璃 2016—2020 年现金流出的定基趋势分析表

项目	2016 年	2017 年	2018 年	2019 年	2020 年
经营活动产生的现金流出	100%	116.24%	126.51%	131.33%	114.70%
投资活动产生的现金流出	100%	110.95%	163.15%	188.45%	129.54%
筹资活动产生的现金流出	100%	125.45%	172.50%	176.54%	206.74%
现金总流出	100%	119.92%	147.72%	155.07%	150.48%

表 8-6 福耀玻璃 2016—2020 年现金净流量的定基趋势分析表

项目	2016 年	2017 年	2018 年	2019 年	2020 年
经营活动产生的现金净流量	100%	131.88%	159.69%	140.97%	145.11%
投资活动产生的现金净流量	100%	110.74%	104.87%	98.49%	36.76%
筹资活动产生的现金净流量	100%	−342.96%	−725.58%	−27.22%	−772.58%
总现金净流量	100%	−38.26%	−26.82%	154.34%	35.22%

根据表 8-4、表 8-5、表 8-6 的数据，分析如下。

①福耀玻璃经营活动产生的现金流入在 2016—2018 年有较大幅度增加，2019 年较 2018 年基本保持稳定，2020 年有所减少，但这可能是受新冠肺炎疫情全球肆虐的影响。2016—2019 年经营活动产生的现金流出逐年上升，但与经营活动产生的现金流入相比并不过分，而 2020 年经营活动产生的现金流出相对 2019 年的有较大幅度下降，因此相应

地带来经营活动产生的现金流量净额均有较大幅度增长，尤其 2018 年经营活动产生的现金净流量非常充足。这说明福耀玻璃经营活动创造现金的能力比较强，而且具有稳定性和持续性，是高质量现金流量的重要来源。

②福耀玻璃投资活动产生的现金流入不够均衡，其中 2018—2020 年投资活动产生的现金流入相对于 2016 年、2017 年出现了"井喷式"的增长，应进一步分析其投资活动产生的现金流入是属于投资收益所致还是处置内部长期资产所致。福耀玻璃投资活动产生的现金流出在 2017—2019 年逐年增长，2020 年增长有所减少，这说明福耀玻璃前几年处于稳步的对内、对外投资和扩张的阶段，但目前有所收缩。

③福耀玻璃筹资活动产生的现金流入总体呈现增长态势，2020 年相对 2019 年略有减少。与此同时，筹资活动产生的现金流出也呈现增长态势，尤其 2020 年增幅最大。这说明福耀玻璃处于非常稳健地偿还债务、控制财务风险的成熟发展期。

④在经营活动、投资活动、筹资活动的综合影响下，福耀玻璃总的现金流入、流出都呈现增长态势，2017—2019 年总的现金流出的增长幅度均超过总的现金流入的增长幅度，主要是因为偿还债务等导致现金流出较多，而 2020 年现金净流量的增长主要得益于投资活动产生的现金流入。企业收到的其他与投资活动有关的现金主要是指收到购买股票和债券时支付的已宣告但尚知未领取的股利，已到付息期但尚未领取的债券利息，以及上述投资活动道项目以外的其他与投资活动有关的现金流入。

总之，2016—2020 年的 5 年间，福耀玻璃的经营状况总体较良好，给公司提供了较稳定的可持续的现金流，尤其是经营活动为公司提供了较稳定和可持续的现金流，从而为公司及时偿还债务及持续高额派现提供了条件。另外，福耀玻璃近几年放缓了投资的步伐，处于投资收益收割期。

三、分析现金流量质量时应注意的问题

（一）要辩证地看待现金流入流出量

企业在投资活动中发生的各项现金支出，实际上反映了其为拓展经营业务所做的努力。企业从经营活动、筹资活动中获得的现金再投资出去，是为了今后更大的发展。现金不流出是不能为企业带来经济效益的，尤其对于处在快速成长时期的企业，大量的现金流出是十分必要的。从企业长远发展的利益出发，短期的大量现金流出是为以后较高的盈利回报和稳定的现金流入打基础。如果企业出现了大量的现金净流入，未必是一件好的事情，此时必须分析现金流入的来源，否则容易导致错误的判断。

（二）结合资产负债表、利润表、报表附注及其他相关信息分析现金流量

由于资产负债表、利润表和现金流量表有内在逻辑关系，可以从另外两张报表各项目的变动中寻找企业经营性现金流量增减的实质。因此，投资者应检查现金流量表中的"销售商品、提供劳务收到的现金"项目和利润表中的营业收入以及资产负债表中"应收账款""应收票据""预收账款"等项目的对应关系，检查现金流量表中"购买商品、接受劳务支付的现金"项目与利润表中的"营业成本"及资产负债表中的"存货""应付

账款""应付票据""预付账款"等项目的对应关系，重视"购建固定资产、无形资产和其他长期资产所支付的现金""支付的其他与投资活动有关的现金"与资产负债表中"固定资产""长期投资"等项目的对应关系研究。

（三）注意现金流量的横向和纵向分析

通过纵向的分析，可以比较企业的现金流量的状况，推断企业未来的现金流量，进而得出企业的收现能力和偿债风险。另外，研究企业自身的数据，必须结合该企业所属的行业或地区进行横向比较，才具有实际意义，才有助于提高现金流量分析的质量。单期分析是仅就某一特定时期的现金流量所做的分析，是现金流量结构与质量分析的基础。然而，单期分析往往因缺乏判别的参照物而很难对企业的现金流量状况做出客观、准确的评价，这就需要借助于多期比较分析。多期比较分析也叫趋势分析，是将历年单期分析资料进行连续比较，以从中找出企业现金流量的变化规律和发展趋势的分析过程。多期比较分析可根据企业所处的不同发展阶段（譬如扩张期或成长期或衰退期）判断现金流量结构的合理性，从而通过分析企业现金流量的变动趋势来预测企业未来的发展情况。

本 章 小 结

现金流量是企业一定时期的现金流入和流出的数量，通常是由经营活动、投资活动和筹资活动引起的。在企业生命周期的四个阶段中，企业从经营活动、投资活动和筹资活动中获得的现金流量均呈现不同的特征。现金流量结构可以划分为现金流入结构、现金流出结构和现金净流量结构。现金流量的结构分析就是以这三类结构中某一类或一类中某一个项目占其总体的比重所进行的分析，也称为现金流量的比重分析。通过现金流量结构的分析可以具体了解现金来自何处，主要用往何方，以及净流量如何构成，同时可以进一步分析个体（即项目）对总体所产生的影响、发生变化的原因和变化的趋势，从而有利于对现金流量做出更准确的判断和评价。对现金流量的分析不仅应关心现金流量净额是否为正，还应深入分析现金流量质量。现金流量质量是指企业的现金流量能够按照企业的预期目标进行运转的质量。对企业现金流量质量的分析主要应从总量分析、结构分析、趋势分析三个方面进行，分析时应注意定量分析与定性分析相结合，辩证地看待现金流入流出量，结合资产负债表、利润表及其相关信息对现金流量进行全面、综合的分析。

复习思考题

1. 为什么在解读企业财务报表时，不仅要分析资产负债表和利润表，还要对现金流量表进行分析？
2. 企业处于不同生命周期时，其现金流量呈现何种特征？
3. 为什么要对现金流量结构进行分析？如何进行？

4. 投资活动产生的现金净流量小于零意味着什么？
5. 筹资活动产生的现金净流量为正值好还是为负值好？
6. 如何对现金流量的质量进行分析？
7. 如何利用现金流量表分析和评价一个企业盈利的品质？
8. 仔细阅读本章后面的阅读材料，同时请对九牧王（601566，SH）的 2016—2020 年连续 5 年的现金流量质量进行分析。

第九章

财务报表综合分析

【学习目标】

通过对本章的学习，了解财务报表综合分析的内涵，了解我国企业绩效评估体系的发展，掌握杜邦财务分析体系、综合评分法、财务预警分析等基本财务报表综合分析方法，熟悉不同财务报表综合分析方法的优缺点评价，熟悉财务报表综合分析的局限及其改进，了解平衡计分卡的四个绩效衡量维度。

【关键概念】

杜邦财务分析（DuPont financial analysis） 　　沃尔比重评分法（Wooer weight grade）

财务预警（financial warning） 　　平衡计分卡（balanced score card）

业绩稳定分红比例提升，多元化业务发展喜人
——万科2020年年报点评

万科公司公告2020年年报，实现营业收入4 191.1亿元，同比增长13.9%；实现归属于上市公司股东的净利润415.2亿元，同比增长6.8%。

一、营收稳定增长，业绩增速略低于预期

公司业绩增速略低于营收增速，主要系开发业务高地价低毛利项目进入结算期，导致综合毛利率（税后）下降4.6个百分点至22.7%。此外公司计提较多存货跌价准备，影响税后净利润19.8亿元，影响归母净利润14.5亿元。

二、多元化业务发展喜人，开发运营双轮驱动

2020年万科物业实现对万科集团内和对外营业收入182.0亿元，同比增长27.4%，在管面积5.7亿平方米，规模和营收均稳居行业第一。公司长租公寓营业收入25.4亿元，同比增长72.3%，规模居行业第一。商业业务营业收入63.2亿元，同比增长4.3%。万纬物流管理项目的营业收入18.7亿元，同比增长37%。公司多年布局非开发业务，均取得行业领先地位，开发运营双轮驱动已经成型。

三、财务健康分红比例提升，未来可结算资源丰富

公司净负债率仅为18.1%，分红比例从30%提升到35%。截至2020年年末，公司有

4 918.6万平方米已售未结算资源,合同金额合计约6 981.5亿元,较上年末分别增长14.7%和14.6%。公司2021年预计项目竣工面积3587.5万平方米,推算2021年结算营收的增速可达15%。此外,2020年房地产业务实现销售金额7 041.5亿元,同比增长11.6%。我们预计未来营收和业绩均能保持两位数左右的增长。

四、财务预测与投资建议：维持买入评级

根据公司年报,我们预测公司2021—2023年EPS为3.94元、4.39元、4.99元（原预测2021—2022年为3.99元、4.39元）。可比公司2021年估值为7.2X,考虑到公司较可比公司积极拓展资管类业态的项目,向轻资产化运营,应享有更高估值溢价,我们给予公司30%估值溢价得到9.4X估值,对应目标价37.04元。

（资料来源：WIND,东方证券研究所）

第一节　财务报表综合分析概述

一、财务报表综合分析的内涵

（一）财务报表综合分析的概念

财务报表综合分析是将盈利能力、营运能力、偿债能力、现金能力和发展能力等各方面财务指标作为一个整体,系统、全面、综合地对企业财务状况和经营业绩进行剖析、解释和评价。以前各章是从不同角度对财务报表的某一方面进行的分析和评价。本章是把财务报表的各个方面统一起来,作为一个整体进行分析。

财务报表综合分析的最终目的在于全面地、准确地、客观地揭示企业财务状况和经营业绩,并借以对企业经营绩效做出合理的评价。要达到这样目的,仅仅只计算几个简单的、孤立的财务比率,或者将一些孤立的财务分析指标堆砌到一起,是不可能得出合理、正确的综合性结论的,有时甚至会得出错误的结论。因此只有将各项分析指标有机地联系起来,作为一套完整的体系,相互配合,做出系统的综合评价,才能从总体上把握企业绩效的优劣。

注册会计师对七匹狼出具的2009年年度审计报告中有这么一句话："贵公司财务报表已经按照企业会计准则的规定编制,在所有重大方面公允反映了贵公司2009年12月31日的财务状况以及2009年年度的经营成果和现金流量。"这里的财务状况是指某一时点的资产负债表所反映的经济效益,利润表、现金流量表和所有者权益变动表则反映某一期间的经营业绩,财务状况和经营业绩共同构成了企业绩效评价的不可或缺的两部分内容。

（二）财务报表综合分析与单项分析的区别

1. 分析方法不同

单项分析通常采用演绎法,由一般到个别,把企业财务活动进行分解,然后逐一加以考查分析。综合分析则是通过归纳法,把个别财务现象从财务活动整体上进行系统综合。因此，单项分析具有实务性和实证性，综合分析则具有高度的抽象性和概括性，着重从整体上概括财务状况的本质特征。单项分析能够真切地认识每一个具体的财务现象，可以对财务状况和经营成果的其中一方面做出判断和评价，并为综合分析提供良好的基础。但如果不在此基础上抽象概括，把具体的问题提高到理性高度认识，就难以对企业的财务状况和经营业绩做出全面、完整和综合的评价。因此，综合分析以各单项分析为基础，单项分析以综合分析为终结。只有把单项分析和综合分析结合起来，才能提高财务报表分析的质量。

2. 分析重点和基准不同

单项分析的重点和比较基准是财务计划、财务理论标准，而综合分析的重点和基准是行业标准、企业理想目标。因此，单项分析把每个分析的指标视为同等重要的地位来处理，它难以考虑各种指标之间的相互关系。而财务综合分析强调各种指标有主次之分，并且一定要抓住主要指标。只有抓住主要指标，才能抓住影响企业财务状况的主要矛盾。在主要财务指标分析的基础上再对其辅助指标进行分析，才能分析透彻、把握准确、详尽。各主、辅指标功能应相互协调匹配，在利用主、辅指标时，还应特别注意主、辅指标间的本质联系和层次关系。

二、理想的企业绩效的质量特征

（一）具有一定的盈利能力，利润结构基本合理

一定的盈利能力是指企业会计政策保持一贯性的条件下，在绝对额上，企业具有大于零的净利润；在盈利能力比率上，其净资产收益率、总资产报酬率、营业利润率等指标在同行业中处于平均水平之上。

利润结构基本合理具有两层含义。①利润表中的利润结构应该与资产负债表中的资产结构相适应。企业的资产总额带来了利息和税前利润，其中对外投资带来了投资收益，其他资产带来了其他利润。②企业费用在年度之间没有出现不合理的下降。企业各个年度可比同类费用总额应与经营业务规模相适应。一般企业的期间费用会随着经营业务规模的提高而增长，但在企业经营业务规模因为竞争加剧而下降的情况下，由于参与竞争需要更多费用投入，期间费用的规模也不一定会降低。

（二）企业各类活动的现金流量周转正常

首先，处于稳定发展阶段的企业，其经营活动现金净流量应该对企业的利润有足够的支付能力。经营活动的现金流量应该是企业正常经营时能倚重的、稳定的、主动的经常性资金流转的现金流量。经营活动现金流量主要被用于补偿当期折旧和摊销费用、补偿当期已经计提但应由以后年度支付的应计性费用、支付利息费用、支付当期现金股利，如果还有剩余现金流量可以为企业扩大生产规模、对外投资提供资金支持。

其次，投资活动的现金流量体现了企业长期发展的要求。对内扩大再生产、对外进行股权和债权投资，为企业未来的发展奠定基础，体现企业长期发展战略的要求。投资活动现金流量应有较强的计划性，应与企业发展战略有密切的内在联系。

最后，筹资活动的现金流量应该适应企业经营活动现金流量、投资活动现金流量周转的状况，为上述两类活动服务。当企业经营活动、投资活动现金流量周转结果小于零，企业又没有累积的现金的时候，需要通过筹资填补资金缺口。当企业经营活动、投资活动现金流量周转的结果大于零，企业应通过偿还筹措资金消耗现金，减少利息支出，间接为企业创造效益。

（三）资产结构能够满足企业发展以及偿债需要

不同的资产具有不同的功用。经营性流动资产是企业短期内最具有活力的资产，是经营活动的主要来源，是偿还短期债务的主要保障。优质的经营性流动资产应该表现为适当的流动资产周转率，以及较强的偿还短期债务能力。固定资产、无形资产是企业长期经营的物质基础和技术装备。优质的固定资产和无形资产表现为生产能力与产品的市场份额所需要的生产能力相匹配，周转速度适当，资产的闲置率不高。长期股权投资体现了企业对外谋求扩张的方向，应该体现或增强企业的核心竞争力，并与企业的战略发展相符。

（四）资本结构较为合理，资本结构质量较好

考虑资本结构的合理性，主要关注资本结构质量。资本结构质量指企业资本结构与企业当前以及未来经营和发展活动相适应的质量。评价企业资本结构质量主要应关注以下几个方面内容：①企业资金成本的水平与企业资产报酬率的对比关系；②企业资金来源的期限构成与企业资产结构的适应性；③企业财务杠杆与为未来融资要求以及企业未来发展的适应性；④企业所有权益内股东持股构成与企业未来发展的适应性。

三、财务报表综合分析的意义

（一）综合绩效评价

财务报表综合分析是以企业综合绩效评价为最终目的。绩效评价以财务分析为前提，财务分析以绩效评价为结论。但绩效评价并非财务报表综合分析的终点。通过综合分析全面评价企业财务状况及经营业绩，明确企业的经营水平、行业位置及发展方向，评价代理契约的经管受托责任，为企业投资人、债权人、经营者、政府及其他利益相关者经济决策提供相关信息，明确企业财务活动和经营活动的相互关系，找出制约企业发展的"瓶颈"所在，为完善企业财务管理和经营管理提供依据。

（二）未来趋势预测

财务报表分析属于定期进行的事后总结分析，是根据企业过去一段时期财务活动所形成的历史资料进行的定量分析和主观判断。然而，基于对企业过去、现在的了解和把握，对企业未来经营中的不确定性进行判断，结合企业所处的外部环境，可以对企业未来发展趋势进行预测。一方面，任何事物的发展都是有一定规律可循的。通过连续数期的财务指标进行趋势分析，可以找出各项指标发展变动的规律，有助于对企业未来发展做出合理的估计和判断。另一方面，任何危机的发生都是一个逐渐恶化的过程。综合分析能够监测、识别、判断企业存在的财务隐患，有助于企业及时防范和化解财务风险。

如果能够及早察觉财务危机的信号，预测企业的财务失败，在财务危机处于萌芽状态时就采取有效措施改善管理，财务危机是可以避免的。

（三）价值评估基础

现代企业财务管理的目标存在股东价值最大化与企业价值最大化的争论。企业所有者作为企业资本投入者，资本增值是企业所有者的根本目的。但是持续的股东价值增加必须保证其他利益主体的价值不受损，甚至稳步增加。不论是股东价值还是企业价值，都是面向未来的长期的评估值，需要完整的、系统的信息，而非片面的、孤立的数据。财务报表综合分析所提供的正是系统分析得出的信息，为企业价值评估提供了评价基础。

四、我国企业绩效评价体系

我国从1995年财政部发布《企业经济效益评价指标体系》开始，多次推出基于会计数据的企业绩效评价体系，先后有如下一些企业绩效评价体系。

①财政部发布《企业经济效益评价指标体系（试行）》（1995年）。

②国家统计局、国家计委、国家经贸委联合发布的《关于改进工业经济效益评价考核指标体系的内容及实施方案》（1997年）。

③财政部、国家经贸委、人事部和国家计委联合发布的《国有资本金效绩评价指标体系》（1999年）。

④财政部、国家经贸委、中共中央企业工作委员会、劳动和社会保障部、国家计委联合发布《企业绩效评价操作细则（修订）》（2002年发布，对《国有资本金效绩评价指标体系》的修订）。

⑤国资委发布的《中央企业综合绩效评价管理暂行办法》及《实施细则》（2006年）。

⑥国资委发布的《中央企业负责人经营业绩考核暂行办法》（2003年发布，2006年、2009年、2012年修订）。

⑦财政部发布的《金融类国有及国有控股企业绩效评价实施细则》（2009年）。

⑧国资委发布的《中央企业负责人经营业绩考核办法》（2016年发布，2019年修订）。

上述几种具代表性的企业综合评价体系推出的时代背景不同，考虑的侧重点各不相同，各评价体系所采用的指标内容和权重都不一致，整体而言日臻完善。

1995年的《企业经济效益评价指标体系（试行）》更多的是视国有企业为国家机关的依附，考虑了企业对社会的贡献，含有社会贡献率和社会累积率两个指标，占权重的25%。

随着我国经济体制的改革，1999年的《国有资本金效绩评价指标体系》则较多地将企业作为独立于国家机关的个体看待，指标体系重点突出企业的经营效益，在设计指标体系时以净资产收益率为主导指标。

2002年的《企业绩效评价操作细则（修订）》与2006年的《中央企业综合绩效评价实施细则》的指标体系几乎是一致的，共同的显著特点是财务指标分为基本指标和修正指标，并引入非财务定性评议指标。相互作用和相互依赖的基本指标、修正指标和评议指标三个维度，各维度可单独或综合使用，同时包括了财务和非财务指标，有利于克服纯财务指标分析的缺陷，并明确采用专家意见法（德尔菲）设定权重。

2009 年的《中央企业负责人经营业绩考核暂行办法》从 2010 年开始实施，没有明确计算综合指数，重点在于把央企负责人的业绩考核与薪酬相挂钩。其中引人注目的是引入"经济增加值"，与"利润总额"并列作为考核的重要指标，意味着国资委对央企考核的"指挥棒"的导向从重利润到重价值的重大变化，以期引导并改变长期以来，一些央企忽视资本成本，片面追求规模扩张的发展模式的局面。自 2010 年开始，经济增加值一直作为央企负责人的考核指标，每三年修订一次，经过两轮修订试行，2016 年正式更名不再用"暂行办法"，最近一次修订是 2019 年。

2009 年的《金融类国有及国有控股企业绩效评价实施细则》将金融类企业与非金融类企业区分开来，并针对不同类型的金融企业设计企业绩效评价指标体系。目的在于加强对金融类国有及国有控股企业的财务监管，积极稳妥地推进金融类国有及国有控股企业的绩效评价工作。

第二节　财务报表综合分析方法

一、杜邦财务分析体系

（一）杜邦财务分析体系简述

杜邦财务分析（DuPont financial analysis）体系，最早由美国杜邦公司使用，因而得名。杜邦分析法根据各主要财务比率指标之间的内在联系来综合地分析企业的财务状况。其基本思想是将企业净资产收益率逐级分解为多项财务比率乘积，重点揭示企业获利能力及其前因后果，深入分析比较企业经营业绩。

杜邦财务分析体系的特点在于将若干反映企业盈利能力、偿债能力和营运能力的财务比率按内在联系有机地结合起来，形成一个完整的指标体系，并最终通过净资产收益率这一核心指标来综合反映。

（二）杜邦财务分析体系构成

杜邦财务分析体系包含了几种主要的指标关系，可以分为三大层次。

（1）净资产收益率的分解

$$净资产收益率 = \frac{净利润}{净资产} = \frac{净利润}{总资产} \times \frac{总资产}{净资产}$$

所以有　　净资产收益率 = 总资产收益率 × 权益乘数

（2）总资产收益率的分解

$$总资产收益率 = \frac{净利润}{总资产} = \frac{净利润}{营业收入} \times \frac{营业收入}{总资产}$$

所以有　　总资产收益率 = 销售净利率 × 总资产周转率

（3）销售净利率与总资产周转率的分解

①销售净利率的分解

$$\text{销售净利率} = \frac{\text{净利润}}{\text{营业收入}} = \frac{\text{总收入} - \text{总成本费用}}{\text{营业收入}}$$

②总资产周转率的分解

$$\text{总资产周转率} = \frac{\text{营业收入}}{\text{总资产}} = \frac{\text{营业收入}}{\text{流动资产} + \text{非流动资产}}$$

以上关系可以用图 9-1 进行综合汇总反映。

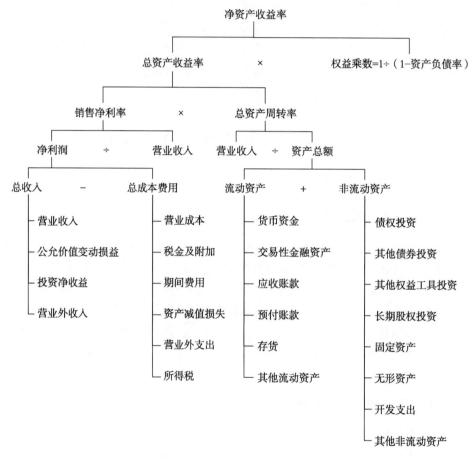

图 9-1 杜邦财务分析体系分解图

（三）杜邦财务分析体系的解读

净资产收益率的高低取决于销售净利率、总资产周转率和权益乘数。杜邦财务分析体系的价值在于系统全面分析企业绩效，并抓住主要矛盾，直指要害。

1. 净资产收益率是一个综合性非常强的财务分析指标

净资产收益率是杜邦分析系统的核心。财务管理及会计核算的目标之一是使股东财富最大化。净资产收益率，即股东权益报酬率，反映企业所有者投入资本的获利能力，说明企业融资、投资、资产营运等各项财务及其管理活动的效率。不断提高股东权益报酬率是所有者权益最大化的基本保证。所以，这一财务分析指标是企业所有者、经营者都十分关心的。净资产收益率高低的决定因素主要有三个方面，即销售净利率、总资产周转率和权益乘数，综合反映了企业的盈利能力、营运能力和偿债能力。杜邦分析法的分解思路可以将净资产收益率这一综合指标发生变化的原因具体化，比只用一项综合性指标更能说明问题。

2. 销售净利率是反映企业盈利能力的重要指标

销售净利率反映企业利润与销售收入的关系，它的高低取决于销售收入与成本总额的高低。企业要想提高销售净利率，一是要扩大销售收入，二是要降低成本费用。扩大销售收入不仅提高销售净利率，还可提高总资产周转率。降低成本费用是提高销售净利率的一个重要因素，从杜邦财务分析体系分解图可以看出成本费用的基本结构是否合理，从而找出降低成本费用的途径和加强成本费用控制的办法。如果企业财务费用支出过高，就要进一步分析其负债比率是否过高，如果管理费用过高，就要进一步分析其资产周转情况等。企业提高利润率的另一途径是提高其他利润，如想办法增加其他业务利润、适时适当投资取得投资收益、降低营业外支出等。为了详细了解企业成本费用的发生情况，在具体列示成本总额时，还可根据重要性原则，将那些影响较大的费用单独列示（如利息费用等）以便为寻求降低成本的途径提供依据。

3. 总资产周转率是反映企业营运能力的最重要的指标

企业总资产由流动资产与非流动资产组成，流动资产直接体现企业的偿债能力和变现能力，而非流动资产则体现该企业的经营规模、发展潜力。各类资产的收益性有较大区别，如现金、应收账款几乎没有收益。资产结构合理与否将直接影响企业的偿债能力和资产经济效益。总资产周转率是综合考察企业全部资产经营质量和利用效率的重要指标。如果企业的总资产周转率突然上升，而企业的营业收入却无多大变化，则可能是企业本期报废了大量固定资产造成的，而不是企业的资产利用效率提高。如果企业的总资产周转率较低，且长期处于较低的状态，企业应采取措施提高各项资产的利用效率，处置多余和闲置不用的资产，提高营业收入，从而提高总资产周转率。

4. 权益乘数与资本结构相关，反映企业偿债能力

企业负债经营对提高净资产收益率起到杠杆作用。企业的负债程度越高，将给企业带来杠杆利益的同时，也带来了较高的风险。负债比率越大，权益乘数就越高。对权益乘数的分析要联系资本结构分析企业的偿债能力。在资产总额不变的条件下，适度开展负债经营，合理安排资本结构，可以减少所有者权益所占的份额，从而达到提高净资产收益率的目的。

总而言之，通过杜邦分析体系自上而下或自下而上地分析，不仅可以了解企业财务状况的全貌以及各项财务分析指标间的结构关系，而且还可以查明各项主要财务指标增减变动的相互影响及存在的问题，为决策者提高净资产收益率提供了基本思路——扩大销售规模，节约成本费用开支，优化资产质量，合理资源配置，加速资金周转，优化资本结构等。

(四)杜邦财务分析体系的应用

某公司 2018—2020 年的财务数据如表 9-1 所示,分析三年来净资产收益率持续下降的原因。

表 9-1　某上市公司 2018—2019 年财务数据

财务指标＼年份	2018 年	2019 年	2020 年
净资产收益率	7.8%	5.5%	4.01%
总资产收益率	4.77%	3.46%	2.23%
权益乘数	1.636	1.615	1.796
销售净利率	21.90%	10.85%	6.55%
总资产周转率	0.22	0.32	0.34
营业收入增长率		45.22%	20.55%
成本费用增长率		20.2%	61.3%
营业费用增长率		41.7%	−8.5%
管理费用增长率		61.04%	31.35%
财务费用增长率		72.18%	98.83%
总资产增长率		−0.78%	12.65%
负债增长率		−5.28%	35.15%

净资产收益率＝销售净利率×总资产周转率×权益乘数,该公司 2018—2020 年间总资产周转率和权益乘数是小幅上升的,造成净资产收益率持续下降的是主因是销售净利率的大幅滑坡。因此确定分析的重点是营业收入、成本费用分析。

从营业收入角度看,该公司 2018—2020 年营业收入是稳步增长的,但是 2020 年比 2019 年的营业收入增长放缓了。公司有必要寻求收入增长放缓的原因,是营销策略不得当、市场竞争加剧,还是自身产品存在问题?

从成本费用角度看,相比于营业收入增长放缓,该公司成本费用 2020 年却比 2019 年激增,这是销售净利率大幅下挫的主因。从成本费用结构看,营业费用得到很好控制,但管理费用和财务费用却大幅度增长,尤其财务费用的增长与营业收入的增长不成比例。分析资本结构发现,该公司 2020 年负债大幅增长,这应该就是财务费用增加的原因。

通过杜邦分析为该公司提供了未来的管理思路——保收入增长,控制管理费用,调整资本结构,降低财务费用,同时资产营运效率亦不可放松。

二、综合评分法

(一)综合评分法简述

在财务报表分析中,人们常遇到的一个主要困难是在计算出各项财务指标后,无法直观判定其优劣,而必须通过与历史指标、计划指标或行业指标相比较,才能做出判断。各种财务指标的堆砌常使信息使用者"只见树木,不见森林",无法从整体上把握企业的财务状况和经营业绩。杜邦分析体系一定程度上弥补了这方面的缺陷,但杜邦分析法只应用到数个财务指标,尤其没有利用到现金流量指标、发展能力指标。综合评分法将反映企业不同维度的财务指标,用一个简捷的系统予以综合,得出一个概括性的综合评分,以此来反映企业综合财务状况和经营业绩。用数学语言表述,综合评分法就是构建函数 $P=f(X_1,X_2,\cdots,X_n)$ 来表达评价结论。其中 P 为综合得分,$X_1,X_2,\cdots,X_n$ 为单因素的效用值。综合评分法通常采用的形式有相加评分法、相乘评分法和加权相加评分法。

1. 相加评分法

$$P=f(X_1,X_2,\cdots,X_n)=\sum_{i=1}^{n}X_i \qquad (9\text{-}1)$$

相加评分法是将单因素效用的测度值相加,公式如上。相加评分法的优点在于操作简单、直观。其局限在于对不同评价指标没有区别对待,相当于以相等权重处理,无法区分指标主次。

2. 相乘评分法

$$P=f(X_1,X_2,\cdots,X_n)=\prod X_i \qquad (9\text{-}2)$$

相乘评分法是将单因素的效用值相乘计算综合分,公式如上。相乘评分法简单易懂,其局限性在于假设各评价因素是相互独立、平等的,未考虑不同评价因素对总目标贡献大小的区别。

3. 加权相加评分法

$$P=f(X_1,X_2,\cdots,X_n)=\sum_{i=1}^{n}W_iX_i \qquad (9\text{-}3)$$

加权相加评分法引入权重 W_i(要求 $\sum_{i=1}^{n}W_iX_i$),对效用值进行加权处理,再进行相加计算综合分。这种方法避免了以上两种方法未考虑不同指标重要性差异的缺陷。加权相加评分法实质上是在相加评分法的基础上引入权重。换而言之,相加评分法其实是加权相加评分法的特例。

(二)沃尔评分法

沃尔评分法,又称沃尔比重评分法(Wooer weight grade),是经典的加权相加评分法。1928年,美国财务学家亚历山大·沃尔在其出版的《信用晴雨表研究》和《财务报表比率分析》中提出了信用能力指数的概念,设计了综合比率评价体系,把若干个财务比率用线性关系结合起来,以此来评价企业的财务状况。沃尔评分法公式如下:

$$I=\sum_{i}W_i\times\frac{R_i}{Z_i} \qquad (9\text{-}4)$$

式中,W_i 为财务比率 i 的相应权重;R_i 为企业特定财务比率 i 的数值;Z_i 为财务比率 i 的行业标准或基准比率。

沃尔评分法选择了七个财务比率，即流动比率、负债与所有者权益比率、固定资产净值比率、应收账款周转率、存货周转率、固定资产周转率和销售收入与所有者权益比率，分别给定各指标的权重，然后确定标准比率（以行业平均数为基础），将实际比率与标准比率相比，得出相对比率，将此相对比率与各指标比重相乘，得出总评分（见表9-2）。

表 9-2 沃尔评分法指标体系

财务比率（R_i）	标准比率	权重（W_i）
流动比率	2.00	0.25
负债与所有者权益比率	1.50	0.25
固定资产净值率	2.50	0.15
应收账款周转率	8	0.10
存货周转率	6	0.10
固定资产周转率	4	0.10
销售收入与所有者权益比率	3	0.05
合计		1.00

沃尔评分法指标体系中的7个常用财务比率分别体现了企业的偿债能力、盈利能力、资产运营等状况，试图从不同角度反映企业的财务状况和经营业绩。然而沃尔未能从理论上证明为什么要选取这7个指标，而不是更多或更少，或者选择别的财务比率。同时权重的赋值是基于沃尔自身经验的主观选择，并没有什么理论依据或实证支持。

（三）我国企业绩效评价体系

下面以国资委发布的《中央企业综合绩效评价实施细则》为例说明综合指数法在我国企业绩效评价中的具体应用。2006年，为了进一步加强中央企业监督管理，规范企业经营效绩评价行为，完善企业效绩评价方法，确保企业效绩评价结果的科学、客观和公正，国资委颁布了《中央企业综合绩效评价实施细则》。

1. 指标体系

企业绩效评价指标体系采用加权相加评分法，指标体系分两大类：财务指标和管理指标。财务指标又分为基本指标和修正指标，指标体系见表9-3。

企业绩效评价指标体系中依照专家意见评分法（德尔菲法）设定定量财务指标和定性评议指标权重，分别赋权70%和30%。

2. 评价标准

评价标准是实施企业绩效评价的参照系。财务指标评价标准由标准值和标准系数构成。财务评价指标全国评价标准值由主管部门根据全国企业财务报表数据资料及有关统计信息，在剔除有关企业不合理数据的基础上，结合国民经济近期发展水平，运用移动加权平均等数理统计方法统一制定。每个财务指标评价标准值划分为五个水平档次，分别为优（A）、良（B）、中（C）、低（D）、差（E），五档评价标准值相对应的标准系数分别为1.0、0.8、0.6、0.4、0.2，差（E）以下为0。

表 9-3 企业绩效评价指标体系

评价内容	权数	财务指标				管理指标	
		基本指标	权数	修正指标	权数	评议指标	权数
盈利能力状况	34	净资产收益率	20	销售（营业）利润率	10	战略管理	18
		总资产报酬率	14	盈余现金保障倍数	9	发展创新	15
				成本费用利润率	8	经营决策	16
				资本收益率	7	风险控制	13
资产质量状况	22	总资产周转率	10	存货周转率	9	基础管理	14
		应收账款周转率	12	流动资产周转率	7	人力资源	8
				不良资产比率	6	行业影响	8
债务风险状况	22	资产负债率	12	速动比率	6	社会贡献	8
		已获利息倍数	10	现金流动负债比率	6		
				带息负债比率	5		
				或有负债比率	5		
经营增长状况	22	销售（营业）增长率	12	销售（营业）利润增长率	10		
		资本保值增值率	10	总资产增长率	7		
				技术投入比率	5		
小计	100		100		100		100
权重		70%				30%	

国务院国资委考核分配局编写的《企业绩效评价标准值（2020）》中，全国国有企业房地产行业 2020 年度全行业的盈利能力状况评价各档标准值如表 9-4 所示。

表 9-4 企业绩效评价财务效益状况指标标准值

项目	优秀值	良好值	平均值	较低值	较差值
净资产收益率（%）	13.6	9.4	5.6	1.1	-3.8
总资产报酬率（%）	8.5	5.2	3.0	0.3	-2.9
总资产周转率	0.7	0.6	0.5	0.2	0.1
应收账款周转率	22.1	13.1	5.7	0.8	0.3
资产负债率（%）	48.6	58.6	69.6	78.6	88.6
已获利息倍数	5.5	4.0	3.0	1.3	-1.3
销售增长率（%）	17.1	10.3	5.0	-3.4	-11.8
资本积累率[①]（%）	38.2	26.2	9.7	-5.0	-20.0

注①：资本积累率＝本年所有者权益增长额/年初所有者权益×100%
（资料来源：国务院国资委考核分配局. 企业绩效评价标准值（2020）. 北京：经济科学出版社，2020.）

管理评议指标参考标准以国家的有关经济政策、法律法规、制度等为基础，结合我国国情和企业管理经验，按照重要性原则具体制定。具体做法是邀请从事有关实际工作和理论研究方面的专家，通过专家意见打分（德尔菲法），确定管理评议指标参考标准。每个评议指标参考标准同样分为优（A）、良（B）、中（C）、低（D）、差（E）五个等级，每个等级对应的等级参数分别为 1.0、0.8、0.6、0.4、0.2。

3. 计分方法

企业绩效评价的主要计分方法是功效系数法，用于财务评价指标的评价计分。辅助计分方法是综合分析判断法，用于管理评议指标的评价计分。根据评价指标体系的三层次结构，企业效绩评价的计分方法分为基本指标计分方法、修正指标计分方法、评议指标计分方法和财务指标与管理指标结合计分方法。

（1）基本指标计分方法

基本指标计分方法是指运用企业绩效评价基本指标，将指标实际值对照相应评价标准值，计算各项指标实际得分，计算公式为：

$$基本指标总得分 = \sum 单项指标得分 = \sum (本档基础分 + 调整分) \quad (9\text{-}5)$$

其中，

$$本档基础分 = 指标权数 \times 本档标准系数$$

$$调整分 = \frac{实际值 - 本档标准值}{上档标准值 - 本档标准值} \times (上档基础分 - 本档基础分)$$

$$上档基础分 = 指标权数 \times 上档标准系数$$

（2）修正指标计分方法

$$\begin{aligned}修正后总得分 &= \sum 各部分修正后得分 \\ &= \sum 各部分基本指标分数 \times 该部分综合修正系数\end{aligned} \quad (9\text{-}6)$$

其中，

$$\begin{aligned}某部分综合修正系数 &= \sum 该部分各指标加权修正系数 \\ &= \sum \left(\frac{修正指标权数}{该部分权数} \times 该指标单项修正系数\right)\end{aligned}$$

$$某指标单项修正系数 = 1 + \left(\frac{本档}{标准系数} + 功效系数 \times 0.2 - \frac{该部分基本指标}{分析系数}\right)$$

$$某部分基本指标分析系数 = 该部分基本指标得分 \div 该部分权数$$

（3）评议指标计分方法

具体根据评议指标所考核的内容，由不少于 5 名的评议专家依据评价参考标准判定指标达到的等级，然后计算评议指标得分。

$$评议指标总分 = \sum 单项指标分数 \quad (9\text{-}7)$$

$$单项指标分数 = \sum \frac{单项指标权数 \times 每位评议家选定的等级\ 参数}{评议专家总人数}$$

（四）综合评分法的应用简例

简要举例说明综合评分法的应用，本书采用沃尔评分法计算综合得分。由于现代社会与沃尔所处的时代相比，已经发生很大的变化，沃尔最初提出的七项指标已经难以完全适用当前企业评价的需要。因此，指标体系的选择上，本书采纳《中央企业综合绩效评价实施细则》的财务基本指标体系，行业标准值取自《企业绩效评价标准值（2020）》

国有企业全行业平均值。

实际应用过程中应该注意以下两个问题。

首先,由于各项评价指标的得分=各项指标的权重×(指标的实际值÷指标的标准值),这就意味着当某项指标实际值大于标准值时,该指标的得分就会越高。在实务中,有些指标可能高于标准值才是理想值。但是,用该公式计算出来分数却是低于标准分,显然与实际不符。因此,在指标选择上,应注意评价指标的同向性,对于不同向的指标应进行同向化处理或是选择其他替代指标。例如,资产负债率就可以用其倒数的值来代替。

其次,当某一个指标值严重异常时,会对总评分产生不合逻辑的重大影响。例如,当某一单项指标的实际值畸高时,会导致最后总分大幅度增加,掩盖了情况不良的指标,从而出现"一美遮百丑"的现象。因此,在实务中,可以设定各指标得分值的上限或下限,如按当年"优秀值/平均值"设上限,按当年"较差值/平均值"设下限。

以万科 2020 年业绩评价(见表 9-5)为例,万科的六个指标均优于标准值,其中有三项指标(净资产收益率、应收账款周转率、销售增长率)超过了上限值。经过调整后综合得分 231.6 分,远超平均值。万科 2020 年的经营业绩居于行业前列。这就不难理解为什么开篇引导案例里,东方证券研究所对万科年报点评给出的财务预测与投资建议是"维持买入评级"。

表 9-5　万科 2020 年度业绩评价

评价内容	权数	基本指标		评价步骤						
		指标	权数(1)	标准值(2)	实际值(3)	关系比率(4)=(3)÷(2)				实际得分(5)=(4)×(1)
						实际比率	上限①	下限②	调整比率	
盈利能力状况	34	净资产收益率	20	5.6%	20.1%	3.6	2.4	-0.7	2.4	48
		总资产报酬率	14	3.0%	3.3%	1.1	2.8	-1	1.1	15.4
资产质量状况	22	总资产周转率	10	0.5	0.23	0.5	1.4	0.2	0.5	5
		应收账款周转率	12	22.1	139.6	6.3	3.9	0.1	6.3	75.6
债务风险状况	22	1÷资产负债率	12	1/69.6%	1/81.3%	0.9	1.4	0.8	0.9	10.8
		已获利息倍数	10	3.0	16.5	5.5	1.8	-0.4	1.8	18
经营增长状况	22	销售(营业)增长率	12	5.0%	13.9%	39.5	3.4	-2.4	3.4	40.8
		资本累计率③	10	9.7%	29.3%	1.8	3.9	-2.1	1.8	18
合计	100		100							231.6

注:①上限=当年"优秀值/平均值"。
②下限=当年"较差值/平均值"。
③资本积累率=(年末所有者权益-年初所有者权益)÷年初所有者权益×100%。

除了资产负债比率,万科的各项业绩指标均领先行业均值。值得一提的是,万科的资产负债率计算包含了无息债务预收账款、以履约为前提的合同负债。万科的预收账款和合同负债比同行业高得多,扣除预收账款和合同负债后万科的有息负债率仅为 47.5%。

再以恒大 2020 年业绩评价(见表 9-6)为例,恒大只有销售增长率略优于行业标准值,其他指标都比行业标准值差。尤其从应收账款周转率、总资产周转率、已获利息倍数指标可以窥见恒大存在流动性问题。经过调整后的恒大 2020 年经营业绩综合得分 55.5 分,远远落后于行业均值。2021 年 6 月,恒大爆出偿债危机,大量商业承兑汇票逾期,或者以房产兑付,引发市场关注。

表 9-6　恒大 2020 年度业绩评价

评价内容	权数	基本指标		评价步骤						实际得分
		指标	权数	标准值	实际值	关系比率（4）=（3）÷（2）				
			（1）	（2）	（3）	实际比率	上限①	下限②	调整比率	（5）=（4）×（1）
盈利能力状况	34	净资产收益率	20	5.6%	5.5%	0.98	2.4	−0.7	0.98	19.6
		总资产报酬率	14	3.0%	0.36%	0.12	2.8	−1	0.12	1.7
资产质量状况	22	总资产周转率	10	0.5	0.2	0.4	1.4	0.2	0.4	4
		应收账款周转率	12	22.1	3.6	0.16	3.9	0.1	0.16	1.9
债务风险状况	22	1÷资产负债率	12	1/69.6%	1/84.8%	0.82	1.4	0.8	0.82	9.8
		已获利息倍数	10	3.0	1.8	0.6	1.8	−0.4	0.6	6
经营增长状况	22	销售(营业)增长率	12	5.0%	6.2%	1.24	3.4	−2.4	1.24	14.9
		资本累计率③	10	9.7%	−2.3%	−0.24	3.9	−2.1	−0.24	−2.4
合计	100		100							55.5

注：①上限＝当年"优秀值/平均值"。
②下限＝当年"较差值/平均值"。
③资本积累率＝（年末所有者权益－年初所有者权益）÷年初所有者权益×100%。

三、财务预警分析

（一）财务预警分析简述

财务预警（financial warning）分析是通过对企业财务报表及相关经营资料的分析，利用数据将企业已面临的危险情况预先告知企业经营者和其他利益关系人，并分析企业发生财务危机的可能原因和企业财务运营体系中隐藏的问题，以便提前做好防范措施的财务分析系统。

财务报表分析中财务预警属于微观经济预警的范畴。财务预警学派的诞生源自 20 世纪 30 年代发生的经济危机。这一学派将财务报表分析的重心从对历史结果的分析转向对未来的预测，尤其是财务失败的预测。

企业因财务危机导致经营陷入困境，甚至宣告破产的例子屡见不鲜。企业产生财务危机是由企业经营者决策不当造成的。由于任何财务危机都有一个逐步恶化的过程，因此，及早地发现财务危机信号，预测企业的财务危机，使经营者能够在财务危机出现的萌芽阶段采取有效措施改善企业经营，预防企业滑入泥潭，使投资者在发现企业的财务危机萌芽后及时转移投资，减少更大损失。银行等金融机构可以利用这种预警，帮助做出贷款决策并进行贷款控制。相关企业可以在这种信号的帮助下做出信用决策并对应收账款进行管理。审计师则利用这种信息确定其审计程序，帮助判断企业的前景。

（二）一元判定模型

一元判定模型是指以个别财务指标来预测财务危机的模型，模型中所涉及的几个财务比率趋势恶化时，通常是企业发生财务危机的先兆。

最早的财务预警研究是保罗·菲茨帕特里克（Paul J. Fitzpatrick）开展的单变量破产预测研究。菲茨帕特里克 1932 年以 19 家企业为样本，运用单个财务比率，将样本划分为破产与非破产两组。菲茨帕特里克发现，判别能力最高的指标是股东权益报酬率和股东权益负债比。

威廉·比弗（William H. Beaver）1966年考察了29个财务比率在企业陷入财务困境前1～5年的预测能力，发现"经营现金流量/负债总额"在破产前一年的预测正确率可以达到87%。比弗研究发现，发生财务危机的企业现金较少，但应收账款较多，而现金和应收账款并入流动资产掩盖了潜在的危机。因此，预测企业的财务危机时，应对现金少、应收账款多的企业特别警觉。

一元判定模型的优点在于简单、易懂，使用方便。其缺陷在于管理层有可能有针对性地粉饰判别指标，而且个别几个财务指标不可能充分反映企业财务状况，总体判别精度不高。

（三）多元线性判定模型

1. Z计分模型

①制造业上市企业的破产模型

最早由美国的爱德华·阿尔曼（Edward I. Altman）在20世纪60年代中期提出"Z计分模型（Z-score Model）"。阿尔曼以1946—1965年间提出破产申请的33家公司和配对的33家非破产公司为样本，通过五种财务比率，将企业偿债能力指标、盈利能力指标和营运能力指标有机地联系起来，综合分析预测企业财务失败或破产的可能性。判别函数形式如下：

$$Z = 1.2X_1 + 1.4X_2 + 3.3X_3 + 0.6X_4 + 0.99X_5 \quad (9-8)$$

其中，X_1 = 营运资金÷资产总额，反映企业资产变现能力和规模特征；X_2 = 留存收益÷资产总额，反映企业一定时期利用净收益再投资的比例；X_3 = 息税前收益÷资产总额，反映在不考虑利税时企业资产的盈利能力；X_4 = 股本市值÷负债面值，反映在负债超过资产、企业无力偿还债务前，权益资产可能跌价的程度；X_5 = 销售收入÷资产总额，反映企业资产营运能力。

Z值越低，企业越有可能发生破产。阿尔曼还提出了判断企业破产的临界值。如果企业的Z值大于2.675，则表明企业的财务状况良好，发生破产的可能性较小。如果Z值小于1.81，则企业存在很大的破产危险。如果Z值处于1.81～2.675之间，阿尔曼称之"灰色地带"，进入这个区间的企业财务状况是极不稳定的。

②制造业非上市企业的破产模型

由于上述模型的研究对象仅限于上市的制造业公司，阿尔曼（2000）对该模型进行进一步实验研究并修改之后，得出非上市企业的Z-score模型为

$$Z = 0.717X_1 + 0.847X_2 + 3.107X_3 + 0.420X_4 + 0.998X_5 \quad (9-9)$$

其中，X_1 = 营运资本÷总资产，X_2 = 留存收益÷总资产，X_3 = 息税前收益÷总资产，X_4 = 股东权益账面价值÷总负债，X_5 = 销售额÷总资产。

在式（9-9）中，以股东权益的账目价值取代市值，避免了非上市公司无法取得市值的缺陷，使得非上市公司的破产评价成为可能。

判断非上市企业破产的临界值如下：如果企业的Z值大于2.9，则表明企业的财务状况良好，发生破产的可能性较小。如果Z值小于1.21，则企业存在很大的破产危险。如

果 Z 值处于 1.21～2.9 之间，企业财务状况极不稳定。

③非制造业企业的破产模型

阿尔曼还对非制造业上市公司进行大量的实证研究，得出非制造业公司的 Z-score 模型为

$$Z = 6.56X_1 + 3.26X_2 + 6.72X_3 + 1.05X_4 \qquad (9\text{-}10)$$

其中，X_1 = 营运资本÷总资产；X_2 = 留存收益÷总资产；X_3 = 息税前收益÷总资产；X_4 = 股东权益账面价值÷总负债。

在式（9-10）中，依然沿用非上市企业的破产模型的做法，以股东权益账面价值作为测算依据，因此该模型也适用于非上市公司。同时，式（9-10）不再有 X_5 资产周转率的指标，原因在于资产周转率是一个行业敏感的指标，不同行业差异很大。

判断非制造业企业破产的临界值如下：如果企业的 Z 值大于 2.657，则表明企业的财务状况良好，发生破产的可能性较小。如果 Z 值小于 1.1，则企业存在很大的破产危险。如果 Z 值处于 1.1～2.657 之间，企业财务状况极不稳定。

2. Edminster 模型

由于 Z 计分模型是以制造业的中等资产规模（70 万～2590 万美元）企业为样本，对小企业实用性不是太强。1972 年，埃得米斯特（Edmister）专门针对小企业建立了小企业财务危机预警分析模型。Edminster 模型中变量取值为 1 或 0，判别函数形式如下。

$$Z = 0.951 - 0.423X_1 - 0.293X_2 - 0.482X_3 + 0.277X_4 \\ - 0.452X_5 - 0.352X_6 - 0.924X_7 \qquad (9\text{-}11)$$

其中，

$X_1 = \dfrac{\text{税前净利} + \text{折旧}}{\text{流动负债}}$，若 $X_1 < 0.05$，则 $X_1 = 1$；若 $X_1 \geqslant 0.05$ 则 $X_1 = 0$

$X_2 = \dfrac{\text{所有者权益}}{\text{销售收入}}$，若 $X_2 < 0.07$，则 $X_2 = 1$；若 $X_2 \geqslant 0.07$ 则 $X_2 = 0$

$X_3 = \dfrac{\text{净营运资金} \div \text{销售收入}}{\text{行业平均值}}$，若 $X_3 < -0.02$，则 $X_3 = 1$；若 $X_3 \geqslant -0.02$，则 $X_3 = 0$

$X_4 = \dfrac{\text{流动负债}}{\text{所有者权益}}$，若 $X_4 < 0.48$ 则 $X_4 = 1$；若 $X_4 \geqslant 0.48$，则 $X_4 = 0$

$X_5 = \dfrac{\text{存货} \div \text{销售收入}}{\text{行业平均值}}$，若 X_5 连续三年有上升趋势，则 $X_5 = 1$；反之则 $X_5 = 0$

$X_6 = \dfrac{\text{速动比率}}{\text{行业平均速动比率趋向值}}$，若 $X_6 < 0.34$ 且有下降趋势，则 $X_6 = 1$；反之则 $X_6 = 0$

$X_7 = \dfrac{\text{速动比率}}{\text{行业平均速动比率}}$，若 X_7 连续三年有下降趋势，则 $X_7 = 1$；反之则 $X_7 = 0$。

该模型的判定方法与 Z 计分模型相似，判断小企业破产的临界值如下：如果企业的 Z 值大于 2.9，则表明企业的财务状况良好，发生破产的可能性较小。若 Z 值小于 1.2，则企业存在很大的破产危险。如果 Z 值处于 1.2～2.9 之间，企业财务状况极不稳定。

3. 多元线性判定模型的评价

多元线性判定模型具有较高的判别精度，现已成为预测企业财务困境最常用的方法。除了以上介绍的模型，还有很多学者利用不同样本研究出了很多其他判别函数形式的多元判定模型。

知识链接 9-1

其他多元线性判定模型

除了上述两个模型外，还有很多多元线性判定模型的研究成果，现介绍几种，感兴趣的读者可以进行相应的拓展阅读。

- **多微区分模型**

美国学者在使用 SPSS-X 统计软件多微区分分析（multiple discriminate analysis）方法的基础上，统计 1977~1990 年 62 家企业的有关资料建立起来的预测企业财务危机数学模型。临界值为 0.027 4，低于临界值为破产高危企业。

$$Z = 1.109\,1 \times \frac{营运资金}{资产总额} + 0.107\,4 \times \frac{留存收益}{资产总额} + 1.927\,1 \times \frac{经营现金流}{负债总额} + 0.030\,2 \times \frac{股权市值}{负债总额} + 0.496\,1 \times \frac{息税前利润}{资产总额}$$

- **巴萨利模型**

$$Z = \frac{息税前利润}{流动负债} + \frac{税前利润}{营运资金} + \frac{所有者权益}{流动负债} + \frac{有形资产净值}{负债总额} + \frac{营运资金}{资产总额}$$

其中，K 为负值或相当低则表明财务高危企业。

- **日本财务困境预测模型**

20 世纪 70 年代，日本开发银行调查部利用与阿尔曼模型相类似的分析方法，选择了东京证券交易所 310 家上市公司作为研究对象，分为优良企业和不良企业两组，建立了财务困境预测模型。Z 值越大，企业越优秀；相反，则是不良企业的象征。若 Z 在 0~10 的数值内，定位为可疑地带，即灰色区域。

$$Z = 2.1 \times \frac{销售额}{增长率} + 1.6 \times \frac{总资本}{利润率} - 1.7 \times \frac{资本}{分配率} - \frac{资产}{负债率} + 2.3 \times \frac{流动}{比率} + 2.5 \times \frac{粗附加值}{生产率}$$

其中，粗附加值生产率为折旧费、人工成本、利息及利税之和与销售额之比。

- **中国台湾模型**

陈肇荣先生应用我国台湾的企业财务资料计算得到一个线性函数，但未给出临界值及警惕区间。该模型如下。

$$Z = 0.35 \times \frac{速动资产}{流动负债} + 0.67 \times \frac{营运资金}{资产总额} - 0.57 \times \frac{固定资产}{资本净值} + 0.29 \times \frac{营业收入}{应收账款} + 0.55 \times \frac{现金流入量}{现金流出量}$$

（资料来源：阎达五. 财务预警系统管理研究[M]. 北京：中国人民大学出版社，2004.）

多元线性判定模型也存在一定缺陷。首先，在前一年的预测中，多元线性判定模型的预测精度比较高，但在两三年前的预测中，其预测精度都大幅下降，甚至低于一元判别模型。其次，多元线性判定模型有一个很严格的假设，即假定自变量是呈正态分布的，两组样本要求等协方差，而现实中的样本数据往往不能满足这一要求，这就大大限制了多元线性判定模型的使用范围。最后，模型的推导使用的是不同国家、不同类型的企业样本，未必适用我国的国情。如果利用类似的分析方法自行研究推导的工作量比较大，研究者需要做大量的数据收集和数据分析工作。

知识链接 9-2

其他财务预警模型

除了一元判定模型和多元判定模型外，还有很多财务预警模型，现简要介绍几种，感兴趣的读者可以进行相应的拓展阅读。

- **多元逻辑（Logit）模型**

多元逻辑（Logit）模型的目标是寻求观察对象的条件概率 p，从而据此判断观察对象的财务状况和经营风险。这一模型建立在累计概率函数的基础上，不需要自变量服从多元正态分布和两组间协方差相等的条件，具有了更广泛的适用范围。判别规则为，如果 p 小于 0.5，就判别企业为财务正常型；如果 p 大于 0.5，则企业为即将破产型。由于多元逻辑模型无须严格假设前提，且结果容易解读易懂，这种模型的应用较为普遍。但其计算过程比较复杂，而且在计算过程中有很多的近似处理，不可避免地会影响到预测精度。

- **多元概率比模型**

多元概率比（probit）模型同样寻求企业破产的概率 p。Probit 模型和 Logit 模型的思路很相似，但是具体的计算方法和假设前提有一定的差异，主要体现在三个方面。①假设前提不同，Logit 不需要严格的假设条件，而 Probit 则假设企业样本服从标准正态分布，其概率函数 p 的分位数可以用财务指标线性解释条件；②参数的求解方法不同，Logit 模型采用线性回归方法求解，而 Probit 模型采用极大似然函数求极值的方法求解。③求破产概率的方法不同，Logit 模型采用取对数方法，而 Probit 模型采用积分的方法。

（资料来源：程涛. 财务预警模型综述[J]. 山西财经大学学报，2003（5）：104-107.）

第三节　财务报表综合分析的局限及改进

一、财务报表综合分析的局限

（一）财务报表本身的局限性

财务报表综合分析是以财务报表为基础，财务报表的局限性，导致了财务报表综合分析的局限性。

（1）会计计量属性对财务报表的影响

首先，财务报表只能提供以货币计量的会计信息，对很多能产生重大影响的会计信息无法反映。其次，会计计量的历史成本属性具备可靠性，但相关性不足，公允价值计量属性相关性高，可靠性却难以保障，而且公允价值信息具有顺周期性，金融危机中体现得尤为明显。

（2）会计政策和会计方法对财务报表的影响

根据《企业会计准则》规定，对很多经济业务企业可自由选择会计处理方法，包括固定资产折旧方法、存货发出计价方法、提取坏账的方法等。企业往往选择有利的会计政策编制财务报表，影响了财务报表的可比性。

（3）会计估计存在对财务报表的影响

企业在进行会计核算中，会涉及某些不确定的数据，就会运用到会计估计，如固定资产的折旧年限、折旧率、净残值率等。这些数据都含有很多人为的因素，不同的人对这些数据做出的估计不同，也会影响财务报表的可比性。

（4）会计人员的专业水平及从业素质对财务报表产生的影响

会计信息的搜集、统计和计算以及会计报表的编制，都是由各个部门人员完成的，会计人员的专业知识水平高低及从业素质的好坏都会影响到财务报表的质量。

知识链接 9-3

公允价值会计的顺周期效应

2007年8月肇始于美国的次贷危机在2008年9月雷曼兄弟倒闭后，引发了百年一遇的金融危机。这场金融危机不仅导致数以万亿美元计的经济损失，也触发了学术界、实务界和监管部门对公允价值会计空前激烈的大辩论。辩论的焦点主要集中在公允价值会计是否具有顺周期效应（procyclicality），并最终导致金融危机愈演愈烈。"procyclicality"这一原本非常生僻的术语，在金融界和会计界一夜之间变成脍炙人口的流行词语。

顺周期效应和反周期效应（countercyclicality）是经济学用于描述经济数量与经济波动相互关系的术语。如果经济数量与经济波动保持正相关关系，则说明存在顺周期效应，反之则存在反周期效应。在这次金融危机中，FSB将顺周期效应定义为放大金融系统波动幅度并可能引发或加剧金融不稳定的一种相互强化（即具有正反馈效应）机制。具体到公允价值会计所产生的顺周期效应，可分为两种不同情况。一种是指在经济萧条时期，公允价值会计的运用将迫使金融机构确认大量的投资损失和贷款减值损失，从而降低其资本充足率、信贷和投资能力，使本已恶化的经济状况雪上加霜。另一种是指在经济繁荣时期，公允价值会计的运用将导致金融机构确认更多的投资收益和计提较少的贷款减值损失，从而提高其资本充足率、信贷和投资能力，使本已过热的经济环境火上浇油。

（资料来源：黄世忠. 公允价值会计的顺周期效应及其应对策略[J]. 会计研究. 2009, (11): 23-29.）

（二）财务报表综合分析方法的局限性

财务报表综合分析方法旨在克服单项财务指标分析"只见树木，不见森林"的局限，然而财务报表综合分析方法本身也存在一定的局限性。

（1）未从企业经营角度进行分析

目前的财务报表分析仅以报表数据为基础，并通过简单的数据或比率分析来判断企业经营成果的优劣，而没有将财务报表分析上升到企业经营的高度。因此，这种分析不能找出企业活动与其财务状况和经营成果之间的内在联系，且容易割裂财务报表与企业经营活动之间的关系，导致财务分析与企业管理脱节。

（2）未关注企业会计质量的高低

会计政策的可选择性影响了财务报表数据，为盈余管理提供了空间。目前的财务报表分析只是对经过会计系统处理后的财务数据的单纯分析，并未对影响会计质量高低的会计政策、会计估计及披露进行分析与评价，因而难以保证作为分析基础的财务报表数据的准确性和客观性。以真实性不高的财务报表为基础所进行的报表分析和经营业绩评价，无论其手段和方法多么先进，最终的分析结果都可能无用甚至具有误导性。

（三）财务衡量模式无法满足信息时代发展需要

21世纪是信息技术高速发展的世纪，是企业无形资产、智力资产充分发挥市场功能、主导市场趋势的世纪。在信息时代，输出的个性化导致转化过程多样化，因此需要雇员有适应非固定程序的能力、供应商的支持、柔性制造工艺、新技术的迅速采用、对不断革新的热情等。然而不论是传统的以历史成本为计量基础，还是历史成本和公允价值并行的双重计量属性，财务衡量模式都偏重有形资产的评估和管理，对无形资产和智力资产的评估与管理显得无力。无形资产和智力资产的评估实质是对智力劳动成果的衡量，对无形资产和智力资产的评估需要根据实际投入成本、市场现实的与潜在的交易价格、未来预期现金流量等大量客观的、主观的信息，需要采用重置成本、市价调整、现金流量贴现等财务模型，需要评估人员深厚的专业知识及丰富的实践经验。虽然公允价值评估第三级现金流量贴现的评估技术可以借鉴，但主要针对金融工具、衍生金融工具和套期保值业务的公允价值评估对于第三级评估技术的应用也是要严格限制、谨慎使用的。由此可见，传统财务衡量仅满足以投资促成长的工业时代，而不能有效满足信息时代的需求。

二、财务报表综合分析的改进

（一）注重历史分析与环境分析

财务分析的核心不是指标的计算，而是对指标所进行的价值判断。这种价值判断与企业的历史状况和企业所处的外部环境密不可分。只有在历史比较和环境分析的过程中，才能对一个企业的财务状况和经营业绩做出科学的评价。

历史分析就是要把企业的财务指标与本企业的历史数据进行比较。以盈利能力分析为例，企业的盈利能力受收入确认、成本费用确认与折旧等相关会计政策的影响，因此以某一期的会计报表分析企业的盈利能力，一般不具有说服力。但是，企业通过改变相关会计政策而进行盈利管理一般只造成利润的时间性差异，而不是永久性差异。例如通过延长折旧年限、降低年折旧率虽然可以提高当年的利润水平，但如果进行适当的历史分析，就会发现会计政策的不一致性及企业利润的异常变化。

环境分析包括微观行业环境和宏观经济环境。从微观行业环境分析角度看，综合评分法以行业指标作为评价基准是非常好的实践，但微观行业环境分析还远不止于此。行业分析不仅包括行业指标的比较，还包括通过行业生命周期、行业竞争程度、行业政策导向等分析企业所处行业环境的友善程度，通过企业市场占有率、技术领先度、产业规模等分析企业的行业地位。从宏观经济环境分析角度看，财务分析师需要有战略眼光和敏锐的洞察力。2008年金融危机暴露出了公允价值较之于历史成本加剧了市场的波动的顺周期效应。但从公允价值的定义来看，有序交易是其运用的一个前提，但在"价格下跌→资产减计→恐慌性抛售→价格进一步下跌"的恶性循环中并不存在有序交易，当时的公允价值信息已经不具有公允反映资产价值的特征。另外，在经济繁荣时期，宏观经济环境分析有助于解读财政政策、货币政策、利率政策对企业的影响，有助于洞悉市场泡沫，有助于提高价值判断的准确性。

（二）财务指标和非财务指标相结合

企业的经济业务日益复杂，国内外经济形式日益复杂，如果只应用财务指标进行分析，很有可能无法完全反映企业真实的经营状况。当企业大量的投资于顾客、供应商、员工、流程、科技创新等方面后，企业创造出的无形资产、智力资产价值，财务指标是无法评估的，相应的绩效衡量也不准确。传统财务报表分析侧重财务指标数据信息的提炼，近年来越来越重视非财务指标的应用，可以从《企业绩效评价操作细则》中的"定性评议指标"窥见一斑。非财务指标反映的往往是那些关系到企业长远发展的关键因素。例如企业文化等非财务指标能让组织成员产生强烈的集体归属感，通过精神的号召力影响组织成员的行为。因此，通过把财务指标和非财务指标结合起来加以应用，避免了企业的短视行为，也可使企业得到更加准确的评价，弥补了仅使用财务指标分析的不足，可使整个财务分析更加全面。

（三）从经营角度全方位综合考虑

财务报表综合分析的核心在于"综合"，它要求我们在进行财务分析时不能仅侧重于技术分析，应全面、系统、动态地分析企业的财务状况及其经营成果，从经营战略角度进行全方位综合考虑。因此财务报表分析不仅要关注报表本身，还要结合报表附注，上市公司各种管理层报告也是值得详细解读的重要信息来源。"董事、监事、高级管理人员和员工的情况"反映了企业基层员工到高层管理人员的综合素质，"公司治理结构"是企业取得经营业绩的基石，"董事会报告"反映了企业战略发展方向。财政部2007年发布《企业内部控制规范》，从2010年1月开始在上市公司及大型国有企业中执行，执行企业要出具内控自我评价报告，这为财务分析提供了大量有价值的经营信息。

(四)可持续发展理念与企业报告重构

价值创造是企业的初心和使命,可持续发展(持续为股东为社会创造价值)是企业孜孜以求的愿景和目标。企业能否持续发展,既取决于企业经营自身的成本效益,也取决于企业经营派生的社会成本效益(经济学上的外部性)。学术界和实务界在过往几十年不断探寻各种破解之道,ESG(environment, social, and governance,即环境、社会和治理)脱颖而出,逐渐成为评价企业可持续发展的分析框架。基于ESG理念或可持续发展理念重构企业报告在投资界已经蔚然成风。全球主要证券交易所也纷纷发布与ESG相关的规定,要求上市公司披露ESG报告、社会责任报告(CSR)或可持续发展报告。我国香港的联合交易所2015年起开始建议上市公司披露ESG信息,2020年7月将"建议披露"改为"不遵循就解释",进一步强化了ESG的信息披露要求。我国对ESG的关注与日俱增,毕马威可持续发展调查报告中提到的我国100强公司,有78家发布了可持续发展报告,且有1129家A股上市公司在2020年披露了ESG报告或CSR报告,约占全部A股上市公司的27%。

三、平衡计分卡

最初作为一种企业绩效衡量的评价系统,平衡计分卡(balanced score card)在财务和非财务指标结合,以及联系企业发展战略方面取得了卓有成效的突破,并在实践中得到了成功的应用。通过平衡计分卡的简要介绍,希望给予读者有益的启示。

(一)平衡计分卡的发展

平衡计分卡由美国知名学者罗伯特·卡普兰(Robert Kaplan)与戴维·诺顿(David Norton)于1992年提出。当时该计划的目的在于找出超越传统以财务量度为主的绩效评价模式。经过将近20年的发展,平衡计分卡现今不仅是一种绩效评价系统,而且已经发展成为集团战略管理的工具,在集团战略规划与执行管理方面发挥非常重要的作用。

(二)平衡计分卡四个衡量维度

罗伯特·卡普兰与戴维·诺顿1992年在《哈佛商业评论》上发表了《平衡计分卡:驱动绩效的量度》,拉开了对平衡计分卡研究的序幕。平衡计分卡强调,传统的财务会计模式只能衡量过去发生的事项(落后的结果因素),但无法评估企业前瞻性的投资(领先的驱动因素),因此,必须改用一个将组织的愿景转变为一组由四个维度组成的绩效指标架构来评价组织的绩效。这四个维度分别是财务(financial)、顾客(customer)、内部流程(internal business processes)、学习与成长(learning and growth)。

1. 财务维度

企业经营的直接目的和结果是为股东创造价值。这一维度解决的是"我们如何满足股东"这个企业重点关注的问题。财务指标虽然具有一定的局限性,但是因为财务指标能够综合体现企业的经营业绩,财务业绩往往是企业运营的最终目标,而且财务指标可以反映企业各利益相关者的利益。所以,平衡计分卡继续重视财务指标,并且财务指标是其他几个方面的出发点和归宿。财务指标通常包括利润、主营业务收入、现金流、回款率和资产回报率等。

2. 客户维度

这一维度解决的是"客户如何看待我们"的问题。客户是企业之本，是现代企业的利润来源。为客户提供满意的产品和服务是企业拥有强大竞争力的关键，也是企业获利的关键。客户维度正是从时间、质量、性能和服务等方面，考验企业的表现。常见指标包括：按时交货率、新产品销售所占百分比、大客户的购买份额、客户满意度和忠诚度、新客户增加比例、重要客户利润贡献度等。

3. 内部流程维度

企业是否建立起合适的组织、流程、管理机制，内部流程维度着眼于企业的核心竞争力，回答的是"我们有什么优势"的问题。客户维度的要求是建立在内部流程基础上的，因此，企业应该去评判企业内部流程中存在的优势和劣势，并且明确自身的核心竞争能力，把它们转化成具体的考核测评指标。内部流程是企业改善经营业绩的重点，包括技术管理、质量管理等指标。

4. 学习与创新维度

企业的成长与员工能力素质的提高息息相关，唯有不断学习与创新，才能实现长远的发展。这一维度解决的是"我们是否能持续为客户提高并创造价值？"这一类问题。在当前激烈的竞争环境中，企业可持续发展的潜力十分关键。从长远角度来看，企业唯有不断学习与创新，开发新的产品，在保证老客户的基础上吸引更多的新客户才能实现长远的发展。根据经营环境和利润增长点的差异，企业可以确定不同的产品创新、程序创新和生产水平提高指标，如员工满意度、平均培训时间、绩效管理推动、培训满意度和关键员工流失率等。

存在于平衡计分卡之中的因果关系贯穿了四个维度，其基本走向为：学习与成长－内部流程－顾客－财务。也就是说，这四个维度构成一个循环，从四个角度解释企业在发展中所需要满足的四个因素，并通过适当的管理和评估促进企业发展。

本 章 小 结

财务报表综合分析是将各方面财务指标作为一个整体，系统、全面、综合地对企业财务状况和经营业绩进行剖析、解释和评价。与单项分析相比，财务报表综合分析的分析方法、分析重点和分析基准不同。财务报表综合分析以企业绩效评价为最终目的，可以为企业预测未来发展提供信息，为企业价值评估提供评价基础。我国企业的绩效评价体系历经十多年的发展日渐完善。主要的财务报表综合分析方法有杜邦财务分析体系、综合评分法和财务预警分析。杜邦财务分析体系是将净资产收益率指标逐层分解为由若干存在内在联系的财务比例构成的指标体系，为决策者提高净资产收益率提供了基本思路。沃尔比重评分法是综合评分法最早的尝试。我国的企业绩效评价体系也是采用综合评分法的思路。财务预警分析常见一元判定模型和多元线性判定模型。由于财务报表本身的局限、综合分析方法的局限性，以及财务衡量无法适应信息时代需求，财务报表综合分析还需要注重历史分析、环境分析。财务指标要结合非财务指标，要从经营角度衡量企业绩效。平衡计分卡就是结合非财务指标、从经营战略的角度进行企业绩效衡量的很好的典范。

复习思考题

1. 什么是财务报表综合分析？与单项分析有何区别？财务报表综合分析意义何在？
2. 杜邦财务分析体系如何分解股权权益报酬率？
3. 沃尔评分法有何局限性？
4. 财务预警分析模型有哪些？作何评价？
5. 财务报表综合分析的局限何在？平衡计分卡四个衡量维度是什么？平衡计分卡如何体现对财务报表综合分析的改进？

第十章

企业可持续发展能力分析

【学习目标】

通过对本章的学习,理解企业可持续发展能力分析的重要性,掌握企业可持续发展能力分析的基本内容、方法和思路,及其计算分析方法。

【关键概念】

可持续发展能力(sustainable development ability)
股东权益增长率(ownership interest rate of increment)
资产增长率(property rate of increment)
销售收入增长率(sales revenue rate of increment)

北汽福田汽车股份有限公司的可持续发展之路

北汽福田汽车股份有限公司(以下简称福田汽车)成立于1996年,是在国家改革开放的市场经济环境下成长起来的自主品牌的汽车生产企业,截至2020年12月31日,资产527多亿元。2020年"(第十七届)中国500最具价值品牌"发布中,福田汽车品牌价值达到1 685.92亿元,连续16年位于商用车行业第一。

福田汽车在国家良好的经济政策下,始终以培育成世界品牌为战略目标,以"高质量、低成本、全球化"为经营目标,将品牌质量和质量管理作为公司持续发展的战略基础,从而提升了产品竞争力,保证了公司的高速发展。

福田汽车各项工作的开展都是围绕质量来开展的,始终以质量为各项业务工作开展的核心。为强化质量管理能力,打造质量精品工程,首先,福田汽车注重培育良好的质量文化,通过多种方式使全体员工树立质量意识以及建立"质量第一"的管理机制;其次,配备优良的质量资源,包括选拔优秀人员进入质量系统,从事质量相关的工作、对硬件设施资源进行配备或改善等;最后,进行产品全周期质量管理,在产品的研发、生产、到售后的全生命周期,福田通过与IBM合作,制定了福田汽车节点与交付物控制的产品创造流程。在服务方面,福田公司建立了以客户为中心的全生命周期服务管理体系及服务管理评价指标,把服务打造成核心竞争力。

福田汽车通过质量管理的提升带来了产品实物质量的提升，增强了整车的可靠性，减少了重大、安全质量问题的发生，同时带动了福田汽车销量的提升，增加了用户的认可度。当下拥有过硬产品质量的福田汽车，积极把握与互联网融合的趋势，提出向"福田工业4.0"迈进，为企业未来的可持续发展之路铺平道路。

（资料来源：根据福田汽车股份有限公司官网整理而成。）

第一节 企业可持续发展能力概述

一、企业可持续发展能力分析的目的

（一）企业可持续发展能力的含义

企业可持续发展能力（sustainable development ability）也称为企业的发展潜力，是指企业通过自身的生产经营活动，不断扩大积累而形成的发展潜能。传统的财务分析仅从静态的角度分析企业的财务状况和经营状况，强调企业的盈利能力、营运能力和偿债能力，但这三方面能力的分析仅能反映企业过去的经营状况，并不意味着企业有持续发展能力。对于企业的利益相关者来说，他们关注的不仅是企业目前的、短期的经营盈利能力，更重要的是企业未来的、长期的和持续的增长能力。比如，对于大股东来说，持有股票并不是为了满足简单的投机性需求，而是看好企业未来的发展潜力，希望在企业长期、持续而稳定的发展中获得更多的股利和资本利得。对于债权人来说，长期债权的实现必须依靠企业未来的盈利能力。因此，企业可持续发展能力的评价无论是对企业的利益相关者，还是对企业自身都是至关重要的。可持续发展能力分析对于判断企业未来一定时期的发展后劲、行业地位、面临的发展机遇与盈利发展变化，以及稳定的中长期发展计划、决策等具有重要的意义和作用。

随着企业的快速增长，企业的股票市场价值与利润一般是增加的，企业增长对管理者时常具有较大的诱惑力。但是，企业快速增长会使其资源变得相当紧张，有时管理及生产技术水平不一定能够及时跟上。因此，除非管理者能够及时意识到这一点，并采取积极的措施加以控制。否则，快速增长可能会对企业不利，甚至是灾难性的打击。事实上，因增长过快而破产的企业数量，与因为增长太慢而破产的企业数量几乎一样多。因此，正确分析企业可持续发展能力，合理控制企业的增长速度是非常必要的。

（二）企业可持续发展能力分析的目的

企业能否持续增长对投资者、经营者及其他相关利益团体至关重要。对于投资者而言，企业能否持续稳定增长，不仅关系到投资者的投资报酬，而且关系到企业是否真正具有投资价值。对企业的经营者来说，要使企业获得成功，就不能仅仅注重目前的、暂时的经营能力，还应该注意企业未来的、长期的和持续的发展能力。对债权人来说，可持续发展能力同样至关重要，因为企业偿还债务尤其是长期债务主要是依靠未来的盈利能力，而不是目前的。

正因为发展能力如此重要,所以有必要对企业的可持续发展能力进行深入分析。可持续发展能力分析的目的具体体现在以下四个方面。

1. 分析企业可持续发展的因素

利用可持续发展能力的有关指标衡量和评价企业的实际成长能力,分析影响企业可持续发展能力的因素。企业经营活动的根本目标是不断增强企业自身持续生存和发展的能力。反映企业可持续发能力的指标包括资产增长率、销售增长率、收益增长率等。用实际的发展能力指标与计划、同行业平均水平、其他企业的同类指标相比较,可以衡量企业发展能力的强弱。将企业不同时期的发展能力指标数值进行比较,可以评价企业在生产、销售收入、收益等方面的增长速度和增长趋势。

2. 判断企业拥有资源的能力

通过企业资产的成长能力分析,可以判断企业拥有资源的服务潜力与未来变化趋势,包括未来盈利能力、变现能力、未来需要追加投资数额、技术先进性及其未来更新改造等情况。

3. 分析企业融资变化的趋势

通过企业可持续发展能力分析,可以判断企业未来一定时期融资变化的趋势,继而分析企业的再融资能力。企业再融资能力除取决于企业资产的优良程度及其未来一定时期的盈利能力外,还取决于企业现有债务负债率及其结构。企业通过债务结构整合不仅可以提高企业负债效益,而且可以减缓债务压力甚至可以进一步提高债务比率,使其杠杆效益最大化。

4. 正确确定企业未来发展速度和政策

企业策略研究表明,在企业市场份额和行业分析既定的情况下,如果企业采取一定的经营策略和财务策略,就能够使企业的价值实现最大化。也就是说,企业经营策略和财务策略的不同组合能够影响企业的未来发展能力。因此,在评价企业目前的盈利能力、营运能力、偿债能力和股利政策的基础上,通过深入分析影响企业持续增长的相关因素,并根据企业的实际经营情况和发展战略,确定企业未来的增长速度,相应地调整其经营策略和财务策略,能够实现企业的持续增长。

二、影响企业可持续发展能力的主要因素

衡量企业的可持续发展能力的核心是企业价值增长率,而影响企业价值增长率的因素主要有以下几个方面。

(一)销售收入

企业可持续发展能力的形成依赖于企业不断增长的销售收入。销售收入是企业收入的主要来源,也是导致企业价值变化的根本动力。只有销售收入不断稳定地增长,才能体现企业的不断发展,才能为企业的不断发展提供充足的资金来源。

（二）资产规模

企业的资产是取得收入的保证，在总资产收益率固定的情况下，资产规模与收入规模之间存在着正比例关系。总资产的现有价值反映着企业清算时可获得的现金流入额。

（三）净资产规模

在企业净资产收益率不变的条件下，净资产规模与收入规模之间也存在着正比例关系。只有净资产规模不断增长，才能反映有新的资本投入，表明所有者对企业的信心，同时对企业负债融资提供保障，有利于企业的进一步发展对资金的需求。

（四）资产使用效率

一个企业的资产使用效率越高，其利用有限资源获取收益的能力越强，就越能给企业价值带来较快的增长。

（五）净收益

净收益反映企业一定时期的经营成果，是收入与费用之差。在收入一定的条件下，费用与净收益之间存在着反比例关系。只有不断地降低成本，才能增加净收益。企业的净收益是企业价值增长的源泉，所有者不仅可将部分收益留存于企业用于扩大再生产，而且可观的净收益可以吸引更多新的投资者，有利于企业的进一步发展对资金的需求。

（六）股利分配

企业所有者从企业获得的利益分为两个方面：一方面是资本利得，另一方面是股利。一个企业可能有很强的盈利能力，但企业如果把所有利润都通过各种形式转化为消费，而不注意企业的资本积累，那么即使这个企业效益指标很高，也不能说这个企业的可持续发展能力很强。

第二节 企业可持续发展能力分析

一、企业可持续发展能力分析的内容

企业可持续发展能力与盈利能力、偿债能力一样，其大小是一个相对的概念，是以报告期的股东权益、资产、销售收入和收益相对于基期（上一期）的股东权益、资产、销售收入和收益进行比较得出的。如果单纯使用增长额这样的问题指标，只能说明企业某一方面的增减额度，无法反映企业在其他方面的增减幅度，因此，不同规模的企业之间不具有可比性，也无法准确地反映企业的可持续发展能力。通常利用增长率这样的相对指标来分析企业的可持续发展能力，尤其是综合利用相互联系、相互作用的增长率指标体系来进行分析，才能更加全面地分析企业的可持续发展能力。

企业可持续发展能力分析的主要内容包括股东权益增长率分析、资产增长率分析、销售收入增长率分析和利润增长率分析，以及其他可持续发展能力指标分析等。

二、股东权益增长率分析

(一) 股东权益增长率的计算

股东权益增加是促进企业收益增加的重要因素之一。企业期初期末股东权益的变化,反映出股东权益的增减,这种变化通常以股东权益增长率来进行反映。股东权益增长率 (ownership interest rate of increment) 是报告期权益增长额与基期权益的比率,又称为资本积累比率。它反映了股东权益当年的变动水平,体现了企业资本的积累情况,是企业扩大生产规模的源泉,显示了企业的发展潜力。计算公式为

$$K_E = \frac{E_1 - E_0}{E_0} \times 100\% \quad (10\text{-}1)$$

其中,K_E 为股东权益增长率;E_1 为本年末股东权益;E_0 为上年末股东权益。

如果该指标值大于 0,数值越高,说明企业当年股东权益增加越多,应付风险、持续发展的能力越强。如果该指标值小于 0,则说明企业资本受到侵蚀,股东权益受到损害,应当充分重视。

有时会遇上一些特殊的年份,由于在特定的条件下,股东权益大幅度增加,因此导致对企业的股东权益发展能力强弱的错误判断。为了避免某些年份特殊条件的影响所带来错误的判断,设置了 3 年股东权益平均增长率指标,公式为

$$\bar{K}_E = \left(\sqrt[3]{\frac{E}{E_{-3}}} - 1\right) \times 100\% \quad (10\text{-}2)$$

其中,$\bar{K}_E$ 是 3 年平均股东权益增长率;E 是报告期末股东权益;E_{-3} 是 3 年前年末股东权益。

该指标不仅在一定程度上反映了企业的持续发展水平和发展趋势,还反映了企业资本积累或扩张的历史发展状况以及企业稳步发展的趋势。通常情况下,该指标越高,说明企业股东权益得到保障的程度越大,企业可以长期使用的资金越多,抗风险和可持续发展的能力越强。

(二) 股东权益增长率分析

股东权益的增长主要来源于经营活动产生的净利润和融资活动产生的股东净支付。所谓股东净支付就是股东对企业当年的新增投资扣除当年发放股利后的余额。因此,股东权益增长率的公式还可以表示为

$$K_E = \frac{\text{NI} + \Delta I}{E_0} \times 100\% = K_{\text{NI}} + K_I \quad (10\text{-}3)$$

其中,K_E 为股东权益增长率;NI 为净利润;ΔI 为股东净支付,即股东新增投资与支付股东股利的差额;K_{NI} 是净资产收益率;K_I 是股东净投资率。

该公式可以将股东权益增长率分离成为净资产收益率和股东净投资率两个因素。股东净资产收益率反映了企业运用股东投入资本创造收益的能力,股东净投资率反映了企业利用股东新投资的程度,这两个比率的高低都反映了对股东权益增长的贡献程度。通

常情况下,一个企业的股东权益增长应该主要依赖于企业运用股东投入资本所创造的收益。尽管一个企业的价值在短期内可以通过筹集或投入尽可能多的资本来获得增加,并且这种行为在扩大企业规模的同时也有利于经营者,但是这种策略通常不符合股东最佳利益原则。因为权益资本具有机会成本,因此需要获得合理报酬。

为正确分析和预测企业股东权益规模的发展趋势和发展水平,应将企业不同时期的股东权益增长率加以比较。因为一个持续增长型企业,其股东权益应该是不断增长的。如果股东权益时增时减,则反映出企业发展的稳定性差,也说明企业并不具备良好的可持续发展能力。单纯分析企业某个时期的股东权益增长率会比较片面,应进行纵向比较,运用趋势分析法对股东权益增长率进行比较,才能够正确地分析和评价企业可持续发展能力。

【例 10-1】 2017—2020 年年报显示,福建青山纸业股份公司每年年末股东权益总额、股东权益增长率、净资产收益率及股东净投资率数据如表 10-1 所示。分析该公司销售收入可持续发展能力。

表 10-1 2017—2020 年青山纸业股东权益相关数据资料

年份 项目	2017 年	2018 年	2019 年	2020 年
股东权益总额 E(万元)	348 498	369 417	384 935	390 961
净利润 NI(万元)	12 802	17 655	14 497	8 836
股东权益增长率(%)	—	6.00	4.20	1.57
净资产收益率(%)		4.90	3.84	2.25
股东净投资率(%)		1.10	0.36	−0.68

(资料来源:http://quotes.money.163.com/f10/cwbbzy_600103.html?type=year 以及公式计算得到。)

从表 10-1 可知,青山纸业股份公司自 2017 年至 2020 年,股东权益一直在持续增长,但增长率逐年下降,从 2018 年的 6%下降到 2020 年的 1.57%。究其原因,不仅是由于净资产收益率的下降,而且股东净投资率也在逐年下降,2020 年已经为–0.68%。总的来说,该公司的发展势头不是很稳定。

三、资产增长率分析

(一)资产增长率的计算

资产的增加是确保销售收入增加的重要条件,也是企业成长的重要因素。反映企业资增长状况的指标通常为资产增长率(property rate of increment),公式为

$$K_C = \frac{C_1 - C_0}{C_0} \times 100\% \quad (10\text{-}4)$$

其中,K_C 为资产增长率;C_1 为本年末资产总额;C_0 为上年末资产总额。

资产增长率主要用于分析企业资产投入增长幅度。当资产增长率大于 0 时,说明企业本期资产规模增加。资产增长率越大,说明资产规模增加的幅度越大。当资产增长率小于 0 时,说明企业本期资产规模缩减,资产出现负增长。

（二）资产增长率分析

进行资产增长率分析，需要把握以下几点。

1. 正确分析企业资产增长的来源

企业的资产主要来自股东权益与负债两个方面。当其他条件不变时，增加股东权益或增加负债，都可以提高资产增长率。如果企业资产的增长完全来自于股东权益，负债项目在年度中没有发生变动或变动很小，则说明企业具备良好的发展前景，因为企业资产的增长源于企业自身，尤其是企业利润的增加。当然，利润的增加对资产增长的贡献还要受股利政策制约。当企业的资产增长率主要来自负债，而当年股东权益没有变化或变动很少，则说明企业经营风险较大，发展潜力不大。

2. 正确评价企业资产规模的增长

企业资产增长率高低并不能说明企业资产规模增长是正常的。评价企业的资产规模增长是否正常，主要要检查企业的销售增长、利润增长是否超过资产规模的增长。如果是，则说明企业资产规模增长是正常的、有效率的增长。

3. 合理分析企业纵向的资产增长率

为了全方面、合理地认识企业资产规模的增长趋势和增长水平，应将企业不同时期的资产增长率进行纵向比较。一个健康的企业，其资产规模应该是不断增长的。如果资产规模时增时减，则反映出企业的经营业务并不稳定，也说明企业并不具备良好的发展能力。因此，只有将企业不同时期的资产增长率进行纵向比较，才能正确地评价企业资产规模的发展能力。

【例 10-2】 2017—2020 年年报显示，福建青山纸业股份公司每年年末资产总额、资产增加额、股东权益增长额等数据如表 10-2 所示。分析该公司销售收入可持续发展能力。

表 10-2 2017—2020 年青山纸业资产相关数据资料

年份 项目	2017 年	2018 年	2019 年	2020 年
资产总额 CI（万元）	479 137	510 738	552 817	549 287
资产增加额 ΔC（万元）		31 601	42 079	−3 530
股东权益 E（万元）	348 498	369 417	384 935	390 961
股东权益增加额 ΔE（万元）		20 919	15 518	6 026
资产增长率/%		6.60%	8.24%	−0.64%
$\Delta E/\Delta C$		66.20%	36.88%	

（资料来源：http://quotes.money.163.com/f10/zcfzb_600103.html?type=year 以及公式计算得到。）

从表 10-2 可知，青山纸业股份公司自 2017 年至 2020 年，资产总额基本呈递增的趋势，特别是 2018 年和 2019 年增长明显，2020 年可能由于疫情等因素，资产略有下降。总体来说，该公司资产增长相对平稳，有力地保证了销售收入的持续上升。

通过进一步地分析，可以发现，2018 年该公司资产增长率为 6.60%，其中股东权益增加额占资产增加额的比重为 66.20%，说明公司资产的增加主要来自于股东权益的增加。2019 年公司资产增长率为 8.24%，但股权权益增加额占资产增加额的比重明显下降，为 36.88%，说明通过负债方式购买资产是公司的选择目标。2020 年公司在资产总额减少的情况下，股东权益继续增加，说明公司对债务负担有所重视。

四、销售收入增长率分析

（一）销售收入增长率的计算

市场是企业实现价值的重要平台，是销售收入得以实现的关键环节，是企业得以生存和继续发展的源泉。企业销售状况如何，反映其市场份额的大小，以及生存和发展空间的大小。销售收入增长率（sales revenue rate of increment）可以反映企业销售方面的发展能力，其公式为

$$K_S = \frac{S_1 - S_0}{S_0} \times 100\% \tag{10-5}$$

其中，K_S 为销售收入增长率；S_1 为本年销售收入总额；S_0 为上年销售收入总额。

该指标反映了企业当年的销售增长情况，是衡量企业经营状况和市场占有率的重要标志。只有不断增加主营业务收入，才能保证企业持续稳定的发展。该指标越高说明企业主营业务增长越快，市场前景越景气。该指标小于 0 则说明企业的市场萎缩，前景会比较暗淡。这很可能说明企业的产品进入衰退期、销售过程或售后出现问题，企业需要进一步调查，以防止销售状况持续恶化。需要注意的是，如果上期销售收入总额为负数，需要加绝对值，代入公式计算。

但有时会遇上少数年份，可能由于偶然因素的影响，造成企业主营业务异常波动，导致对企业可持续发展能力强弱的错误判断。为了避免某些年份偶然因素的影响带来错误的判断，设置了 3 年销售收入平均销售收入增长率指标，其公式为

$$\bar{K}_S = \left(\sqrt[3]{\frac{\sum S}{S_{-3}}} - 1 \right) \times 100\% \tag{10-6}$$

其中，$\bar{K}_S$ 是 3 年平均销售收入增长率；$\sum S$ 是三年末销售收入总额；S_{-3} 是 3 年前年末销售收入总额。

该指标表明企业主营业务收入连续 3 年的增长情况。因为本年的销售规模是企业经过 3 年的发展得到的，所以本年销售收入与 3 年前销售收入相比得到的 3 年来企业销售规模的扩大要开立方。通过计算几何平均数，可以将不同年份的差异抽样化，使得该指标更具有说服力。该指标越高说明企业的发展势头越强劲，市场扩张能力越强。

（二）销售收入增长率分析

利用销售收入增长率来分析企业在销售方面的可持续发展能力，应重点关注以下几个方面。

1. 分析销售收入增长的效益性

判断企业在销售收入方面是否具有良性成长，必须认真分析销售收入增长的效益性。如果企业销售收入的增加主要是依赖于资产的相应增长，即销售收入增长率小于资产增长率，说明企业销售收入增长不具有效益性，也反映出企业可持续发展能力不强。只有当企业的销售收入增长率高于企业资产增长率，企业的销售收入增长才是良性的，才具有效益性。

2. 分析销售收入增长的稳定性

要分析和判断企业的销售收入增长趋势和增长水平是否稳定，必须将企业的销售收入增长率进行纵向的比较和分析。单个时期的销售收入增长率可能会受到某些偶然或非正常因素的影响，不能反映出企业实际的销售发展能力。如果结合三年的移动平均销售收入增长率，可以更好地反映出企业销售收入增长的趋势和水平，也能反映出企业销售收入是否相对稳定。

3. 分析销售收入增长的主要构成

通过分析企业某种产品销售收入增长率指标，可以清楚了解企业的内部的主要结构，进而分析企业的成长性。根据产品生命周期理论，每种产品的生命周期一般可以分为以下四个时期，每种产品在每个阶段的销售情况各不相同。

①试销期。在试销期，产品研发成功，生产规模较小，刚刚投入市场，产品的销售数量较小，其增长规模也比较缓慢，因此产品的销售收入增长率较低。

②成长期。在成长期，产品的质量和性能都在不断地得到改善，市场范围不断拓展，生产规模也在不断扩大，销售量快速增加，因此产品的销售收入增长率较高。

③成熟期。在成熟期，产品的性能与功能都达到稳定状态，市场范围基本稳定，不可能有更大的扩充，产品的销售趋于稳定，因此产品的销售收入增长率相对比较平稳，增速缓慢。

④衰退期。在衰退期，一些新产品的出现对原有产品产生冲击，原有产品的市场需求下降、市场萎缩、市场销售量下降，因此产品的销售收入增长率出现负数。

因此，根据产品销售收入增长率，大致可以预测企业发展前景。

【例10-3】2017—2020年年报显示，福建青山纸业股份公司每年的主营业务收入及销售收入增长率数据如表10-3所示。分析该公司销售收入可持续发展能力。

表10-3 2017—2020年青山纸业主营业务收入和销售收入增长率

项目	2017年	2018年	2019年	2020年
主营业务收入（万元）	265 554	286 051	267 026	249 538
销售收入增长率（%）		7.72	-6.65	-6.65

（资料来源：http://quotes.money.163.com/f10/lrb_600103.html?type=year 以及公式计算得到）

从表10-3可知，在公司资产增加额相对稳定的情况下，青山纸业公司主营业务收入2018年有7.72%的增长，但从2019年开始以6.65%的速度逐年下降，值得警惕，稳定和增长的销售对于企业营运盈利业务至关重要。因此，公司应对销售下降的原因要引起足够的重视。

五、利润增长率分析

（一）利润增长率的计算

企业盈利能力的强弱，是企业价值大小的重要体现，也显示出企业发展能力的大小。利润增长率（profit rate of increment）指标是体现企业可持续发展能力强弱的重要指标，具体包括净利润增长率和营业利润增长率。

净利润是企业一定时期经营业绩的最终结果，因此净利润的增长可以反映企业成长性的基本面。净利润增长率公式为

$$K_{NI} = \frac{NI_1 - NI_0}{NI_0} \times 100\% \tag{10-7}$$

其中，K_{NI} 为净利润增长率；NI_1 为本年净利润；NI_0 为上年净利润。

如果上年的净利润为负，则取绝对值参与运算。该指标说明企业净利润的增长情况，如果指标值大于 0，说明企业本期净利润增加。净利润增长率越大，企业增加的利润越多。如果该指标小于 0，说明企业本期净利润减少。

净利润增长率是综合地反映企业利润的增长情况，但它无法判断企业利润的增长是否是良性的。如果一家企业净利润增长，但增长部分并不是来自营业利润，而是其他方面，那么这种利润是短暂的、不持久的，会随着时间的推移而消失，说明企业利润不是性发展的。如果企业的净利润增长源于营业利润的增长，那么企业的发展才具有可持续的，是良性发展的。通常，我们用营业利润增长率来反映，其公式为

$$K_{OI} = \frac{OI_1 - OI_0}{OI_0} \times 100\% \tag{10-8}$$

其中，K_{OI} 为营业利润增长率；OI_1 为本年营业利润；OI_0 为上年营业利润。

同样，如果上年营业利润为负数，则用绝对值参与运算。该指标大于 0 时，说明企业本期营业利润增加。该指标数值越大，营业利润增加越多，如果营业利润是净利润的主要构成部分，那么企业的发展是可持续的、良性的。当该指标小于 0 时，说明企业本期营业利润减少，影响净利润。如果净利润受营业利润的冲击很大，那么企业的发展存在严重的危机。

企业某些年份的利润可能会受到来自企业外部的宏观因素或者企业内部的微观因素的影响，因此出现剧烈波动的状况。为了消除这种因偶然因素所产生的影响，凸显企业长期利润增长的趋势，可以采用三年平均利润这一指标来进行反映。能够相对比较客观地反映企业的利润增长能力。三年平均净利润增长率公式为

$$\bar{K}_{NI} = \left(\sqrt[3]{\frac{\sum NI}{NI_{-3}}} - 1 \right) \times 100\% \tag{10-9}$$

其中，$\bar{K}_{NI}$ 是三年平均净利润增长率；$\sum NI$ 是 3 年净利润总额；NI_{-3} 是 3 年前年末净利润。

3 年平均营业利润增长率公式为

$$\bar{K}_{\mathrm{OI}}=\left(\sqrt[3]{\frac{\sum \mathrm{OI}}{\mathrm{OI}_{-3}}}-1\right)\times 100\% \quad (10\text{-}10)$$

其中，$\bar{K}_{\mathrm{OI}}$ 是三年平均净利润增长率；$\sum \mathrm{OI}$ 是 3 年净利润总额；OI_{-3} 是 3 年前年末净利润。

企业横向比较就是企业与竞争对手与同行业平均水平进行比较，这种比较主要涉及企业与外部对对象进行比较，因此也称为企业外部比较。企业通过与竞争对手的比较可以发现竞争对手对企业造成的威胁，而通过与同行业平均水平的比较可以评价企业在行业中的地位。综合上述两种分析结果才能对企业可持续发展能力做出客观合理的分析和评价。

【例 10-4】 2017—2020 年年报显示，青山纸业每年的营业利润增长率、净利润增长率数据如表 10-4 所示。

表 10-4 2017—2020 年青山纸业营业利润和净利润相关资料

项目	2017 年	2018 年	2019 年	2020 年
营业利润 OI（万元）	15 852	21 551	15 287	10 746
净利润 NI（万元）	12 802	17 655	14 497	8 836
营业利润增长率（%）		35.95	−29.07	−29.70
净利润增长率（%）		37.91	−17.89	−39.05

（资料来源：http://quotes.money.163.com/f10/lrb_600103.html?type=year 以及公式计算得到）

由表 10-4 的资料可知，青山纸业股份公司在 2018 年营业利润增长率和净利润增长率都有明显增长，但从 2019 年开始，营业利润增长率、净利润增长率急转直下。到了 2020 年，营业利润增长率为 −29.70%，净利润增长率为 −39.05%，迫切需要从公司的营业收入和营业成本与费用方面进行具体分析，找到下降的原因，进一步挖掘公司潜力。

六、企业其他可持续发展能力指标分析

（一）商誉竞争力

商誉竞争力使用商誉价值指标来衡量。商誉价值的计量一般有直接法和间接法。由于间接法一般在企业并购时使用，因此这里仅介绍直接法。

直接法又称超额收益法。这种方法是指将商誉理解为"超额收益的现值"，即通过估测由于存在商誉而给企业带来的预期超额收益，并按一定方法推算出商誉价值的一种方法。一般有如下三种计算方法。

1. 超额收益现值法

这种方法是通过计算企业未来若干年可获得的超额收益的净现值来衡量商誉的价值。基本步骤如下。

（1）计算企业的超额收益

$$超额收益 = 预期报酬率 - 正常收益 = 可辨认净资产公允价值 \times$$
$$(预期报酬率 - 同行业平均投资报酬率) \quad (10\text{-}11)$$

（2）将各年的预期超额收益折现

$$\text{累积的预期超额收益现值} = \sum \text{年预期超额收益} \times \text{折现系数} \quad (10\text{-}12)$$

（3）将各年超额收益现值汇总得出商誉价值

$$\text{商誉价值} = \sum \text{各年超额收益现值} \quad (10\text{-}13)$$

如果各年预期超额收益相等时，式（10-13）可简化为

$$\text{商誉价值} = \text{年预期超额收益} \times \text{年金现值系数} \quad (10\text{-}14)$$

2. 超额收益资本化法

这种方法是根据商誉是一种资本化价格的原理，对超额收益进行资本化处理。收益资本化就是将若干平均超额收益除以投资者应获得的正常投资报酬率。其公式为

$$\text{商誉价值} = \text{年超额收益} \div \text{资本化率} \quad (10\text{-}15)$$

3. 超额收益倍数法

这种方法是用超额收益的一定倍数计算商誉的价值，即

$$\text{商誉价值} = \text{年超额收益} \times \text{倍数} \quad (10\text{-}16)$$

商誉价值指标越大，说明企业的商誉为企业带来的预期超额收益越多，企业的市场潜力越大，可持续发展能力越强。

（二）人力资源竞争力

人力资源竞争力使用高等人才比率和人力资源稳定率两个指标衡量。

1. 高等人才比率

高等人才是指具有硕士学历以上的员工。通常情况下，较高学历的员工能给企业的发展带来更多的生产技术、技能和研发知识。该比率越高说明企业人力资源的竞争力越强，企业可持续发展潜力越大。其公式为

$$K = \frac{Q_{h0} + Q_{h1}}{Q_0 + Q_1} \times 100\% \quad (10\text{-}17)$$

其中，K 是高等人才比率；Q_{h0} 是期初高等人才数；Q_{h1} 是期末高等人才数；Q_0 是期初在册人数；Q_1 是期末在册人数。

2. 人力资源稳定率

一家企业是否有发展，发展是否稳定，人力资源是一种非常重要的因素。如果企业大量人才流失，必然不利于企业的发展。反映人力资源稳定率的指标主要有人力资源稳定率和人力资源流动率。两个指标的计算公式为

$$\text{人力资源稳定率} = 1 - \text{人力资源流动率} \quad (10\text{-}18)$$

$$\text{人力资源流动率} = \frac{Q_N}{(Q_0 + Q_1)/2} \times 100\% \quad (10\text{-}19)$$

其中，Q_N 是补充离职人员新招人数；Q_0 是期初在册人数；Q_1 是期末在册人数。人力资源稳定率越高，越有利于企业的发展；人力资源稳定度越低，越不利于企业的发展。

（三）产品竞争力

产品的竞争力体现企业产品是否具有很强的生命力，是承载企业发展的动力。通常用技术投入比率和固定资产成新率来反映。

1. 技术投入比率

现代企业之间的竞争，很大程度是企业的技术竞争。技术需要研发，并且转化为可用的成果。技术投入比率是企业当年技术转让费和研发费用占主营业务收入的比率，反映企业在技术创新方面的支出。企业只有通过不断地创新，才能保证企业持续发展，因此技术投入比率在一定程度上反映了企业的创新能力和企业可持续发展能力。其公式为

$$技术投入比率 = \frac{C_T + C_R}{NOI} \times 100\% \qquad (10\text{-}20)$$

其中，C_T是当年技术转让费支出；C_R是当年研发投入；NOI是当年主营业务收入净额。

2. 固定资产成新率

固定资产成新率是企业当年平均固定资产净值与平均固定资产原值的比率，该指标反映企业拥有的固定资产的新旧程度。其公式为

$$K_F = \frac{F_{N0} + F_{N1}}{F_0 + F_1} \times 100\% \qquad (10\text{-}21)$$

其中，K_F是固定资产成新率；F_{N0}是期初固定资产净值；F_{N1}是期末固定资产净值；F_0是期初固定资产原值；F_1是期末固定资产原值。

如果该指标很低，说明企业的固定资产比较陈旧，不利于企业的可持续发展。如果该指标很高，说明企业的固定资产更新比较快，使用比较先进的设备，有利于提高企业产品的竞争力，有利于企业的发展。

知识链接 10-1

企业整体可持续发展能力综合分析

由于单项可持续发展能力分析是从企业的所有者权益、收益、营业收入和资产等不同的角度去分析企业的可持续发展能力，虽然所分析的单项之间存在着紧密的关系，但是还无法得到企业整体的可持续发展能力方面的结果。

对于企业整体的可持续发展能力的综合分析，需要进行以下几个方面的考虑。①计算企业所有者权益、收益、销售收入和资产等指标的报告期增长率。②比较企业报告期增长率与基期增长率、同期同行业增长率，从而全方位分析企业在所有者权益、收益、销售收入和资产等方面的发展能力。③比较报告期所有者权益、收益、销售收入和资产等指标增长率之间的增长幅度，分析企业可持续发展的是否具有均衡。④采用综合评分法，对企业前几项比较的结果进行评分，并计算出总分，来综合评价企业整体可持续发展能力。

本 章 小 结

企业的发展既受自身内部因素的制约，也受外部环境的影响。对企业可持续发能力的分析，其最终目的就是为了了解企业，分析企业存在的问题，并寻求真正解决问题的有效途径。影响企业发展的主要因素包括销售收入、资产规模、净资产规模、资产利用率、净收益和股利分配。对企业可持续发展能力的分析，主要从股东权益增长率、资产增长率、销售收入增长率、利润增长率，以及商誉竞争力、人力资源竞争力和产品竞争力三个其他类型指标进行。单个的指标都只是从某一个方面来反映企业的情况，会比较片面，因此，需要结合各方面的指标，才能全面合理地分析企业的可持续发展能力，才能提出更加合理化的建议。

复习思考题

1. 什么是企业可持续发展能力？
2. 企业可持续发展能力分析的目的是什么？
3. 影响企业可持续发展能力的因素有哪些？
4. 企业可持续发展能力分析的主要指标有哪些？
5. 结合本章所学的方法来分析评价兴业银行的可持续发展能力。

参 考 文 献

[1] 张新民，钱爱民. 财务报表分析（第 5 版·立体化数字教材版）[M]. 北京：中国人民大学出版社，2019.

[2] 张新民，钱爱民. 财务报表分析——理论与实务[M]. 北京：中国人民大学出版社，2021.

[3] 胡玉明. 财务报表分析（第四版）[M]. 大连：东北财经大学出版社，2021.

[4] 戴欣苗. 财务报表分析：技巧，策略[M]. 北京：清华大学出版社，2017.

[5] 中国注册会计师协会. 财务成本管理[M]. 北京：中国财政经济出版社，2021.

[6] 岳虹. 财务报表分析（第三版）[M]. 北京：中国人民大学出版社，2022.

[7] 刘国峰，马四海. 企业财务报表分析[M]. 北京：机械工业出版社，2010.

[8] 穆林娟. 财务报表分析[M]. 上海：复旦大学出版社，2010.

[9] ［美］查尔斯·吉布森著，胡玉明等译. 财务报告与分析[M]. 大连：东北财经大学出版社，2009.

[10] 黄世忠. 财务报表分析：理论·框架·方法与案例[M]. 北京：中国财政经济出版社，2007.

[11] 侯艳蕾，张宏禄. 财务报表分析[M]. 北京：中国金融出版社，2008.

[12] 李正明，张惠忠. 财务报表分析[M]. 大连：东北财经大学出版社，2022.

[13] 张超英，王东升，马葵. 企业财务分析（第二版）[M]. 北京：北京大学出版社，2008.

[14] 张学谦，闫嘉韬. 企业财务报表分析原理与方法[M]. 北京：清华大学出版社，2007.

[15] 郭道杨. 财务分析[M]. 广州：暨南大学出版社，2006.

[16] 刘春晓. 企业财务报告分析[M]. 北京：机械工业出版社，2005.

[17] 夏汉平. 企业财务报告分析[M]. 成都：西南财经大学出版社，2005.

[18] 黎来芳. 财务分析[M]. 北京：中国人民大学出版社，2005.

[19] 崔也光. 财务报表分析[M]. 天津：南开大学出版社，2003.

[20] 李小健. 企业偿债能力分析存在的问题及其改进[J]. 生产力研究，2007（7）.

[21] 梁平. 试论企业最佳资本结构的选择[J]. 商业经济，2009(2).

[22] 张宁辉，韩家闯. 影响企业资产结构的因素[J]. 技术与创新管理，2009（4）.

[23] 王金莲. 论优化资产结构[J]. 湖南商学院学报，2007（6）.

[24] 吴岚岚. 企业的最佳资本结构研究[J]. 企业经济，2008（5）.

教师服务

感谢您选用清华大学出版社的教材！为了更好地服务教学，我们为授课教师提供本书的教学辅助资源，以及本学科重点教材信息。请您扫码获取。

❯❯ 教辅获取

本书教辅资源，授课教师扫码获取

❯❯ 样书赠送

会计学类重点教材，教师扫码获取样书

 清华大学出版社

E-mail: tupfuwu@163.com
电话：010-83470332 / 83470142
地址：北京市海淀区双清路学研大厦 B 座 509

网址：http://www.tup.com.cn/
传真：8610-83470107
邮编：100084